ELOGIOS

«Si te preguntas si tus pensamientos ejercen realmente alguna influencia en tu vida, este maravilloso libro te convencerá de ello. Desde el ámbito atómico al corporal y galáctico, la concienzuda investigación de Dawson Church revela que la mente es profundamente creativa. A través de una síntesis de cientos de estudios en los campos de la biología, la física y la psicología, demuestra que, momento a momento, el campo energético del cerebro está creando, literalmente, la realidad. Esta información puede tener un efecto radical en tu salud y prosperidad: te recomiendo encarecidamente que la apliques en tu vida».

JOHN GRAY, autor del superventas número 1 en la lista de libros más vendidos de *The New York Times: Los hombres son de Marte, las mujeres son de Venus*

«Hemos entrado en una era de sanación que da validez a la influencia de la conciencia en la salud y la enfermedad como nunca antes. Para conocer estas importantes revelaciones, la obra del investigador Dawson Church, *Mente sobre materia,* resulta de valor inestimable».

Dr. LARRY DOSSEY, autor de *One Mind: How Our Individual Mind is Part of a Greater Consciousness and Why It Matters*

«El cuidadoso trabajo científico de Dawson Church demuestra que la ley de la atracción no es una mera propuesta metafísica, sino una realidad científica. Esta obra —basada en cientos de estudios e ilustrada con historias reales— desmitifica los intrincados mecanismos por los que los pensamientos se convierten en realidades materiales. A medida que la lectura de este libro expanda los límites de lo que crees posible en tu vida, tomarás mayor conciencia de que tal vez nunca regresen a su antigua forma».

MARCI SHIMOFF, autora del superventas número 1 en la lista de libros más vendidos de *The New York Times: Feliz porque sí*

«Me encanta este libro. No ha dejado de fascinarme con hechos exquisitos y tantas historias cautivadoras. ¡Es maravilloso ver que la ciencia constata lo que los chamanes y los sabios han sabido siempre!».

DONNA EDEN, autora de *Medicina energética*

«Una vez cada mucho tiempo una visión profundamente perturbadora hace añicos el paradigma científico, aporta un nuevo enfoque a nuestra perspectiva del mundo y abre vastos horizontes para el potencial humano. Pues bien, el presente libro constituye esa nueva visión».

RAYMOND AARON, autor del superventas en la lista de libros más vendidos de *The New York Times: Chicken Soup for the Parent's Soul*

«Dawson Church ha vuelto a demostrar que es uno de los grandes pensadores de nuestro tiempo, y desmitifica los principios más complejos del universo que afectan a nuestras vidas con una habilidad narrativa que hace la lectura amena y fácil de entender. Al intercalar estudios reveladores con historias interesantes y conmovedoras, el lector toma conciencia de que la mente no solo puede dirigir tu vida sino también influir en la conciencia colectiva del propio universo que hace que seamos uno».

ROBERT HOSS, autor de *Dreams That Change Our Lives* y director de DreamScience Foundation

«Esta obra pionera presenta excitantes y novedosas pruebas científicas que revelan que nuestros pensamientos ejercen un efecto directo en el mundo que nos rodea, y nos muestra la forma de utilizar esta información para tener una vida efectiva y feliz».

Dr. DAVID FEINSTEIN, coautor de *Personal Mythology*

«Creo que *Mente sobre materia* es uno de los libros más importantes jamás escritos. Capítulo tras capítulo nos demuestra que somos dueños de nuestros cuerpos y del mundo que nos rodea. Esta obra contiene numerosos estudios alucinantes que han cambiado por completo mi enfoque de la vida. Los resultados que estoy obteniendo al aplicar las técnicas propuestas son asombrosos: pueden transformar tu mente y el mundo material que tienes a tu alrededor. Me faltan palabras para recomendar su lectura».

MATT GALLANT, autor de *Triple Your Productivity*

«*Mente sobre materia* supone un reto para los principios básicos de la medicina moderna y la ciencia convencional. Dawson Church expone de forma convincente que la conexión mente-cuerpo es más profunda de lo que se pensaba y que la ciencia debe expandir su paradigma para incluir fuerzas como la conciencia, la resonancia y la energía. Se trata de un libro profusamente ilustrado que incluye un impresionante compendio de referencias a proyectos de investigación, desde artículos clásicos hasta descubrimientos recientes. Sus numerosos ejemplos y ejercicios prácticos nos proporcionan herramientas para trabajar en nuestra transformación personal y, si la tesis de interconexión planteada es correcta, también en nuestra transformación social. Recomiendo encarecidamente esta obra».

Dr. ERIC LESKOWITZ, miembro del departamento de Psiquiatría de la Escuela de Medicina de Harvard

«Dawson Church ha sido un pionero en el campo de la sanación durante décadas, con investigaciones que se han adelantado a su tiempo. Su obra *Mente sobre materia* es perfectamente oportuna para una época en la que la gente está abriéndose al aspecto científico de las técnicas energéticas. Dawson ofrece una guía brillante y aguda sobre la forma en que los pensamientos crean nuestra realidad. Su trabajo —repleto de historias fascinantes que abarcan desde los albores de la evolución hasta las últimas investigaciones sobre el cerebro— constituye un camino seguro tanto para los expertos como para aquellas personas que buscan estrategias curativas eficaces. Dawson no solo muestra de forma sucinta que estos métodos funcionan, sino que también proporciona la base empírica que explica cómo sucede esto. Si alguna vez has deseado conocer la ciencia de la manifestación y el modo en que los pensamientos afectan al mundo material, este libro es de lectura obligada. Además de cambiar tus pensamientos, la aplicación diaria de estos principios cambiará a su vez tu realidad. La cuestión es: ¿qué vas a crear tras su lectura?

Dra. PETA STAPLETON, profesora en la escuela de Psicología
de la Universidad de Bond, en Australia

«En nuestra cultura, un gran número de personas han dejado de creerse víctimas impotentes para comenzar a sentirse poderosas cocreadoras. Sin embargo, a medida que este impulso evolutivo emerge hacia un mayor poder, estamos enfrentándonos a las consecuencias del abuso de ese poder. Afrontar una crisis global de proporciones impredecibles requiere más que nunca de creadores amorosos e íntegros que estén conectados con su poder. ¿Qué sucedería en nuestras vidas y en nuestro planeta si conectáramos nuestro poder con nuestros corazones?, ¿qué tiene que decir la ciencia acerca de este poder de manifestación? *Mente sobre materia* explora cómo funciona nuestro poder de participar en la cocreación de la realidad desde una perspectiva científica. También nos insta a evitar exagerar nuestra capacidad humana, tal como prometen erróneamente tantos libros que tratan el tema de la «ley de la atracción». A medida que aumenta nuestro poder, estamos llamados a reconocer con humildad la naturaleza paradójica de ser poderosos creadores, conscientes de que el gran Misterio es realmente incontrolable. Espero que los lectores reconozcan plenamente su poder, su corazón y su integridad, y que el mundo sea bendecido por el efecto que ejerza en ti este libro.

Dra. LISSA RANKIN, autora del superventas en la lista de libros
más vendidos de *The New York Times: La mente como medicina*

Mente sobre materia

Mente sobre materia

La asombrosa ciencia de cómo el cerebro crea la realidad

Dawson Church

Título original: *Mind to Matter*

Traducción: Inmaculada Morales Lorenzo

© 2018, Dawson Church
Publicado originalmente en 2018 por Hay House Inc. EE.UU.
Publicado por acuerdo con Hay House UK Ltd, Astley House, 33 Notting Hill Gate, Londres W11 3JQ, Reino Unido
www.hayhouseradio.com

De la presente edición en castellano:
© Arkano Books, 2018
Alquimia, 6 - 28933 Móstoles (Madrid) - España
Tels.: 91 614 53 46 - 91 614 58 49
www.alfaomega.es - E-mail: alfaomega@alfaomega.es

Primera edición: octubre de 2019

Depósito legal: M. 19.581-2019
I.S.B.N.: 978-84-15292-96-8

Impreso en España por: Artes Gráficas COFÁS, S.A. - Móstoles (Madrid)

Cualquier forma de reproducción, distribución, comunicación pública o transformación de esta obra solo puede ser realizada con la autorización de sus titulares, salvo excepción prevista por la ley. Diríjase a CEDRO (Centro Español de Derechos Reprográficos, www.cedro.org) si necesita fotocopiar o escanear algún fragmento de esta obra.

Índice

Prólogo por el Dr. Joseph Dispenza 13
Introducción: la metafísica y la ciencia se encuentran 19

CAPÍTULO 1: De qué manera el cerebro moldea la realidad ... 29
CAPÍTULO 2: De qué manera la energía construye la materia ... 69
CAPÍTULO 3: De qué manera las emociones organizan nuestro entorno 107
CAPÍTULO 4: De qué manera la energía regula el ADN y las células del cuerpo 163
CAPÍTULO 5: El poder de la mente coherente 213
CAPÍTULO 6: Abrirse a la sincronicidad 285
CAPÍTULO 7: Pensar desde más allá de la mente local 359

Epílogo 371

Referencias bibliográficas 375
Índice temático 397

Prólogo

La ciencia se ha convertido en el lenguaje contemporáneo del misticismo. En mi experiencia enseñando a un gran número de personas por todo el mundo he visto que la terminología relacionada con la religión, las tradiciones antiguas, las culturas seculares o incluso las corrientes idealistas de la nueva era divide a la gente; sin embargo, lo científico unifica y, por tanto, crea comunidad.

Así pues, cuando combinas ciertos principios de la física cuántica (el modo en que se relacionan la mente y la materia) y el electromagnetismo con los últimos descubrimientos en neurociencia y neuroendocrinología (el estudio de cómo el cerebro regula el sistema hormonal en el organismo), añades un poco de *psiconeuroinmunología* (el estudio de la interrelación entre el cerebro, el sistema nervioso y el sistema inmune: *la conexión mente-cuerpo*) e incluyes en la ecuación los nuevos hallazgos de la epigenética (el estudio del modo en que el ambiente afecta la expresión génica), puedes desmitificar lo místico. Al hacerlo, desvelarás además el misterio del ser y descifrarás la verdadera naturaleza de la realidad.

Todas estas novedosas áreas de investigación apuntan hacia nuevas posibilidades. Demuestran que no estamos diseñados para ser de cierta manera durante el resto de nuestra vida ni estamos predestinados por nuestros genes, sino que somos un prodigio de adaptación y cambio.

Cada vez que aprendes algo nuevo se abren posibilidades únicas de las que no eras consciente y, a consecuencia de ello, cambias. A esto se lo llama conocimiento. El proceso de aprendizaje te permite hacer tuyo ese conocimiento y cuanto más aprendes, más conexiones sinápticas se forman en el cerebro. Como descubrirás en este maravilloso libro, estudios recientes han desvelado que la concentración en un tema durante una hora duplica el número de conexiones cerebrales relacionadas con el asunto; asimismo señalan que, en caso de no repetir, revisar o pensar en lo aprendido, esos circuitos se inhiben en horas o días; de este modo, si el aprendizaje establece nuevas conexiones sinápticas, recordar lo aprendido las mantiene.

Gracias a la investigación que he realizado con miles de personas de todo el mundo, ahora sé que, cuando una persona entiende una idea, un concepto o una información nueva y puede explicar ese contenido a la persona de al lado, se activan y conectan ciertos circuitos neuronales. Estos circuitos añaden nuevas puntadas en el tapiz tridimensional del cerebro y permiten conectar con éxito los circuitos necesarios para convertir ese nuevo conocimiento en una nueva experiencia; en otras palabras, una vez eres capaz de recordar y transmitir el nuevo modelo de comprensión, estás comenzando a instalar el soporte físico neurológico que te prepara para su experiencia.

Cuanto mejor sabes qué estás haciendo y por qué lo haces, más fácil te resulta *cómo* hacerlo. Esta es la razón por la que en este momento de la historia no es suficiente simplemente con *saber*, sino que has de tener *un conocimiento práctico*. Tiene sentido, por tanto, que la siguiente tarea consista en implementar ese conocimiento aplicando, personalizando o demostrando lo que has aprendido de forma teórica o filosófica, lo cual conlleva el realizar elecciones nuevas y diferentes que impliquen al cuerpo. Cuando seas capaz de alinear tu conducta con tus intenciones, hacer que tus acciones se correspondan con tus pensamientos o lograr que mente y cuerpo trabajen juntos, tendrás una nueva experiencia.

De modo que, si dispones de las instrucciones adecuadas sobre qué hacer y sigues esas directrices correctamente, vas a generar una nueva experiencia que ampliará (y mejorará) el sistema de circuitos de tu cerebro. A esto se lo llama experiencia, y las experiencias enriquecen los circuitos cerebrales. En el momento en que esos circuitos se organizan formando nuevas redes en el cerebro, se genera una sustancia química a la que denominamos sentimiento o emoción. Esto significa que, en el momento en que sientes libertad, abundancia, gratitud, plenitud o alegría a causa de esa novedad, estás enseñando a tu cuerpo a comprender químicamente lo que tu mente ya ha entendido de forma intelectual.

Así pues, puede decirse que el conocimiento está relacionado con la mente, y la experiencia, con el cuerpo. Ahora estás empezando a *encarnar la verdad* de esa filosofía y, al hacerlo, estás reescribiendo tu programa biológico; dado que el entorno es capaz de regular la expresión de ciertos genes y que el producto final de una experiencia con el entorno es una emoción, literalmente, estás regulando la expresión de tus genes de una forma novedosa; además, puesto que los genes producen proteínas y estas son responsables de la estructura y del funcionamiento del organismo (las expresiones de las proteínas constituyen la expresión de la propia vida), estás modificando tu destino genético, lo cual sugiere que es bastante probable que tu organismo pueda recuperar la salud.

Y si puedes crear una experiencia una vez, deberías ser capaz de hacerlo de nuevo. Si puedes reproducir una experiencia de forma repetida, al final condicionarás tu cuerpo y tu mente neuroquímicamente para que ambos comiencen a funcionar de forma unificada. Cuando algo se ha repetido tantas veces que el cuerpo sabe hacerlo tan bien como la mente, se vuelve automático, natural y no requiere ningún esfuerzo; en otras palabras, se convierte en una capacidad o un hábito. Una vez has alcanzado ese nivel, ya no tienes que pensar en ello conscientemente; es ahí cuando la capacidad o el hábito se vuelven automáticos. Ahora es innato y comienzas a *dominar esa filosofía*: te has convertido en ese conocimiento.

Así es como gente corriente de todo el mundo está empezando a lograr algo fuera de lo común y, al hacer esto, pasa de la fase de filósofo a la de iniciado y maestro; del conocimiento, a la experiencia y la sabiduría; de la mente, al cuerpo y al alma; del pensar, al hacer y al ser, y de aprender algo con la cabeza, a practicarlo e interiorizarlo. La belleza de todo esto radica en que disponemos de la maquinaria biológica y neurológica para conseguirlo.

El efecto secundario de tus esfuerzos reiterados no solo cambiará quién eres, sino que además comenzará a crear posibilidades en tu vida que reflejen tus esfuerzos. ¿Por qué otra razón lo harías? Pero ¿qué quiero decir con posibilidades? Me refiero a la curación de enfermedades o desequilibrios del cuerpo y la mente; a la creación de una vida mejor derivada de dirigir la energía y la atención de forma consciente hacia un futuro nuevo —la manifestación de nuevos trabajos, nuevas relaciones, nuevas oportunidades y nuevas aventuras—, acorde a nuestra capacidad de imaginarlo; y a la activación de experiencias místicas que en sentido literal trascienden el lenguaje.

Cuando las sincronicidades, las coincidencias y las nuevas oportunidades aparecen en tu vida, tiene sentido que prestes atención a lo que has estado haciendo para que eso te inspire a repetir los mismos pasos. De este modo dejarás de ser una víctima para convertirte en el creador de tu vida.

Y precisamente de esto trata este poderoso libro. *Mente sobre materia* constituye tu guía personal para demostrarte a ti mismo lo poderoso que eres realmente cuando organizas tus pensamientos y sentimientos de forma coherente. El propósito del presente libro no reside solamente en que comprendas el contenido de manera intelectual, sino en que utilices las prácticas de forma regular y las apliques en tu vida para cosechar la recompensa de tus esfuerzos.

No resulta una tarea sencilla crear un modelo científico que sugiere que nuestra mente subjetiva (los pensamientos) puede influir en nuestro mundo objetivo (la vida), y menos aún escribir un libro sobre ello. Recopilar la información sobre el tema es ya una tarea sumamente laboriosa y, sin embargo, mi querido amigo y colega Dawson Church ha realizado esa labor en esta obra tan maravillosamente bien escrita.

Me gustaría contarte algo acerca de Dawson Church. Lo conocí en un congreso en Filadelfia, Pensilvania, en 2006. Desde el primer momento se produjo una conexión instantánea entre nosotros y me di cuenta enseguida de que aquello se convertiría en una amistad positiva y duradera. Nuestros intercambios de ideas parecían una tormenta eléctrica y cada vez que hablábamos sobre algo que los dos considerábamos verdadero era como la caída de un rayo. Nuestra primera interacción resultó transformadora para ambos y desde entonces hemos trabajado juntos en diferentes proyectos. Además de publicar varios estudios bien documentados sobre psicología energética, Dawson ha formado parte de mi equipo de investigación dedicado a medir cuantitativamente los efectos de la meditación en el cerebro y el cuerpo. Ha dirigido varios de nuestros estudios de forma impecable y se ha convertido en la voz de la razón en nuestros proyectos de investigación.

Dawson es de esas personas a quien puedo llamar o escribir un correo electrónico para preguntarle: ¿cuánto tiempo tarda una experiencia traumática en consolidarse en el cerebro como memoria a largo plazo? Y él me dirá sin dudar el tiempo exacto, la mejor referencia, los estudios que han tratado la cuestión, así como los científicos que los llevaron a cabo, como si estuviera indicándome la dirección del supermercado. Cuando descubrí esto, me di cuenta de que no estaba trabajando con un científico corriente, sino que estaba en presencia de una mente prodigiosa. Dawson es brillante, carismático, afectuoso y lleno de vida. Ambos compartimos una pasión: explorar y comprender quiénes somos en realidad y qué es posible para el ser humano, especialmente durante estos tiempos de cambio.

Me ha encantado leer este libro porque ha aportado respuestas a algunos de mis interrogantes personales acerca de la relación entre la mente y el mundo material, así como de la conexión entre la energía y la materia. He aprendido nuevos conceptos y eso me ha ayudado a ver el mundo de forma diferente. La lectura de estas páginas ha obrado un cambio en mí. Tengo la esperanza de que, además de transformarte y ayudarte a desarrollar otra visión del mundo, también te inspire a aplicar los principios propuestos para que puedas expresar tu máximo potencial. Si la ciencia es el nuevo lenguaje del misticismo, entonces estás aprendiendo de un místico contemporáneo, mi querido amigo Dawson Church. Él desea que también tú te conviertas en místico y que te demuestres a ti mismo el poder que tienen tus pensamientos de influir en la materia.

Dr. JOSEPH DISPENZA
Autor del libro superventas en *The New York Times:*
El placebo eres tú: descubre el poder de tu mente

Introducción

El punto de encuentro entre la metafísica y la ciencia

Los pensamientos se materializan. Esta afirmación es claramente cierta: ahora mismo estoy sentado en una silla cuya creación —cada detalle— se inició como un pensamiento en la mente de alguien: la estructura, el material, las curvas, el color...

Los pensamientos se materializan. Esta afirmación es claramente falsa: nunca seré un *quarterback*[1] en la Liga Nacional de Fútbol Americano, por mucho que me lo proponga; tampoco volveré a ser un adolescente de 16 años ni pilotaré la nave espacial *Enterprise*.

Pues bien, entre las condiciones que permiten la materialización de los pensamientos y las que no lo permiten existe un amplio término medio que exploraremos a lo largo de estas páginas.

¿Por qué esta indagación? Deseamos poder crear hasta llevar nuestro pensamiento al límite, expandiendo nuestra vida en todo su potencial. Deseamos sentirnos satisfechos y ser personas tan felices, sanas, prósperas, sabias y creativas como sea posible, pero no queremos perseguir quimeras, esos pensamientos que nunca podrán materializarse.

Al aplicar los rigurosos estándares científicos a esta exploración resulta evidente que ese término medio es en realidad enorme.

---

[1] Anglicismo que describe una posición del fútbol americano en el equipo ofensivo. (*N. de la T.*)

La ciencia ha demostrado que mediante el uso intencionado del pensamiento podemos crear cosas extraordinarias. La idea de que los pensamientos se materializan se ha convertido en un meme de la cultura popular, constituye asimismo una proposición firme en el campo de la metafísica, y diversos maestros espirituales atribuyen poderes infinitos a la mente. Sin embargo, existen límites claros en la capacidad creativa humana: no puedo materializar un portaviones solo por pensar en uno de estos buques, tampoco puedo convertirme en indonesio, saltar por encima del Everest o transformar el plomo en oro.

Los nuevos descubrimientos de la epigenética, la neurociencia, el electromagnetismo, la psicología, la cimática, la salud pública y la física cuántica revelan que los pensamientos pueden ser sumamente creativos. El libro o el dispositivo que te permite la lectura de estas palabras comenzó como un pensamiento, al igual que la democracia, el bikini, los viajes espaciales, la vacunación, el dinero y la producción en cadena.

El científico frente al místico

La ciencia y la metafísica suelen considerarse polos opuestos. La primera es experimental, práctica, rigurosa, empírica, materialista, objetiva e intelectual, mientras que la segunda es espiritual, experiencial, abstracta, mística, efímera, interna, irrepetible, imprecisa, subjetiva, inmaterial, poco práctica e imposible de demostrar. La primera estudia el campo de la materia y la segunda busca trascenderlo.

En lo que a mí se refiere, nunca las he percibido separadas y he disfrutado siendo tanto un místico como un investigador. Cuando aplico el rigor de la ciencia a las cuestiones de la conciencia ambas se iluminan mutuamente.

El presente libro examina la capacidad creativa de la mente desde una perspectiva científica y explora los estudios que muestran paso a paso el modo en que la mente crea formas materiales. A medida que encaja cada pieza del rompecabezas, la ciencia resulta ser incluso más asombrosa que la metafísica.

Además esta obra está repleta de casos reales, testimonios detallados y auténticos de personas que han experimentado la capacidad de la mente de influir en la materia. Se trata de historias procedentes del mundo de la medicina, la psicología, el deporte, los negocios y los descubrimientos científicos, que resultan profundas, inspiradoras e incluso conmovedoras. Nos muestran que los pensamientos pueden convertirse en realidades físicas de maneras que amplían el tejido de nuestra realidad espaciotemporal.

UNAS LLAVES EN EL OCÉANO

En 2004 tuve que hacer frente a un plazo de entrega ajustado de mi libro *El genio en sus genes*. Si bien el tema —las formas en que nuestras emociones pueden activar o desactivar genes en el organismo— era fascinante, me suponía un reto encontrar el tiempo para investigar y escribir un texto cautivador e impecable desde el punto de vista científico en medio de las exigencias de mi ajetreada vida como padre soltero, dueño de dos negocios y candidato doctoral.

Así pues, decidí huir a Hawái durante dos semanas para realizar un intensivo de escritura. Reservé una habitación en el complejo Prince Kuhio, una original reliquia de los años cincuenta situada en la playa de Poipu (Kauai) y alquilé un Jeep Wrangler para disponer de un vehículo resistente que me permitiera acceder a playas remotas y poder guardar allí mi equipo de snorkel. Tenía la intención de bañarme todos los días, además de dedicarme a concluir el libro.

Un día soleado y luminoso fui a bañarme a un lugar precioso llamado Lawai Beach. Se trataba de una playa de unos 150 metros que contaba con una colonia de tortugas en un arrecife situado a unos 90 metros de la orilla, además de con una abundante población de peces tropicales: era uno de mis lugares favoritos. Saqué el equipo de snorkel del Jeep, cerré el coche, me guardé las llaves en el bolsillo y salté al agua. Al cabo de una hora, después de haber nadado por toda la costa, empapado y feliz, enjugué las gafas y las aletas para volver a guardarlas en el coche.

Pero cuando metí la mano en el bolsillo para coger las llaves, ¡no estaban!

¿Se me habrían caído durante el trayecto a la playa? Desandé lo andado, mirando el suelo todo el tiempo; examiné cuidadosamente el tramo de arena que había entre la carretera y el punto por el que había entrado en el agua: nada.

La única conclusión posible era que se habían caído al agua. En el llavero había enganchado las llaves del Jeep y también las del apartamento, de modo que no podía entrar ni en el coche ni en casa.

Decidí no dejarme llevar por el pánico. Centré la atención en el corazón y me imaginé que las llaves flotaban suavemente hacia mí. A continuación volví a meterme en el agua y comencé a nadar con el propósito de encontrarlas.

La bahía medía unos 150 metros y el coral del fondo se encontraba a una distancia de entre 2 y 3,5 metros y serpenteaba formando miles de grietas de colores. Encontrar algo tan pequeño como un llavero parecía una tarea imposible.

Realicé una inspección sistemática de la costa examinando detenidamente cada metro del fondo. Aunque la cabeza me decía que estaba perdiendo el tiempo, mantuve el corazón relajado y receptivo. Cada vez que la mente se dejaba llevar por el pánico, redirigía la atención a la zona del corazón. Tenía la clara intención de encontrar las llaves y no permití que los pensamientos me impidieran seguir fluyendo con la situación.

Llevaba buscando durante una hora sin éxito y estaba oscureciendo. La visibilidad disminuía con la puesta de sol y ya no podía ver con claridad el fondo coralino, de modo que decidí abandonar la búsqueda y volver a la orilla.

Aunque la mayoría de bañistas se habían marchado ya y estaba anocheciendo, vi a un padre que hacía snorkel con sus tres hijos. Se dedicaban a bucear hasta el fondo y salían a la superficie por turnos.

En ese momento tuve una fuerte intuición. Me acerqué a ellos y les pregunté: «¿No habréis encontrado algo en el fondo?» Acto seguido, el hijo pequeño me mostró las llaves.

La cadena que une la mente y la materia

Mi escepticismo me dice que existe una explicación lógica para cada hecho. Dio la casualidad de que estuve buscando las llaves justo durante el mismo período de tiempo que a ese muchacho le llevó encontrarlas; dio la casualidad de que regresé hacia la orilla en el mismo momento en que aquella familia comenzaba a bucear; dio la casualidad de que se pusieron a bucear en la zona donde se me habían caído las llaves; dio la casualidad de que aquel chico se fijó en un diminuto llavero situado a unos 3,5 metros de profundidad en una gran bahía cuando ya había oscurecido. Todo ello se trataba de una pura casualidad.

Pero, después de décadas de cientos de experiencias parecidas, mi mente escéptica ha de reconsiderar el asunto: ¿cómo habían tenido lugar simultáneamente unos hechos tan improbables para producir un resultado deseado?

Este tipo de experiencias me condujeron a una búsqueda para determinar si existe alguna conexión científica entre los pensamientos y las cosas. Leo más de mil estudios científicos al año de forma total o parcial, como investigador y responsable de numerosos ensayos clínicos, director de la revista arbitrada *Energy Psychology* y bloguero de temas científicos del *Huffington Post*, y, gracias a estas lecturas, comencé a identificar un patrón subyacente. Existen multitud de conexiones en la cadena que va desde un pensamiento hasta una realidad física y me di cuenta de que la ciencia puede explicar muchas de ellas. Me preguntaba si nadie antes habría conectado todos los puntos para constatar la contundencia de las pruebas disponibles ¿En qué lugares la cadena era más fuerte y dónde faltaban eslabones?

Si abordaba la idea de que la mente crea la materia como una hipótesis científica y no metafísica, ¿se trataría de un planteamiento válido? Comencé a buscar estudios que hubieran tratado la cuestión y realicé entrevistas a algunas de las mentes más brillantes en este campo.

Con entusiasmo creciente me di cuenta de que gran parte de las pruebas estaban ocultas a primera vista, como perlas esparcidas sobre la arena, pero nunca antes nadie había formado un collar con ellas. Se trata principalmente de investigaciones novedosas, y algunas partes resultan asombrosas.

Las primeras perlas que empecé a recoger de la arena eran las más fáciles de obtener. Si bien el cuerpo humano lleva investigándose desde que los alquimistas medievales diseccionaban cadáveres, la tecnología moderna ha proporcionado a los científicos una perspectiva sin precedentes acerca del funcionamiento del organismo en el ámbito celular y molecular.

El médico Eric Kandel, ganador del Premio Nobel, reveló que, cuando enviamos señales a través de un haz neuronal del cerebro, ese haz crece rápidamente; de hecho, el número de conexiones puede *duplicarse* en *solo una hora* de estimulación repetida. Nuestro cerebro reconfigura su cableado en tiempo real.

La transmisión de pensamientos y sentimientos a través de la red neuronal provoca la expresión de genes que a su vez desencadena la síntesis de proteínas en las células. Estos procesos celulares producen campos eléctricos y magnéticos que pueden medirse con sofisticados dispositivos de imagen médica, como la encefalografía (EEG) y la resonancia magnética (IRM).

El universo de once dimensiones

El siguiente grupo de perlas me supuso un mayor desafío. El mundo de la física cuántica es tan extraño que genera confusión en nuestra experiencia convencional del espacio y el tiempo. La teoría de cuerdas postula que lo que percibimos como materia física está compuesto por cuerdas de energía. Las moléculas pesadas son cuerdas de energía que vibran a un ritmo acelerado y las ligeras son cuerdas de energía que vibran más despacio. Cuanto más de cerca se estudia la materia científicamente, más se la percibe como pura energía.

La teoría de cuerdas requiere un universo de once dimensiones, no solo de las cuatro de la física clásica. ¿Y cómo contemplan nuestros cerebros cuadrimensionales esas once dimensiones? El físico Niels Bohr afirmó: «Si la física cuántica no te ha impactado profundamente, quiere decir que aún no la has entendido».

Después vinieron las perlas que conectan la conciencia con la energía. La energía se entremezcla con la conciencia tanto a escala personal como cósmica. Albert Einstein señaló lo siguiente: «Un ser humano es parte de la totalidad que llamamos "universo", una parte limitada por el tiempo y el espacio. Se experimenta a sí mismo, sus pensamientos y sentimientos como algo separado del resto, en una especie de ilusión óptica de su conciencia». Cuando comenzamos a «liberarnos de esa prisión», en palabras de Einstein, expandimos nuestra conciencia para «abrazar a todas las criaturas vivientes y la totalidad de la naturaleza». Nuestra conciencia interactúa con la energía del universo.

La conciencia y la mente no local

El médico Larry Dossey denomina a esta conciencia expansiva que abraza la totalidad de la naturaleza «mente no local»; aunque vivimos en nuestras mentes locales y la realidad ordinaria, somos participantes inconscientes de la conciencia amplia de la mente no local. Sincronicidades como la del hallazgo de las llaves me recuerdan la presencia de esta conciencia universal. Dossey presenta pruebas convincentes de la existencia de la mente no local y nos inspira con la posibilidad de vivir nuestra vida local en sincronía con ella.

Se trata de una elección que podemos realizar de forma consciente. El físico Eugene Wigner, ganador del Premio Nobel, afirma que «el propio estudio del mundo externo llevó a la conclusión científica de que el contenido de la conciencia es una realidad última». Aunque existen múltiples definiciones de *conciencia*, mi preferida es la más sencilla de todas: simplemente ser consciente.

El modo en que usamos esa conciencia —la forma en que dirigimos la atención— produce cambios inmediatos y profundos en los átomos y moléculas de nuestro cuerpo. La ciencia ha demostrado igualmente que nuestra conciencia afecta a la realidad material que nos rodea. A medida que cambia nuestra conciencia, también lo hace el mundo.

Mientras escribía esta obra comencé a juntar las perlas, estudio por estudio, y aparecieron más pruebas, de la misma forma sincrónica en la que lo hicieron las llaves perdidas. Al final, cuando vi todas las perlas unidas en una sola secuencia, me di cuenta de que la ciencia puede explicar cada conexión de la cadena que une los pensamientos con las formas materiales.

La danza de la creación

Es emocionante compartir contigo cada una de estas conexiones. Por medio de historias, analogías, experimentos, investigaciones, casos reales y anécdotas rastrearemos cada parte del proceso por el que tu mente crea el mundo material que te rodea.

Descubrirás que eres un creador poderoso y que tus pensamientos conducen a realidades materiales. Aprenderás a utilizar tu mente de forma intencionada como una herramienta creativa y a albergar pensamientos positivos. Averiguarás la forma de empujar suavemente la realidad material hacia tus deseos. Tomarás conciencia de tu poder y de tu capacidad de obrar cambios tan solo modificando tu perspectiva.

También descubrirás el modo en que este proceso actúa a gran escala, desde la molécula hasta la célula y, de ahí, al cuerpo, la familia, la comunidad, la nación, la especie, el planeta y el universo. Exploraremos la danza de la creación que tiene lugar en el ámbito de la conciencia universal no local y el modo en que tu mente local participa en esa danza.

Esta perspectiva eleva nuestra conciencia desde los límites de nuestra realidad ordinaria hasta un vasto campo de potencialidad. A medida que alineamos nuestras mentes individuales locales con la conciencia de la mente universal no local, la belleza de la realidad material que creamos supera cualquiera de los sueños que pueda albergar nuestra mente limitada.

Pon en práctica estas ideas

Al final de cada capítulo encontrarás una lista de ejercicios que te permitirán implementar en tu propia vida los conceptos explorados.

Puedes encontrar más información en inglés en
https://MindToMatter.club

Capítulo 1

De qué manera el cerebro moldea la realidad

L A SEÑORA HUGHES ERA BAJITA, gordita y tenía el rostro enrojecido. Su cabello tenía vida propia y lanzaba latigazos incandescentes como fulguraciones solares que escaparan del control de la gravedad solar. Los pasadores con los que intentaba dominarlo no daban la talla. Su semblante alternaba entre la amarga desaprobación y el aburrimiento resignado. Mientras sus alumnos sufríamos sus clases de Biología en el instituto, ella se las arreglaba para erradicar cualquier atisbo de curiosidad y asombro en nosotros.

Recuerdo los dibujos del cerebro humano de los libros de texto de Biología que estudiábamos con la señora Hughes. Se trataba

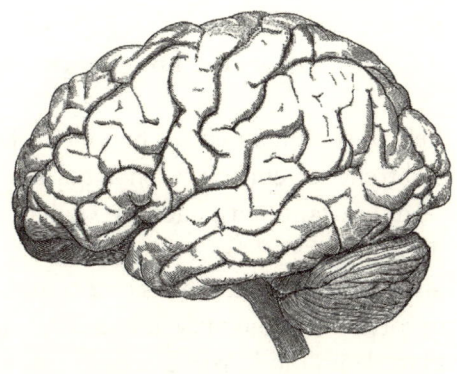

Ilustración tradicional del cerebro.

de una estructura fija e inmutable, como el hígado o el corazón. En los años setenta, la ciencia que enseñaba la señora Hughes «sabía» que el cerebro crecía hasta aproximadamente los 17 años. Una vez había ocupado todo el cráneo, permanecía estático durante el resto de la vida, coordinando fielmente los diversos procesos vitales a través de su red de neuronas.

La mente como un epifenómeno de cerebros complejos

También teníamos una idea de lo que era la mente. A medida que la evolución produjo cerebros más y más complejos, desde los simples ganglios de los nematodos a la enorme corteza prefrontal que corona la cabeza humana, hizo su aparición la mente. Para los científicos de la generación de la señora Hughes, la *mente* era un «epifenómeno» de la creciente complejidad cerebral. Los seres humanos podían escribir poesía, registrar datos históricos, componer música y realizar cálculos debido al poder de la mente que residía en el cerebro, confinada dentro de la circunferencia ósea del cráneo.

Como dicen en la película *La gran apuesta:* «Lo que te causa problemas no es lo que no sabes, sino lo que sabes con seguridad y no es cierto». Pues bien, la mayor parte del conocimiento científico, tal como quedó registrado en los libros de biología de la señora Hughes, como el concepto de un cerebro estático, simplemente no es cierto.

Nuestros cerebros son un auténtico hervidero. En ellos se produce una actividad frenética constante, en la que se crean y destruyen moléculas y células, tanto en estado de vigilia como de sueño (Stoll y Müller, 1999).

Incluso la estructura de las neuronas está cambiando constantemente. Los microtúbulos constituyen el andamiaje que aporta rigidez a las células, de un modo parecido a lo que hacen las vigas al dar forma a un edificio. Los microtúbulos de las células nerviosas cerebrales tienen una vida útil de diez minutos entre su creación y su destrucción (Kim y Coulombe, 2010). Así de rápido cambia nuestro cerebro.

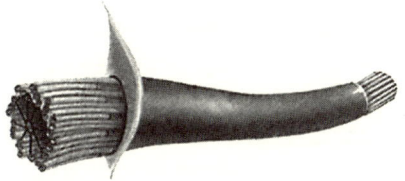

Los microtúbulos son las estructuras rígidas que dan forma a las células.

En medio de esta agitada actividad se amplían ciertos circuitos neuronales seleccionados. Crecen los que más usamos. Si transmites una señal repetidamente a través de un haz de neuronas, este comienza a agrandarse. Al igual que los brazos de un culturista aumentan de volumen al practicar levantamiento de pesas, nuestros circuitos neuronales se desarrollan cuando los ejercitamos.

La velocidad de los cambios neuronales

Diversos estudios publicados en los años noventa asombraron a los neurocientíficos al descubrir que incluso en la gente de ochenta años se incrementaban rápidamente las conexiones en los circuitos neuronales usados frecuentemente. El 5 de noviembre de 1998, el titular de la sección «Noticias de la semana» de *Science*, la revista de investigación más prestigiosa, decía: «Nuevas pistas sobre la regeneración neuronal del cerebro» (Barinaga, 1998).

La velocidad del proceso causó un terremoto en el mundo científico. Cuando las neuronas de un haz neuronal son estimuladas repetidamente, el número de conexiones sinápticas puede duplicarse en solo una hora (Kandel, 1998). Si tu casa actuara como tu cuerpo, detectaría las luces que enciendes y cada hora doblaría la línea eléctrica para ese circuito.

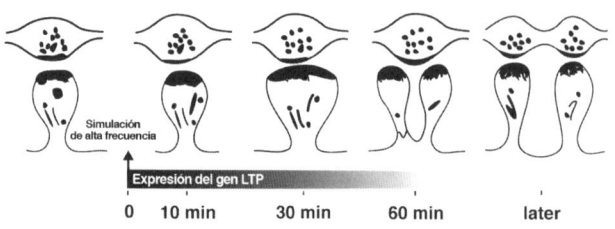

Al cabo de una hora de estimulación repetida se duplica el número de conexiones sinápticas de un circuito neuronal.

Con objeto de obtener los materiales para renovar la instalación eléctrica de las habitaciones que más utilizas, tu casa inteligente reutilizaría el cableado de otros lugares. Pues bien, el cuerpo hace lo mismo: al cabo de tres semanas de inactividad en una vía neuronal existente, comienza a desmontarla a fin de utilizar esos componentes esenciales en otros circuitos activos (Kandel, 1998).

El engrosamiento de las partes más usadas del cerebro

Este proceso de plasticidad neuronal resulta evidente cuando aprendemos mecanismos o capacidades intelectuales nuevos. Si asistes a clase de ruso en tu colegio universitario, después de la primera hora, habrás aprendido unas cuantas palabras y, al final del primer año de práctica, habrás creado los haces neuronales que te permitan enunciar frases simples en ese idioma sin esfuerzo.

O tal vez comiences a jugar al ajedrez al considerarlo un desafío que puede ayudarte a mantener la agudeza mental durante la vejez: al principio se te da fatal y no recuerdas si la pieza que se mueve en diagonal es la torre o el caballo, pero, al cabo de unas cuantas partidas, comienzas a mover las piezas intencionadamente e incluso desarrollas estrategias a largo plazo.

Niño jugando al ajedrez.

Tal vez te plantees gestionar mejor tu dinero. Echas un vistazo al informe de tu plan de pensiones y te das cuenta de que, bajo el amoroso cuidado de tu gestor, ha crecido a un dos por ciento anual: alguien está enriqueciéndose y no eres precisamente tú. Así pues, decides gestionarlo tú mismo y realizas un curso de inversión en bolsa. Al principio, incluso la terminología te parece incomprensible. ¿Qué es una compra encubierta? ¿En qué se diferencia el rendimiento sobre la inversión (ROI) de la rentabilidad financiera (ROE)?

Posiblemente no ganes mucho con tus primeras transacciones, pero, después de pasarte un mes mirando gráficos y leyendo noticias financieras, empiezas a adquirir confianza y descubres que estás mejorando en el juego del dinero.

Ya estés aprendiendo un nuevo idioma, desarrollando una afición, cultivando una nueva relación, afrontando un nuevo trabajo o iniciando una práctica de meditación, el proceso cerebral de construcción y deconstrucción está en marcha. Estás aumentando las conexiones de los circuitos neuronales que usas más frecuentemente, mientras que los antiguos se inhiben, un proceso llamado poda neuronal.

Al final, las regiones cerebrales que se usan activamente van engrosándose. Con las imágenes por resonancia magnética (IRM) los investigadores pueden medir el volumen de cada parte de un cerebro humano vivo. Pues bien, han descubierto que la gente que usa la memoria activamente, como los taxistas de Londres, que conducen por un laberinto de calles antiguas, tienen una mayor cantidad de tejido en el hipocampo, una parte del cerebro responsable de la memoria y el aprendizaje. Las bailarinas, por su parte, desarrollan más masa cerebral en la región que controla la propriocepción, la comprensión holográfica de la posición del cuerpo en el espacio.

Tu mente está tomando decisiones constantemente, como la de apuntarte a esa clase de ruso o hacerte socio de un club de ajedrez, y lo que hace la mente determina qué circuitos cerebrales intervienen. Las vías neuronales que son estimuladas por las elecciones de la mente son aquellas que se desarrollan. De este modo, la mente crea el cerebro literalmente.

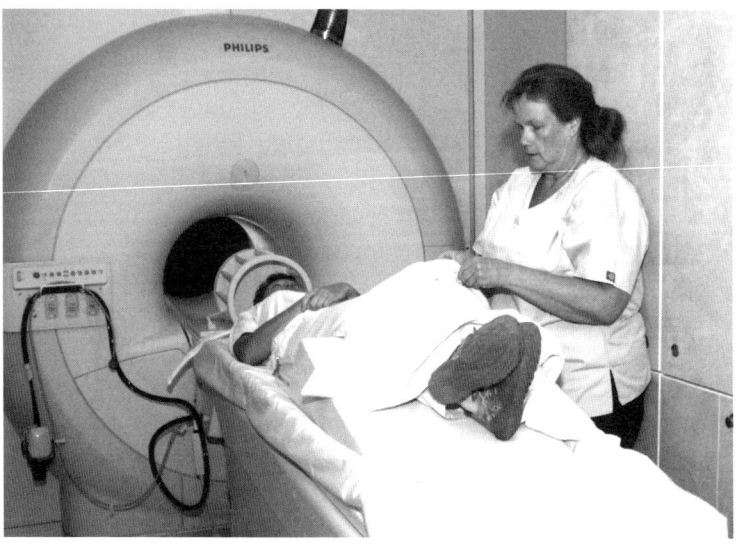

Paciente en un aparato de resonancia magnética.

EL *MINDFULNESS* CAMBIA EL CEREBRO DE UN PERIODISTA TELEVISIVO ESCÉPTICO

El Dr. Graham Phillips es un astrofísico y periodista televisivo australiano. Movido por su escepticismo acerca de las técnicas que aumentan el bienestar, decidió poner a prueba la meditación (Phillips, 2016). En sus propias palabras: «En realidad, nunca había reflexionado sobre si la meditación podía hacer algo por mí. Pero cuanto más oigo acerca de los estudios realizados, más interés tengo en observar si ejerce algún efecto en mí, así que voy a probarla durante dos meses. [...] En lo que a mí se refiere, para tomarme en serio la meditación necesito pruebas contundentes de que es capaz de realizar un cambio positivo en mi cerebro».

Antes de empezar su experimento, fue evaluado en la Universidad de Monash por un equipo dirigido por el Dr. Neil Bailey, profesor de Psicología Biológica, y el Dr. Richard Chambers, psicólogo clínico. Le sometieron a una batería de pruebas para evaluar su memoria, tiempo de reacción y capacidad de concentración. También emplearon un aparato de resonancia magnética para medir el volumen de cada región cerebral, especialmente las responsables de la memoria, el aprendizaje, el control motor y la regulación emocional.

Al cabo de solo dos semanas de practicar *mindfulness*, Phillips se sentía menos estresado y más capaz de afrontar los retos que se presentaban en su trabajo y en su vida. Comentó que «aunque sentía estrés, este no le arrastraba».

Al cabo de ocho semanas, regresó a Monash para ser evaluado. Bailey y Chambers le sometieron a la misma batería de pruebas y descubrieron que había mejorado en las tareas conductuales, aunque mostraba una reducción de la actividad cerebral. Los investigadores observaron que su cerebro se había vuelto más eficiente energéticamente. Mostraba una reducción global de la actividad neuronal, un mejor funcionamiento y un gasto energético menor. Las pruebas de memoria también mejoraron.

El tiempo de reacción ante situaciones inesperadas se había reducido en casi medio segundo. Phillips pensó en los beneficios de un menor tiempo de reacción si, por ejemplo, un viandante cruzaba de pronto mientras conducía por una calle transitada.

El hipocampo fue una de las regiones que midieron los investigadores. Se fijaron especialmente en el giro dentado, la parte del hipocampo que se encarga de regular las emociones en otras zonas del cerebro y que, por defecto, ejerce un control sobre la red neuronal, formada por regiones cerebrales que permanecen activas aunque la persona esté descansando. Las investigaciones revelaron que el volumen de células nerviosas del giro dentado había *aumentado un 22,8 %*.

Se trataba de un cambio considerable. Una reconfiguración cerebral así se ve de vez en cuando en gente joven, cuyos cerebros aún están desarrollándose, pero rara vez en adultos. El cambio en el cerebro de Phillips indicaba un aumento radical de la capacidad para regular las emociones. Las pruebas psicológicas mostraron que sus habilidades cognitivas habían aumentado igualmente en varios órdenes de magnitud.

Numerosos estudios han demostrado que la meditación modifica la estructura del cerebro. La revista *Nature Reviews Neuroscience* publicó una revisión de los estudios realizados acerca del *mindfulness*. Constaba de 21 estudios en los que se colocó a los participantes en aparatos de resonancia magnética para medir el volumen de cada región cerebral antes y después de la meditación, al igual que hizo Graham Phillips.

Todas estas pruebas identificaron un crecimiento neuronal en «múltiples regiones cerebrales [...] sugiriendo que los efectos de la meditación podrían implicar redes cerebrales a gran escala». La revisión halló un aumento de volumen en las «regiones cerebrales implicadas en el control de la atención (corteza cingulada anterior y cuerpo estriado), en la regulación emocional (múltiples regiones prefrontales, regiones límbicas y cuerpo estriado) y en la conciencia de uno mismo (ínsula, corteza prefrontal medial y corteza cingulada posterior y precúneo)» (Tang, Hölzel y Posner, 2015).

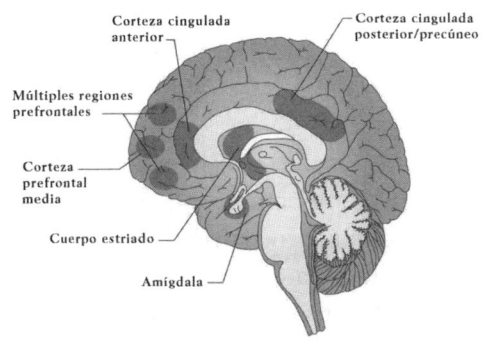

Regiones cerebrales en las que se produce crecimiento neuronal como resultado de la meditación.

LOS BENEFICIOS DE LA REGULACIÓN EMOCIONAL

Al igual que el cerebro de Graham Phillips, tu cerebro renueva su cableado constantemente y aumenta las conexiones neuronales en las regiones que ejercitas. Cuando escoges una actividad nueva, como la meditación, el cerebro comienza a trabajar de forma diferente. Si cambias tu mente, la información comenzará a transmitirse a través de nuevas vías neuronales en el cerebro. Las neuronas cerebrales se reconfiguran en consecuencia, activándose y conectándose conforme al nuevo patrón. De este modo, la mente dirige y el cerebro responde.

Examinemos los cinco elementos clave de la historia de Graham:

- Un aumento del 22,8 % de la parte del cerebro responsable de la regulación emocional.
- Una mejoría en el tiempo de reacción, la memoria, la capacidad cognitiva y la capacidad conductual.
- Un cerebro más relajado y eficiente.
- Cambios cerebrales en solo ocho semanas.

- Todo ello sin necesidad de medicinas, cirugía, suplementos ni un cambio radical en la forma de vida, solo mediante la práctica de *mindfulness*.

Imagina tener un incremento de células cerebrales de un 22,8 % para gestionar la *regulación emocional*. Aunque se trate de una expresión específica de la neurociencia, esas dos palabras ejercen una gran influencia en tu vida diaria. Una mejor regulación emocional te permite no descentrarte ante retos comunes como:

- Experimentar una reacción emocional causada por tus colegas del trabajo.
- Sentirte molesto por algo que diga o haga tu cónyuge o pareja.
- Asustarte por ruidos o visiones repentinas.
- La conducta problemática de tus hijos.
- Lo que dicen y hacen los políticos.
- Estar en un atasco.
- Las noticias.
- El aspecto y el funcionamiento de tu cuerpo.
- Ganar o perder en los juegos o en los conflictos con otros.
- Los conflictos religiosos o el punto de vista de otros.
- El mercado financiero, tus inversiones y la economía.
- Mantener la calma cuando todo el mundo a tu alrededor está estresado.
- Disponer de poco tiempo o sentirte abrumado.
- La cantidad de dinero que tienes o esperas tener.
- La forma de conducir de otros.
- Tu edad y los cambios de tu cuerpo.
- Multitudes, compras y proximidad física con otras personas.
- Las opiniones de otros que chocan con las tuyas.
- Tus expectativas sobre cómo debería ser tu vida.
- El modo de pensar de tus padres y lo que dicen.
- Hacer cola o esperar algo que deseas.

- El estilo de vida envidiable de las estrellas de cine y las celebridades.
- Las personas que te exigen tiempo y atención en contra de tu voluntad.
- Las posesiones que tienes o no tienes.
- Familiares molestos con los interactúas en las reuniones familiares.
- Contratiempos de la vida diaria.
- Conseguir o no ascensos, recompensas u otros deseos.
- ... Y cualquier otra cosa que suela molestarte.

Imagina tener un cerebro con una capacidad mucho mayor para afrontar estos retos, un cerebro que evite que este tipo de situaciones enturbien tu felicidad. Pues bien, la meditación no solo cambia tu estado —cómo te sientes—, sino que además cambia tus rasgos, los aspectos duraderos de la personalidad impresos en tu cerebro que controlan tu visión de la vida. Entre las cualidades positivas potenciadas por la meditación se encuentran una mayor resistencia ante la adversidad, más empatía hacia los demás y una mayor compasión por uno mismo (Goleman y Davidson, 2017). También conduce a un mayor grado de autorregulación, haciéndote dueño de las emociones en lugar de su esclavo.

Un estudio clásico realizado en 1972 conocido como la prueba del malvavisco de Stanford evaluó la regulación emocional en niños pequeños. Se ponía un malvavisco delante de ellos y se los dejaba solos en la habitación. Se les prometió que obtendrían un segundo malvavisco si esperaban 15 minutos antes de comerse el primero. Treinta años más tarde, las vidas de quienes consiguieron regular sus emociones y esperaron resultaron mejores en diversos aspectos: estas personas obtuvieron mejores resultados académicos, ganaron más dinero y tuvieron matrimonios más felices; asimismo, presentaron un menor índice de masa corporal (IMC) y menos conductas adictivas (Schlam, Wilson, Shoda, Mischel y Ayduk, 2013).

Las áreas del cerebro encargadas de la regulación emocional también gestionan la memoria de trabajo, como han revelado las imágenes por resonancia magnética (Schweizer, Grahn, Hampshire, Mobbs y Dalgleish, 2013). Esta memoria operativa te permite mantener la concentración en una actividad y distinguir la información relevante de la que no lo es. Cuando tus emociones se agitan, esas partes del cerebro se desconectan de la memoria de trabajo y tomas decisiones poco acertadas. Sin embargo, cuando aprendes a ejercer una regulación emocional efectiva, como en el caso de Graham Phillips, eres capaz de controlar las emociones y permites que los circuitos de memoria dirijan tu vida con inteligencia.

Tu superpoder de cada día

Posees un superpoder del que puedes disponer diariamente: segundo a segundo estás cambiando tu cerebro en función del modo en que usas la mente. En otras palabras, tu estado de conciencia está convirtiéndose en las células que componen tu cerebro.

Nos impresiona ver en la pantalla a superhéroes capaces de modificar sus cuerpos a voluntad; tal vez desarrollen brillantez mental, como el héroe de la película y serie televisiva *Sin límites*, que toma un medicamento experimental llamado NZT que le permite expresar su máximo potencial cerebral; o los superhéroes de *Patrulla-X,* cada uno con un superpoder específico.

Sin embargo, tú, en este preciso instante, posees el superpoder de cambiar tu cerebro. Con cada pensamiento que emites al dirigir la atención estás indicando al cerebro que cree nuevas conexiones neuronales. Si usas este poder de forma intencionada, en lugar de permitir que pasen por tu mente pensamientos aleatorios, comenzarás a controlar la formación de tejido neuronal de forma consciente. Al cabo de unas pocas semanas, tu cerebro habrá cambiado sustancialmente. Si mantienes esta práctica durante años, puedes construir un cerebro acostumbrado a procesar señales de amor, paz y felicidad.

No se trata de un cómic ni de una película de ciencia ficción ¡sino de tu propia vida! La modificación del cerebro es una tarea que se lleva a cabo diariamente; ahora es el momento de que dirijas el proceso de forma consciente para mejorar tu vida. Así como actualizas el sistema operativo de tu ordenador o de tu *smartphone*, puedes actualizar tu cerebro cambiando tu mente. La mente puede influir en la materia.

Los conductores eléctricos generan campos electromagnéticos

A través de las neuronas del cerebro pasan minúsculas corrientes eléctricas que son comparables a la electricidad que circula por los filamentos de cobre en los cables eléctricos que alimentan tus aparatos. En conjunto, el cerebro constituye un hervidero de actividad eléctrica, lo cual genera un campo energético alrededor suyo. Cuando te haces una resonancia magnética (RM) o un electroencefalograma (EEG), los médicos pueden leer el campo energético de tu cerebro, un campo magnético, en el primer caso, y un campo eléctrico, en el segundo. El magnetismo y la electricidad son dos caras de la misma moneda: el electromagnetismo.

Existen igualmente muchas otras formas de energía con las que el cerebro y la mente interactúan constantemente. Una de ellas es la luz. Todos los tejidos vivos emiten fotones o partículas de luz, cuyo tipo e intensidad es variable. Incluso las células individuales emiten fotones. Una célula sana emite una corriente continua, mientras que una célula moribunda emite sus fotones de una vez, como el estallido de radiación de una supernova.

La luz, la electricidad y el magnetismo crean los campos energéticos empleados en la comunicación biológica. El biólogo James Oschman afirma: «La energía es la moneda con la que se realizan todas las transacciones en la naturaleza» (Oschman, 2015).

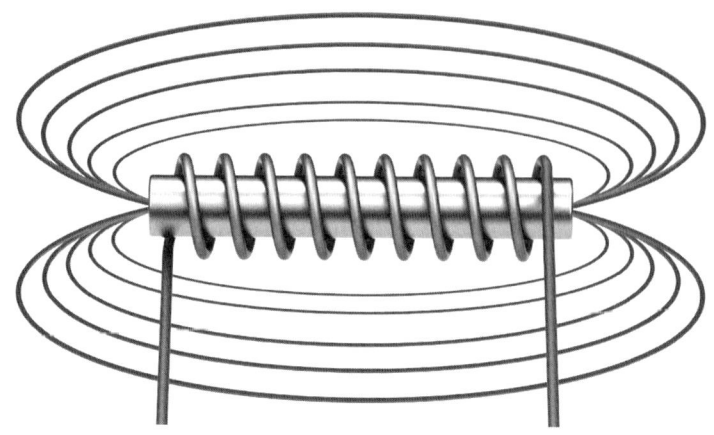

Cuando una corriente eléctrica circula a través de un conductor produce un campo magnético. Esto es aplicable tanto si el conductor es un cable como si es una neurona.

La antena de tus células

Imagina dos imanes. Esparce limaduras de hierro alrededor de ellos y verás las líneas de fuerza de sus campos magnéticos. Tanto los filamentos de cobre que alimentan tus aparatos como las neuronas que se activan en el cerebro funcionan del mismo modo: generan campos.

Ahora acerca un imán más grande. Su influencia en las limaduras de hierro cambiará el patrón de todo el campo energético. Si añades un imán aún más grande el campo cambiará de nuevo: los campos situados dentro de otros campos generan patrones de energía complejos.

Las neuronas del cerebro actúan como estos imanes: generan campos. Estos campos moldean la materia que los rodea, igual que los imanes hacen que las limaduras de hierro formen patrones simétricos.

Los campos mayores que se encuentran fuera del cuerpo, como el campo gravitatorio de la Tierra, actúan de un modo similar a los imanes más grandes: cambian el patrón de los campos de tu cuerpo, actúan en el cerebro y en las células; mientras que tu cuerpo también ejerce una mínima influencia en ellos: nuestro cuerpo influye en esos campos y al mismo tiempo es influido por ellos.

El campo electromagnético de tu cuerpo se extiende alrededor de cinco metros. De este modo, cuando te encuentras a cinco metros de otra persona, tu campo comienza a interactuar con el suyo. Aunque puede que no os dirijáis la palabra, los campos de ambos interactúan en una invisible danza de comunicación (Frey, 1993).

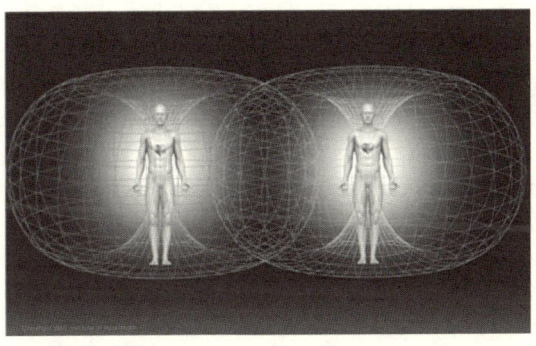

Cuando dos personas están cerca sus campos interactúan.

Durante décadas se pensó que los microtúbulos, con su forma rígida, no eran sino elementos estructurales de la célula. Así como el cuerpo tiene un esqueleto que le aporta una estructura sólida a la que pueden adherirse otras estructuras, los microtúbulos constituyen las vigas y el andamiaje de la célula.

Sin embargo, los microtúbulos son huecos, como las antenas. Son largos cilindros, una característica que les permite resonar como un tambor. Al igual que las antenas, su estructura hace que sean capaces de recibir señales de campos energéticos (Hameroff y Penrose, 1996). Se ha sugerido que la comunicación microtubular podría constituir un método que permite la coordinación de los complejos sistemas del cuerpo entre billones de células (Oschman, 2015).

EL CHAMÁN Y EL CIRUJANO CARDIACO

Los campos de tu cuerpo pueden interactuar con los campos de otras personas a grandes distancias. Un antiguo paciente cardiaco llamado Richard Geggie me contó la siguiente historia cuando me dedicaba a recopilar información para la elaboración del libro titulado *The Heart of Healing* (Smith, 2004):

«A principios de los noventa estaba en Toronto (Canadá). Fui al médico porque me sentía cansado y apático, y me mandó hacerme un electrocardiograma. Más tarde, cuando ya tenía los resultados, me dijo que mi corazón corría un serio riesgo. Me recomendó tranquilidad, no realizar esfuerzos, tener siempre a mano comprimidos de nitroglicerina y no salir solo.

»Durante los siguientes tres días, los médicos me sometieron a diversas pruebas con resultados nefastos, ya que tenía las arterias gravemente bloqueadas. Me hicieron un angiograma, otro electrocardiograma y una prueba de esfuerzo. La prueba de bicicleta no me dejaron acabarla siquiera, me pidieron que la interrumpiera porque tenían miedo de que me muriera allí mismo, debido al mal estado de mis arterias. Como me consideraban un paciente de alto riesgo, me dieron una cita urgente para una cirugía de baipás coronario.

»El día antes de la operación me desperté sintiéndome mucho mejor. Fui al hospital y me realizaron un angiograma que consistía en inyectarme un material de contraste. Los cirujanos querían saber la situación exacta de los bloqueos antes de operarme. Estaba preparado para la intervención. Me habían afeitado el pecho y los médicos estaban a punto de marcar el punto donde planeaban efectuar la incisión.

»Cuando estuvo listo el resultado del nuevo angiograma, el médico lo examinó y se alteró mucho. Me dijo que había perdido el tiempo:

no había ningún bloqueo y añadió que ya quisiera él tener unas arterias tan despejadas. No podía explicar la razón por la que las demás pruebas habían indicado la existencia de un problema tan grave.

»Más tarde descubrí que mi amigo Lorin Smith (un chamán pomo) de California, al saber que tenía un problema de corazón, había reunido a un grupo de sus estudiantes para celebrar una ceremonia de sanación el día antes del segundo angiograma. Cubrió a un hombre de hojas de laurel y le dijo que su nombre era Richard Geggie. Durante una hora, Lorin dirigió los cantos, oraciones y movimientos del grupo, y al día siguiente me había curado».

La última vez que contacté con él, trece años más tarde, Geggie seguía gozando de una salud excelente. El fenómeno de la sanación a distancia está bien documentado por numerosos estudios que revelan sus efectos (Radin, Schlitz y Baur, 2015).

Dirigir el flujo de la conciencia

Tú puedes dirigir tu conciencia, como hizo Lorin Smith para la sanación de Richard Geggie. La conciencia no es algo que simplemente es, sino que puede controlarse y apuntarse hacia la dirección deseada. Cuando diriges la conciencia, aprovechas el poder de tu mente, activas la magnífica maquinaria del cerebro e influyes en tu entorno (Chiesa, Calati y Serretti, 2011).

Ya haces esto de forma evidente, por ejemplo, cuando decides hacer una huerta. Después de que tu mente toma la decisión, utilizas tu conciencia para dirigir el proyecto. Tu cerebro envía un mensaje a tu cuerpo para que conduzca hasta el vivero donde compras fertilizante, herramientas y semillas. Plantas las semillas, las riegas, te ocupas de la huerta y al cabo de unos meses obtienes los frutos. Esa cosecha comenzó en la conciencia y acabó como una realidad material en forma de una comida a base de hortalizas cultivadas por ti. Un pensamiento ha producido una cosa.

Echa un vistazo a tu alrededor. Los colores de la alfombra comenzaron como un pensamiento en la mente de alguien. Esa persona escogió matices y texturas concretos que están presentes en el producto final. Otra persona concibió las dimensiones de tu móvil y tu ordenador: cada parte de tu casa comenzó como un pensamiento en la conciencia de su creador. Usamos campos invisibles, como señales de telefonía móvil, *Bluetooth* o redes inalámbricas, todos los días. Una red inalámbrica utiliza un *router* para enviar una señal al entorno. En presencia de un receptor, como un *smartphone* o un ordenador, se produce un intercambio de información. El campo energético creado por el *router* hace posible la comunicación entre el ordenador y los dispositivos que estén dentro del alcance de la señal.

Aunque los campos son invisibles, son eficaces conductores de información. Incluso la electricidad puede transmitirse en la actualidad de forma inalámbrica de un dispositivo a otro.

Tú también interactúas con el entorno de forma invisible, a través de los campos energéticos en los que estás inmerso. A través del cerebro, la mente y las células, tu conciencia proyecta señales a los campos que te rodean (Oschman, 2015).

Como afirma la famosa cita del genio e inventor Nikola Tesla: «Si deseas encontrar los secretos del universo, piensa en términos de energía, frecuencia y vibración».

Cuando concebimos una idea en la conciencia enviamos señales al campo universal. La transmisión requiere un *hardware* en forma de cerebro, así como un *software* en forma de mente. Las señales que se transmiten a través de las vías neuronales crean campos energéticos que se modifican dependiendo del contenido de la conciencia. Pues bien, la sanación actúa sobre estos campos, ya sea de forma presencial o a distancia.

Utilizamos campos de energía invisibles, como las redes de telefonía móvil, para transmitir información cada día.

CURAR EL CÁNCER EN RATONES

Mi amigo y colega el Dr. Bill Bengston es profesor de Sociología en el St. Joseph's College. Junto con varios equipos de investigadores ha dirigido sugestivos experimentos que demuestran el potencial curativo de los campos energéticos (Bengston, 2010).

Bill era un escéptico. Cuando se licenció en Sociología en 1971 no le interesaba en absoluto la gente que afirmaba tener poderes paranormales. Pero se trataba de un escéptico de actitud abierta y cuando conoció al sanador Bennett Mayrick decidió ponerlo a prueba. Cuando Ben le dijo a Bill que tenía una avería en el coche, este se sintió decepcionado, ya que justamente lo había llevado a revisión el día anterior y no habían detectado nada.

El escepticismo de Bill permaneció intacto durante la mitad del trayecto a su casa hasta que todo el sistema de escape del coche se cayó al suelo.

Bill mantuvo su relación con este sanador durante los años siguientes y tuvo la oportunidad de aplicar ciencia real para probar su capacidad. Bill estaba trabajando en la facultad de la Universidad de la Ciudad de Nueva York y Dave Krinsley, uno de sus colegas, diseñó un experimento objetivo para evaluar si la energía humana podía curar (Bengston y Krinsley, 2000). El diseño era simple. Se inyectaría cáncer mamario o adenocarcinoma a ratones, un procedimiento muy utilizado en otros proyectos de investigación. En los estudios sobre cáncer se inducen tumores en ratones, tras lo cual los investigadores prueban diversas sustancias químicas a fin de comprobar si alteran el curso de la enfermedad. El tiempo máximo de supervivencia había sido de 27 días. Tras la inyección, el tumor crecía rápidamente en los ratones y estos solían morir al cabo de entre 14 y 27 días (Lerner y Dzelzkalns, 1966).

Los ratones del estudio de Krinsley se separarían en dos grupos. El grupo de control se mantendría en un edificio diferente para eliminar la posibilidad de que se produjeran efectos curativos debido a la proximidad con los ratones tratados.

Por desgracia, los ratones no llegaron al laboratorio en la fecha acordada. De hecho, su llegada se pospuso varias veces y Ben acabó perdiendo interés en el experimento, ya que tenía otras prioridades de las que ocuparse. Así pues, Dave animó a Bill a llevar a cabo la sanación en lugar de Ben.

Al final los ratones llegaron y se les indujo la enfermedad. Bill comenzó a sostener con las manos la jaula de los ratones del grupo experimental durante una hora todos los días. Según su hipótesis, si la energía curativa era real, los ratones no desarrollarían tumores de la forma en que solía ocurrir.

Al cabo de una semana de tratamiento, dos de los ratones desarrollaron tumores visibles. Bill sufrió una terrible decepción; y cuando los cinco ratones del grupo desarrollaron tumores, Bill pidió a Dave que acabara con el sufrimiento de estos animales, ya que el experimento había fracasado claramente.

A su llegada, Dave señaló lo saludables que parecían los ratones de Bill a pesar de los tumores. Corrían por la jaula llenos de energía y se comportaban como si estuvieran sanos. Los ratones del grupo de control estaban mucho peor y dos de ellos ya habían muerto.

Comentó: «Quizá el tratamiento está ralentizando el cáncer aunque no sea capaz de detenerlo. No existen datos de que ningún ratón con cáncer haya vivido más de 27 días. Si consigues que uno solo viva 28 días habremos batido un record. Los experimentos rara vez se desarrollan del modo esperado. ¡Por eso se llaman experimentos!».

Alrededor del día 17, para gran sorpresa de todos, los tumores de los ratones de Bill comenzaron a cambiar: se ulceraron y se cubrieron de costras. El día 28, Bill les contó a los ratones que estaban haciendo historia. Las ulceraciones comenzaron a desaparecer y volvió a crecerles el pelo.

Ratón con tumor.

Al cabo de una semana, los ratones de Bill fueron examinados por un biólogo que anunció lo siguiente: «los ratones están libres de cáncer».

El escepticismo no supone un obstáculo para ser un sanador

El experimento fue repetido varias veces por diferentes investigadores que ampliaron su diseño de interesantes formas. Los equipos de investigación descubrieron que, cuando se trataban más ratones, el efecto era más potente, e, incluso, cuando el efecto era sumamente intenso, algunos de los ratones del grupo de control, situados en un edificio diferente, comenzaban a mejorar y algunos no murieron (Bengston, 2007).

En algunos estudios, Bill entrenó a estudiantes de posgrado para llevar a cabo la sanación. Escogió a gente que, como él, se mostraba escéptica y excluyó a los verdaderos creyentes.

Bill o sus alumnos sostenían las jaulas en las que permanecían los ratones.

Pues bien, este hecho no supuso ninguna diferencia. Los ratones se recuperaron igualmente ya fueran tratados por Bill o por algún estudiante incrédulo. Y no solo se recuperaron, sino que también desarrollaron inmunidad frente a los adenocarcinomas. Si se les volvía a inyectar, no contraían cáncer. Bill también probó a tratar el agua que bebían los ratones, un método que resultó tan efectivo como la práctica de sanación directa.

Bill pidió a los estudiantes que tomaran notas describiendo sus experiencias personales. Las notas revelaban que al principio muchos de ellos no se creían que estuvieran participando en un experimento de sanación; de hecho, pensaban que eran ellos y no los ratones los objetos de estudio. Creían que eran meros títeres a los que analizaban en secreto para determinar su grado de ingenuidad.

Esto recibe el nombre de efecto nocebo, justo lo contrario al efecto placebo. Con este último, la creencia en la recuperación puede dar lugar a una sanación; por el contrario, con el primero, la gente puede enfermar a causa de sus creencias. Así pues, la gente que no cree en la posibilidad de una curación, como los estudiantes escépticos del experimento, introduce el efecto nocebo en su trabajo.

Los ratones no tenían ninguna opinión al respecto, razón por la cual los animales resultan útiles en proyectos de investigación en los que los investigadores desean eliminar el efecto placebo. Los estudiantes escépticos de Bill tampoco creían en la curación, de modo que no fue la fe lo que sanó a los ratones.

La explicación más plausible para la curación es la existencia de campos energéticos. Muchos de los estudiantes, así como el propio Bill, relataron que se les calentaban las manos cuando sentían que la energía curativa comenzaba a fluir. También mencionaron que esa sensación cesaba cuando la sesión se terminaba. Aprendieron a distinguir exactamente la sensación del flujo de energía curativa a través de sus manos.

Algunas variantes del experimento descubrieron que la distancia no suponía un obstáculo. No importaba si los ratones estaban cerca o lejos del sanador. La energía curativa no parece estar confinada por las limitaciones normales de tiempo y espacio (Oschman, 2015). La intencionalidad a distancia puede ser tan efectiva como la presencia del sanador en la habitación (Schmidt, Schneider, Utts y Walach, 2004).

En su libro *El experimento de la intención*, la periodista especializada en el campo de la medicina, Lynne McTaggart, resume seis estudios en los que se usó aparatos de EEG e IRM con objeto de mostrar que los sanadores son capaces de afectar las ondas cerebrales de la gente a distancia. Esta autora concluye que: «El cerebro del receptor reacciona como si estuviese viendo la misma imagen al mismo tiempo» (McTaggart, 2007)[2].

Bill Bengston también descubrió que incluso era capaz de cambiar el EEG de una persona que se encontrara a distancia. Después de los experimentos con los ratones, Bill comenzó a ofrecer sanación energética a personas y comprobó que los tumores —benignos o cancerosos— desaparecían a menudo.

SU MÉDICO LE DIJO: «ESTO NO TIENE SENTIDO»

Bill Bengston ha registrado números casos de su trabajo con pacientes con tumores. He aquí uno en el que los médicos de la paciente estaban desconcertados por los cambios que vieron tras la sanación energética.

»A Janis, una chica veinteañera, le habían diagnosticado torsión ovárica asociada a torsión de las trompas de Falopio y presencia de quistes, lo cual generaba la necrosis del tejido. Se programó una intervención quirúrgica con el riesgo asociado de infertilidad. Después de haberla tratado unas cuantas veces [...] Janis acudió a la consulta preoperatoria y su médico se quedó estupefacto: "¡No hay tumores!".

»La derivó a un especialista, que se quedó igual de perplejo. Mientras miraba las imágenes decía pensativo: "Tienes tumores en esta foto, pero han desparecido en esta otra. Tienes torsión ovárica en esta foto, pero ha desaparecido en esta otra: esto no tiene sentido" [...] Así pues, el médico de Janis canceló la operación» (Bengston, 2010).

---

[2] McTaggart Lynne: *El experimento de la intención*. Málaga: Sirio, 2008. *(N. de la T.)*

¿La sanación puede aprenderse?

Como descubrieron los estudiantes escépticos de Bill, la sanación puede aprenderse. Mis amigos, Donna Eden y David Feinstein, dirigen el programa de medicina energética más grande del mundo: Eden Energy Medicine. Más de mil personas han completado con éxito su programa y cientos de historias confirman que la sanación energética resulta efectiva en personas además de en ratones (Eden y Feinstein, 2008)

En los ochenta, yo sostenía que la sanación era una capacidad que solo poseían ciertos individuos con un don especial. A lo largo de la historia ha habido personas destacas que han demostrado tener poderes sanadores verificables.

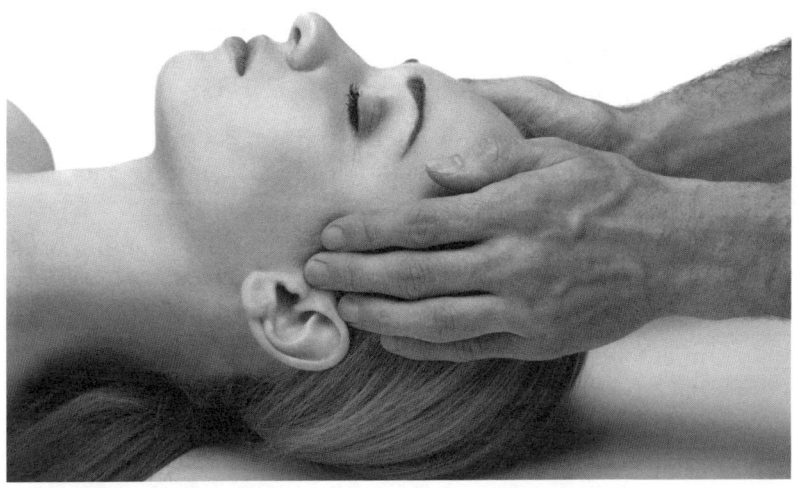

Sesión de sanación por imposición de manos.

En *Soul Medicine,* un libro del que soy coautor junto con el Dr. Norm Shealy, fundador de la American Holistic Medical Association, hablamos de varias de estas personas (Shealy y Church, 2008). Nuestro estándar de una cura verificable consistía en un diagnóstico médico que revelara que el paciente padecía una dolencia, seguido de un segundo diagnóstico tras la curación que demostrara que la enfermedad en cuestión había desaparecido. El estudio de estos sanadores me indicaba que el don de la sanación era una capacidad poco frecuente. Pues bien, Bill, David, Donna y tantos otros me han demostrado que estaba equivocado.

Los programas de medicina energética como los que imparten Bill y Donna demuestran que la sanación es una habilidad que puede enseñarse. Los casos citados por sus estudiantes incluyen pacientes que se han recuperado de enfermedades graves, como cáncer, afecciones cardiacas y trastornos autoinmunes.

En lo que a mí se refiere, soy fundador de una organización sin ánimo de lucro llamada National Institute for Integrative Healthcare (niih.org). En nuestra página web puede verse una lista de estudios sobre sanación energética publicados en revistas científicas arbitradas. Los estudios han de cumplir los siguientes requisitos para ser incluidos en la lista:

- Evalúan el uso de imposición de manos o intervenciones en el campo energético corporal.
- Utilizan ejercicios o técnicas energéticas para equilibrar los sistemas energéticos del cuerpo.
- Las explicaciones aportadas acerca de los efectos del tratamiento están basadas en los cambios del campo energético del cuerpo.

El listado excluye métodos como la acupuntura y la EFT (técnica de liberación emocional), ya que poseen sus propias bases de datos online; aun así, la lista contiene más de 600 estudios. Si incluimos la EFT, la acupuntura y otros métodos de sanación energética, existen más de mil estudios que demuestran que la sanación energética resulta eficaz para una amplia variedad de enfermedades, incluidas las enumeradas en la tabla 1.

DE QUÉ MANERA EL CEREBRO MOLDEA LA REALIDAD

Abuso de sustancias	Dolor lumbar
Afecciones cardiovasculares	Drogodependencia
Agotamiento	Enfermedad pulmonar
Alzhéimer	Fibromialgia
Ansiedad	Heridas cutáneas
Artritis	Hipertensión
Asma	Insomnio
Autismo	Malestar menstrual
Cáncer	Memoria
Cáncer de próstata	Migrañas
Dolor	Obesidad
Cinetosis	Problemas conductuales infantiles
Cortisol	Quemaduras
Depresión	Síndrome de colon irritable
Deterioro cognitivo	Síndrome del túnel carpiano
Demencia	Tabaquismo
Disfunción tiroidea	Trastorno por estrés postraumático (TEPT)
Diabetes	Trastornos del estado de ánimo
Derrame cerebral	VIH/SIDA
Dolor de cabeza	

Tabla 1. Afecciones para las que la sanación energética ha resultado ser eficaz.

Este convincente conjunto de pruebas demuestra que la conciencia —dirigida por la intención y trabajando a través de campos energéticos— puede producir cambios radicales en la materia. «El cráneo y la piel no delimitan la energía y la información» afirma el psiquiatra de la Universidad de California, Dan Siegel, en su libro *Viaje al centro de la mente* (Siegel, 2017).

Aunque la sanación puede producirse tanto en animales pequeños —ratones— como grandes —*Homo sapiens*—, y puede realizarse a distancia, ¿puede ejercer un efecto a gran escala? La respuesta es afirmativa. Sociedades enteras se han transformado a causa del cambio en la mente de una sola persona. En todas las épocas ha habido alguien que se ha preguntado: «¿Por qué?», «¿Esto tiene que ser así?» y «¿Cómo podemos hacer las cosas de forma diferente?» Incluso al afrontar una situación social que ha permanecido inamovible durante siglos, en ocasiones la mente de una sola persona es capaz de modificar la realidad objetiva de toda una sociedad.

La mente es capaz de cambiar la materia en el ámbito atómico y molecular; ampliando el campo de acción, también puede hacerlo en el ámbito celular, orgánico y corporal, y, aumentándolo todavía más, incluso puede modificar grupos sociales y países enteros. Existen numerosos ejemplos históricos de gente que, habiendo modificado su mente, ha tenido después un impacto en el mundo. Seguidamente veremos varios ejemplos de cómo una transformación en la mente individual puede producir transformaciones sociales de gran calado.

Cómo un cambio mental eliminó una enfermedad infecciosa

Josephine Baker fue la primera mujer que obtuvo un doctorado en Salud Pública en la Universidad de Nueva York. En 1908 fue nombrada directora de la nueva Oficina de Higiene Infantil de la ciudad.

Había percibido la relación existente entre pobreza y enfermedad, y movida por el ferviente deseo de eliminar el sufrimiento humano, introdujo numerosas reformas en Nueva York (Baker, 1925).

Baker inició un programa llamado la Liga de las Pequeñas Madres con objeto de formar a chicas, a partir de doce años, en el cuidado básico de bebés. En un tiempo en que ambos progenitores solían trabajar fuera de casa, esta iniciativa mejoró la salud de los niños pequeños.

Josephine Baker.

Baker estandarizó la dosis de nitrato de plata que debía aplicarse en los ojos de los recién nacidos a fin de prevenir la sífilis. Antes de su innovación no había una dosis estándar y a algunos bebés se les ponía tanta cantidad que se quedaban ciegos.

También estableció estándares para la calidad de la leche. En esa época a los bebés se los alimentaba con leche diluida y adulterada con otras sustancias, como harina, almidón e incluso tiza, para que pareciera auténtica.

En plena Primera Guerra Mundial, Baker publicó un artículo en *The New York Times* en el que calculaba que la tasa de mortalidad infantil de Nueva York sobrepasaba a la de los soldados en el frente. La noticia causó un gran impacto y puso el énfasis en la necesidad de reformas en la salud pública (King, 1993).

Baker estaba decidida a controlar la difusión de la fiebre tifoidea, una de las principales causas de muerte tanto en niños como en adultos; esta enfermedad ya había acabado con la vida de su padre, un factor que motivó la elección de sus estudios

Donde merodea la macabra muerte cada día[3]

universitarios. Junto con un colega llamado George Soper comenzó a trazar un mapa de las zonas de la ciudad marcadas por brotes de esta afección. En un tiempo en el que la teoría microbiana de la enfermedad no era todavía ampliamente aceptada, su equipo identificó a ciertos individuos en el epicentro de cada brote.

Uno de aquellos individuos era Mary Mallon, una inmigrante procedente de County Tyrone (Irlanda) que había trabajado como cocinera para varias familias pudientes. Josephine Baker y George Soper descubrieron que allí donde trabajaba Mary poco después surgían brotes de la enfermedad: al preparar la comida transmitía el bacilo tifoideo a los comensales.

---

[3] Viñeta del siglo XIX sobre el peligro para la salud de la leche contaminada.

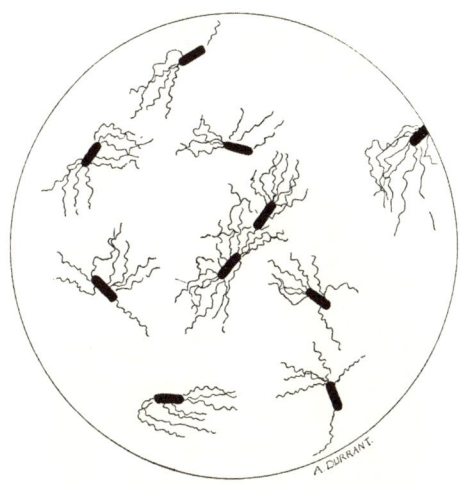

Bacilo tifoideo.

Así pues, la sometieron a un examen médico y hallaron una enorme cantidad de bacilos tifoideos en su sangre, aunque ella no presentaba síntomas y no creía estar enferma.

Aunque la dejaron marchar con la promesa de no volver a ejercer de cocinera, Mary faltó a su palabra. Josephine Baker fue de nuevo en su busca, acompañada de escolta policial, y llamó a la puerta de la casa donde trabajaba.

Mary se escapó por la puerta de atrás burlando a la policía, pero Josephine, más determinada que sus acompañantes uniformados, la siguió hasta el cobertizo de unos vecinos donde encontró a la fugitiva arrinconada en una esquina. Josephine consiguió sentarse sobre ella y gritó pidiendo ayuda hasta que llegó la policía; de este modo, Mary Tifoidea quedó fuera circulación para siempre.

La clase médica luchó implacablemente contra las reformas de Josephine Baker y, ante el éxito de su campaña frente a la fiebre tifoidea, un grupo de pediatras de Brooklyn solicitó al alcalde la disolución de su departamento quejándose de que escaseaban los niños enfermos en sus consultas.

Mary Tifoidea.

Se celebraron sesiones en el Congreso con el fin de detener la labor de esta doctora incansable, se burlaron de ella por su condición de mujer y sus críticos afirmaban que sus esfuerzos eliminarían la medicina como una profesión para prometedores hombres jóvenes. Sin embargo, ella persistió y al final venció. Cuando se jubiló, Nueva York contaba con la tasa de mortalidad infantil más baja de Estados Unidos.

Las reformas de Baker se extendieron rápidamente. Sus estándares fueron adoptados por 35 estados y, en 1912, se convirtieron en las bases de la Oficina para la Infancia a nivel nacional. Al cabo de unos pocos años, enfermedades aterradoras, como la viruela, la fiebre tifoidea y el cólera, estaban prácticamente erradicadas. Este es el poder del cambio en la mente llevado a escala social. Es famosa la frase atribuida a la antropóloga Margaret Mead: «No dudes de que un pequeño grupo de ciudadanos atentos y comprometidos puede cambiar el mundo. De hecho, eso es lo único que ha conseguido hacerlo».

Una idea cuyo tiempo ha llegado

Cuando cambias tu mente enviando nuevas señales a través de las vías neuronales del cerebro, modificando los campos energéticos que te rodean e interactuando con los de otras personas, no tienes idea de hasta dónde puede extenderse ese efecto.

Vemos esto en los grandes movimientos sociales como la abolición de la esclavitud. En alrededor de 50 años, la esclavitud pasó de ser una institución que había estado presente desde los albores de la humanidad a abolirse en todo el mundo. El voto y los derechos civiles de las mujeres siguieron la misma trayectoria.

Cartel del sufragio femenino.

Los grandes movimientos sociales comienzan en la conciencia de unas pocas personas. Al principio se expanden despacio y más tarde a ritmo acelerado. Como afirmó el novelista francés Victor Hugo: «Uno puede resistirse a la invasión de un ejército, pero no a una invasión de ideas» (Hugo, 1877) o, como se ha parafraseado popularmente: «No hay nada más poderoso que una idea cuyo tiempo ha llegado».

Una idea que comienza en una sola mente puede extenderse por el mundo entero. ¿Con qué ideas alimentas tu conciencia cada día?

Crear de dentro afuera

Cuando me dedicaba al mundo editorial entré en contacto con numerosos autores de superventas. Un día me pregunté a mí mismo: «¿qué tienen en común?». Reflexionar sobre esa cuestión cambió la dirección de mi vida.

Una de las características comunes de los autores de superventas es el enfoque en la creación: están mucho más interesados en producir información que en consumirla. El flujo de palabras e imágenes tiende a ser de dentro afuera y no al contrario. Aunque lean y vean vídeos como el resto de nosotros, suelen pasar mucho más tiempo dejando fluir información desde su conciencia que absorbiendo datos. Si tienen ocasión de leer (entrada) o escribir (salida), escogen esto último.

La mayor parte de la gente es pasiva: toma información. Escuchan la radio, ven espectáculos televisivos y películas, y leen un libro de vez en cuando. Son consumidores en lugar de productores de información. Están constantemente influidos por la información que consumen.

En el caso de los autores de superventas, el flujo de información tiende a ir en la dirección opuesta; están mucho más interesados en producir información que en recibirla: son productores activos en lugar de consumidores pasivos.

Delilah y el campo de información

Recuerdo un picnic al que asistí con un grupo de amigos hace algunos años. Una de las integrantes del grupo era una mujer en la cincuentena llamada Delilah, a quien no veía desde hacía dos años, aunque habíamos compartido conversaciones cordiales en el pasado. Siempre había sido guapa, brillante y saludable. Dado que disfrutaba de seguridad económica, no necesitaba trabajar, pero tenía una trayectoria profesional moderadamente exitosa como pianista clásica.

Estábamos sentados sobre la hierba del parque un precioso día de primavera después de una mañana de danza libre en grupo. Mientras hablábamos, Delilah me contó su malestar por todo lo que estaba pasando en el mundo.

Había muchos problemas por los que preocuparse: las guerras en diferentes zonas del mundo, los refugiados, los desastres naturales, la contaminación, la pérdida del agua subterránea, la extinción masiva, el crecimiento del nivel del mar, los gobernantes mediocres, la deforestación…

Las noticias casi nunca te harán feliz.

Mientras hablábamos me hice una idea clara del flujo de información presente en la vida de Delilah. Escuchaba las noticias en la radio mientras conducía, leía el periódico todos los días y veía los telediarios. Estaba absorbiendo toda esa información desde el exterior y se pasaba una gran parte del tiempo inmersa en ese proceso.

Esto no la hacía feliz. Me di cuenta de lo mucho que parecía haber envejecido desde nuestra última conversación y lo densa que se volvía su energía cuando describía la avalancha de problemas que llenaban su atribulada mente. Aunque era una mujer sana, inteligente y sin problemas económicos, su mente estaba consumida por la preocupación. Había sintonizado su conciencia con lo negativo, como una aspiradora que absorbe la porquería; llenar su mente de problemas había conducido a una mente repleta de suciedad.

Los lugares a los que dirigía su atención la habían llevado a esa inmersión en el campo energético de las malas noticias. Condicionado por su conciencia, su cerebro estaba ocupado en ampliar los circuitos neuronales del estrés. Su mente estaba guiando al cerebro para aumentar esas vías, haciéndolas más grandes y eficientes en la transmisión de las señales habituales. Con cada ampliación, su mente se sintonizaba aún más con las malas noticias.

Deliah creía que los problemas que escuchaba en las noticias estaban sucediendo «ahí fuera». Podía afirmar con justificación plena que las noticias con las que llenaba sus pensamientos eran objetivamente verdaderas.

Sin embargo, lo cierto es que estaba creando su propia realidad llena de estrés por la dirección hacia la que escogía dirigir su atención. Centrarse en las noticias provocaba la creación de nuevas neuronas en esos circuitos, que generaban campos electromagnéticos más fuertes, y que, a su vez, la hacían más sensible a señales similares. Su estrés tenía tanto que ver con la creación subjetiva de su mente como con el estado objetivo del mundo.

LA PLASTICIDAD NEURONAL DIRIGIDA POR UNO MISMO

Ese el riesgo que asumes si eres consumidor en lugar de productor de información. Cuando el flujo de información tiene lugar de fuera adentro, tu conciencia es rehén de la conciencia que origina esa información. Cuando el recipiente mental se llena con contenido sombrío no es fácil mantenerse alegre.

Cuando permites que otros llenen tu conciencia estás a merced de su conciencia.

Aunque mi mujer, Christine, también consume información constantemente, escoge contenidos inspiradores. Escucha a sus oradores transformacionales favoritos durante el largo trayecto para ir al trabajo; también lee libros inspiradores y ve documentales de naturaleza en la televisión. Su familia y amigos comparten citas inspiradoras por correo electrónico. Aunque está bañando su mente de información externa, su elección de un material edificante la hace ser una persona sabia y feliz.

Ese es el lugar a partir del que ella crea: te hablará acerca de un excitante proyecto artístico que ha diseñado o de un poderoso concepto que ha aprendido. Esas son las cosas que llenan su mente.

Los pensamientos, creencias e ideas que llenan tu conciencia ejercen una poderosa influencia en el mundo externo. Estás creando constantemente. Puedes usar ese poder para crear cosas intangibles, como un ambiente emocional enriquecedor, y también puedes usarlo para crear objetos tangibles. Existen un gran número de cambios que han comenzado en la mente de una sola persona como Josephine Baker y se han expandido para cambiar el mundo.

LANZAR LA MENTE AL ESPACIO

En el campo de la tecnología, Elon Musk destaca como alguien cuya visión personal ha dado nueva forma a diversos sectores industriales.

Elon Musk es el famoso fundador de varios exitosos negocios, entre los que se incluyen Tesla y Solar City. Con tan solo doce años vendió su primer producto, un juego llamado Blastar desarrollado por él mismo.

Después de solicitar trabajo en Netscape sin éxito y abandonar las clases en la Universidad de Stanford, fundó una compañía llamada Zip2 que fue comprada más tarde por Compaq por 307 millones de dólares. Fue cofundador de PayPal y posteriormente ganó mucho dinero con su venta a eBay.

Mientras triunfaba en los negocios, su vida personal atravesó momentos difíciles. En unas vacaciones a su tierra natal en Sudáfrica, contrajo malaria cerebral, una enfermedad que resulta letal en el 20 % de los casos. Perdió alrededor de 20 kilos y vivió una experiencia cercana a la muerte. Dos años más tarde, su primer hijo murió con diez semanas de edad.

Musk fundó su tercera compañía, SpaceX, en 2002, con el audaz objetivo de hacer realidad los vuelos espaciales comerciales.

El lanzamiento del primer cohete espacial de SpaceX en 2006 acabó en una bola de fuego y, con el cohete quemado, se fueron los millones de dólares invertidos en la empresa. Sin embargo, Musk no se desalentó y escribió posteriormente: «SpaceX es un proyecto a largo plazo y pase lo que pase vamos a seguir en ello» (Malik, 2006).

Al año siguiente, la compañía lanzó su segundo cohete, pero no alcanzó su órbita al apagarse los motores de forma anticipada, lo que dejó a SpaceX malparada y a su fundador con problemas económicos.

Durante el tercer lanzamiento, en 2008, las dos partes del cohete colisionaron antes de separarse. Su carga útil, que incluía el primer cargamento para la NASA, así como las cenizas de James Doohan, «Scotty» en *Star Trek*, acabaron en el océano.

Musk estaba completamente arruinado y al borde de la bancarrota. Solamente lo salvó una inversión en el último momento del multimillonario Peter Thiel.

En la actualidad, las empresas de Musk —Tesla, SpaceX y Solar City— son enormemente exitosas, pero ha necesitado perseverancia para, revés

DE QUÉ MANERA EL CEREBRO MOLDEA LA REALIDAD   67

Lanzamiento de SpaceX.

tras revés, llegar a este punto. La actitud de Musk es incansablemente positiva, con independencia de los desafíos que se le presenten. Su mente constituye el origen de múltiples realidades revolucionarias.

¿Qué mundo crearás con tu cerebro?

¿Qué hay en tu mente y qué clase de mundo material crearías?

Tienes un cerebro y una mente magníficos, capaces de crear riqueza, felicidad, salud y bienestar tanto en tu propia vida como en las vidas de quienes te rodean. Tu conciencia es poderosa, mucho más de lo que crees.

La mayor parte de nosotros estamos usando solo una mínima parte de nuestra capacidad, sin ni siquiera ser conscientes de que nuestras mentes crean formas materiales. Esta obra te ayuda a utilizar tu superpoder de forma consciente a fin de crear una vida maravillosa para ti y las personas de tu alrededor. Tú ya estás materializando tus pensamientos: lo haces cada día de forma inconsciente. Pues bien, ha llegado la hora de hacerlo de forma intencionada y sistemática. A lo largo de las siguientes páginas conocerás a muchas personas que, como Josephine Baker, Elon Musk, Lorin Smith y Bill Bengston, han convertido los pensamientos en realidades materiales. La información fluye de ellos hacia el campo universal y su conciencia condiciona el espacio que los rodea para producir manifestaciones en la realidad material. El concepto de que la mente crea la materia no es una proposición metafísica, sino biológica. En los capítulos siguientes comenzarás a experimentar por ti mismo cómo tu cerebro crea materia en forma de neuronas y sinapsis en respuesta a tu conciencia; la conciencia y la materia interactúan con los campos que te rodean y el resultado es la realidad material.

Empezarás a utilizar tu conciencia de forma expresa, creando realidades materiales a través de la intención que fluye desde el interior en lugar de hacerlo de forma accidental basándote en acontecimientos externos. Conocerás a la comunidad de gente consciente que está construyendo la realidad para el máximo beneficio de todo el planeta y descubrirás que formas parte de esa comunidad enormemente creativa que trabaja para el bien común. ¡Bienvenido al futuro de la mente y la materia!

Pon en práctica estas ideas

Actividades que puedes practicar durante la semana:

- Nada más despertarte por la mañana coloca la mano en el corazón y siente amor.
- Compra un diario y escribe una lista con tus intenciones. ¿Cuáles son las 10 cosas que transformarían tu vida?
- Envía deseos de sanación a una persona enferma mientras respiras de forma consciente.
- Dona el 10 % de tu próximo sueldo a alguna organización dedicada al cambio social.

Capítulo 2

Cómo la energía construye la materia

«¡Tierra a la vista!», gritó el vigía. Era el 6 de septiembre de 1522 y el puerto divisado era Sanlúcar de Barrameda, en España. Llegaba a puerto la nao *Victoria*, capitaneada por Juan Sebastián Elcano.

La *Victoria* fue la única superviviente de las cinco naves comandadas por el marino portugués Fernando de Magallanes. Salieron de España, con una flota bien equipada, el 20 de septiembre de 1519 con el objetivo de circunnavegar el globo en dirección a las islas de las especias.

Magallanes navegó primero hacia el sur en dirección a África. Desde allí cruzó el Atlántico hacia Brasil y, a continuación, siguió la costa brasileña en busca de un estrecho que le condujera al océano Pacífico. Recorrieron la costa de Sudamérica y pasaron el invierno en una bahía protegida del Puerto San Julián, en Argentina, cerca del extremo sur del continente.

El día de Pascua, los capitanes se amotinaron, pero Magallanes logró sofocar la insurrección. Uno de los sublevados fue ejecutado y otro de ellos fue abandonado en tierra.

El 21 de octubre finalmente encontró el paso que había estado buscando, ahora llamado estrecho de Magallanes. Para entonces una de las naves había encallado y otra había regresado.

Las tres naves que aún quedaban tardaron 38 días en rodear el traicionero archipiélago de Tierra de Fuego. Cuando Magallanes vio el océano Pacífico al otro lado del estrecho, comenzó a sollozar de alegría. Después de 99 días de travesía por las tranquilas aguas llegó a la isla de Guam en marzo de 1521. Sus hombres estaban hambrientos: se habían visto obligados a masticar la correa de piel de sus chaquetas para mantenerse con vida.

Los supervivientes se aprovisionaron en las islas Filipinas e iniciaron el viaje de vuelta en dos naves cargadas de especias. Dado que una de ellas se perdió en el mar, solo la nao *Victoria* logró regresar a España. Solamente sobrevivieron 22 de los 270 tripulantes iniciales.

Fernando de Magallanes.

Pero Magallanes no fue uno de los supervivientes, sino que murió en el camino. Un 27 de abril, mientras luchaba en un combate como aliado del jefe de la isla filipina de Cebú contra la tribu de la isla vecina de Mactán, Magallanes cayó herido por una flecha envenenada y murió en combate mientras sus compañeros emprendían la retirada.

El viaje de Magallanes fue posible gracias a un extraordinario invento electromagnético: la brújula. Este instrumento fue inventado en China y la primera referencia que se conoce aparece en un manuscrito del año 1040 (Vardalas, 2013). Describe un «pez de hierro» que, al quedar suspendido en el agua, siempre apunta hacia el sur.

Un erudito de la dinastía Song llamado Shen Kuo escribió sobre este instrumento en 1088. Contaba que cuando «los magos frotan la punta de una aguja con magnetita, es capaz de apuntar hacia el sur […] Se la podía dejar flotar en la superficie del agua, pero resulta bastante inestable […] Es mejor dejarla suspendida con una fibra de capullo de seda atada al centro de la aguja con un pedazo de cera. Así, colgada en un lugar sin viento, siempre apuntará hacia el sur». Desde luego este procedimiento debía parecer

Brújula china del siglo XIX.

auténtica magia en el siglo XI, cuando no se conocía la existencia de los campos electromagnéticos. Alrededor de 200 años antes del viaje de Magallanes, en Amalfi (Italia) se había usado por primera vez una brújula en Europa. Los marinos de naciones como Inglaterra, Francia, Holanda, España y Portugal reconocieron la importancia de esta maravilla tecnológica y desarrollaron y refinaron su diseño. Sin la brújula, la extraordinaria hazaña marítima de Magallanes no hubiera sido posible. Una aguja magnetizada suspendida en el centro apunta al polo norte magnético con independencia del lugar en que se encuentre. La aguja de la brújula detecta las líneas de fuerza magnética que rodean el manto terrestre.

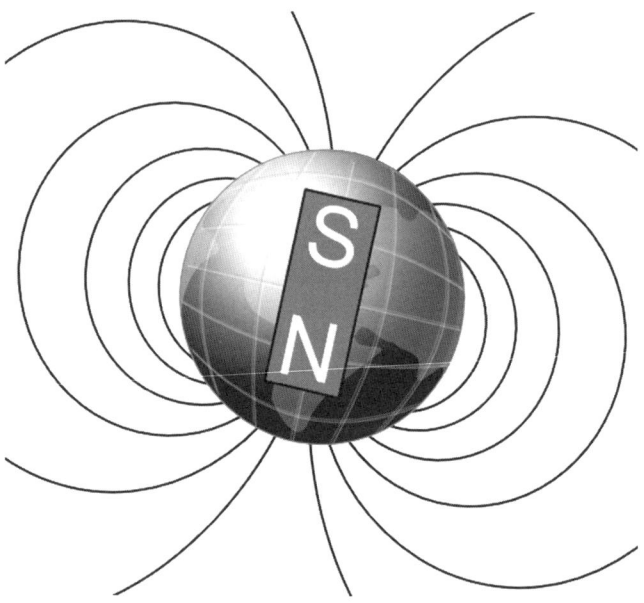

Campo magnético terrestre.

Los cuerpos celestes, como las estrellas y los planetas, poseen campos electromagnéticos; lo mismo sucede con los objetos pequeños, como los cristales y las rocas, así como con los seres humanos. Te rodea un campo que se extiende alrededor de cinco metros.

LOS CAMPOS SON BELLOS Y ESTÁN EN TODAS PARTES

En la actualidad, los campos electromagnéticos están investigándose en cada vez más plantas y animales. En un estudio publicado en la prestigiosa revista *Science*, un equipo de investigadores estudió la relación electromagnética existente entre las flores y las abejas que las polinizan.

Descubrieron que las abejas pueden detectar los campos que rodean las flores y utilizar esa información para establecer qué flores contienen más néctar (Clarke, Whitney, Sutton y Robert, 2013). Daniel Robert, coautor del estudio y biólogo de la Universidad de Bristol, afirma: «Creemos que los abejorros utilizan esta capacidad de percibir los campos eléctricos para determinar si las flores han

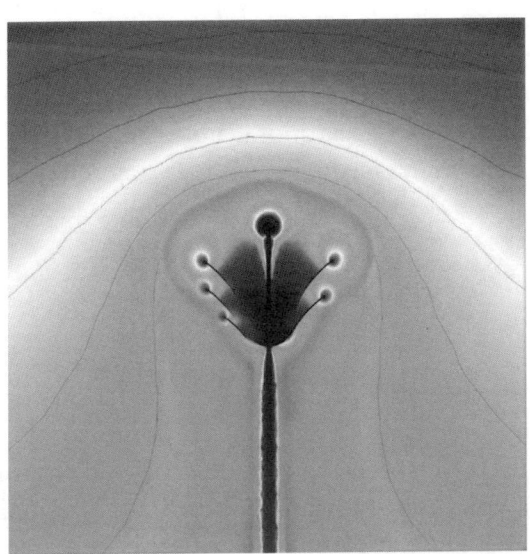

El campo electromagnético de una flor.

recibido hace poco la visita de otros abejorros y si merece la pena acercarse».

Las propiedades electromagnéticas de los campos que rodean a los seres vivos fueron una auténtica sorpresa para los científicos inmersos en explicaciones materialistas. Thomas Seeley, un biólogo del comportamiento de la Universidad de Cornell, comentó después de leer el estudio: «No teníamos ni idea de la existencia de este sentido».

La capacidad de percibir campos electromagnéticos se ha estudiado en algas, gusanos, hormigas, insectos, osos hormigueros, ornitorrincos y colibríes.

Algunos estudios han revelado que los delfines también son capaces de detectar campos electromagnéticos. El delfín costero es una especie que vive cerca de los estuarios, en aguas protegidas frente a la costa sudamericana. Un equipo de investigadores alemanes examinó estos delfines y descubrió que eran sensibles incluso a corrientes eléctricas sumamente débiles (Czech-Damal *et al.*, 2011).

Estos científicos, además, investigaron el modo en que estos animales eran capaces de detectar estos campos y hallaron pequeños folículos pilosos alrededor de la boca. Se trata de hendiduras rodeadas de terminaciones nerviosas y vasos sanguíneos, que están llenas de una sustancia gelatinosa. Los científicos creen que son los órganos sensoriales mediante los cuales los delfines detectan los campos.

Los campos crean las formas moleculares

Recuerdo con nitidez mi primera experiencia con el electromagnetismo. En la clase de Ciencias de primer grado esparcimos limaduras de hierro sobre una hoja de papel y al pasar imanes por debajo de la hoja, estos movían las limaduras. Sin siquiera tocarla e incluso a distancia, los campos eran capaces de reorganizar la materia. Debido a que este simple experimento se repite millones de veces cada año en todo el mundo, es fácil olvidarse de lo sorprendente que resulta. Damos por sentado que los campos existen y que podemos dar forma a la materia, pero de algún modo nos olvidamos de aplicar este concepto cuando lidiamos con los retos de la vida material diaria. Ya ampliemos la visión a los planetas o las galaxias o la reduzcamos a los átomos, siempre encontramos campos electromagnéticos. Cada célula de tu cuerpo tiene su propio campo electromagnético y las moléculas de las que se componen tus células también tienen campos. El electromagnetismo es un fenómeno esencial en los procesos biológicos.

Además de agua, la mayor parte de las moléculas de las que se compone nuestro organismo son proteínas. El cuerpo fabrica más de 100 000 tipos de proteínas diferentes. Se trata de moléculas grandes y complejas con cadenas de átomos que se doblan entre sí formando intrincados diseños. Cuando una célula sintetiza una proteína crea estos pliegues, del mismo modo en que movíamos las limaduras de hierro en mi clase de Ciencias.

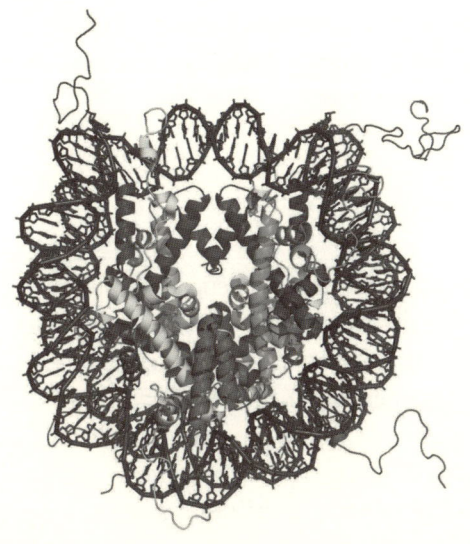

Las moléculas de las proteínas poseen una intrincada estructura.

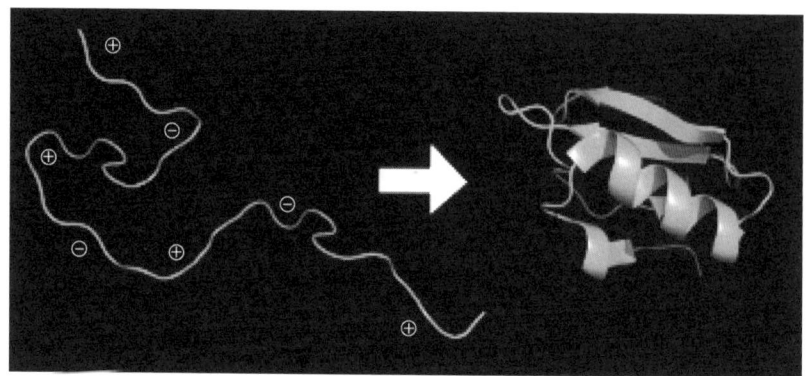

Proteínas antes y después del plegado. Las cargas eléctricas en diferentes puntos de la molécula determinan la forma que adopta.

Cada parte de la cadena molecular que forma una proteína tiene su propia carga positiva o negativa. Si dos partes de la cadena tienen una carga negativa, se repelen, y lo mismo sucede si esa carga es positiva en las dos partes. Por otro lado, las cargas negativas y positivas se atraen. Estas fuerzas de atracción y repulsión moldean las grandes y complejas cadenas de proteínas en sus correspondientes formas.

Explorar lo inexplorado

Willem Einthoven fue un excéntrico médico alemán nacido en 1860. A finales del siglo XIX se propuso medir el campo electromagnético del corazón humano. Así pues, construyó un dispositivo llamado galvanómetro. Einthoven se enfrentó a una gran oposición y escepticismo, ya que, para muchos de sus colegas médicos, acostumbrados a estudiar únicamente la materia, la noción de unos campos energéticos invisibles resultaba sospechosa.

Sus primeros intentos fueron poco prometedores. Su máquina pesaba 270 kg y se requerían cinco personas para manejarla. También necesitaba un sistema de refrigeración para enfriar los potentes electroimanes de los que dependía.

Uno de los primeros electrocardiógrafos.

Después de años de duro trabajo, Einthoven desarrolló un galvanómetro mucho más sensible que cualquiera de los existentes en aquella época, que podía conectarse a los pacientes y medir su frecuencia cardiaca. Finalmente desarrolló una sólida teoría sobre el funcionamiento del corazón y el significado de las lecturas de los electrocardiogramas (ECG) para el diagnóstico y el tratamiento.

¿Y qué pasó con sus detractores? Fue Einthoven quien rio el último cuando ganó el Premio Nobel de Medicina en 1924. Este científico sentó las bases para la investigación del campo electromagnético del cerebro, que fue descubierto en 1926; investigadores posteriores consiguieron mapear incluso el campo de una sola célula.

Un EEG antiguo mostrando la actividad electromagnética del cerebro.

¿Qué hacen los campos?

Harold Saxton Burr fue un investigador visionario que trabajó como profesor en la Escuela de Medicina de Yale en 1929. Comenzó a estudiar los campos energéticos que rodean los animales y las plantas, investigando las formas en que la materia (átomos, moléculas y células) es organizada por dichos campos a medida que los organismos se desarrollan y crecen. En un artículo clave de 1949 mapeó el campo electromagnético que rodea a un único nervio. Sus cuidadosas mediciones mostraban un campo muy parecido al de las limaduras de hierro alrededor de un imán en mi clase de Ciencias. El campo era más intenso cerca del nervio e iba debilitándose a medida que se alejaba de este (Burr y Mauro, 1949).

El gran descubrimiento de Burr fue que los campos no solo eran *producidos* por organismos vivos, sino que estos campos

Harold Saxton Burr.

creaban materia, proporcionando líneas de fuerza alrededor de las cuales la materia podía organizarse en átomos, moléculas y células. En su libro *The Fields of Life* (1973), Burr empleó la analogía de las limaduras de hierro con las que yo jugaba de pequeño. Si retiras las limaduras de hierro de la hoja de papel y añades otras nuevas, se disponen siguiendo el mismo patrón que las anteriores. Es el campo el que organiza las limaduras y no estas las que crean el campo.

Burr escribió: «Algo como esto [...] sucede en el cuerpo humano. Sus moléculas y células están sometidas a un proceso constante de destrucción y reconstrucción con materiales nuevos procedentes de los alimentos que ingerimos. Pero, gracias al campo [vital] controlador, las nuevas moléculas y células se reconstruyen como antes y se disponen siguiendo el mismo patrón que las antiguas» (Burr, 1973, pp. 12-13).

Por ejemplo, cuando te cortas el dedo y vuelve a salirte piel, el campo proporciona el plano alrededor del cual se organizan las nuevas células. La energía no es un epifenómeno de la materia: la energía está *organizando* la materia.

Para muchos de sus experimentos, Burr empleó salamandras. Midió los voltajes de las membranas externas de los huevos de salamandras y descubrió que un punto tenía un voltaje máximo, mientras que otro punto, situado en el lado opuesto, tenía un voltaje mínimo. Marcó ambos puntos.

Cuando las salamandras maduraron, descubrió que el punto en el que había detectado el campo energético más fuerte en el huevo se había convertido en la cabeza y el punto que presentaba menor actividad eléctrica era siempre la cola. Parecía que el campo organizaba la materia en el huevo durante la gestación y el desarrollo.

Burr utilizó ratones para determinar si el campo energético representaba un papel en el cáncer. Midió sus campos y observó qué ratones desarrollaban cáncer posteriormente. Después de registrar más de 10 000 mediciones, descubrió que el patrón electromagnético del cáncer aparecía en el campo energético antes de que pudiera detectarse malignidad celular.

Escáner termográfico de una pareja practicando yoga.

La energía crea la materia

En un estudio fundamental publicado en 1947, Burr dirigió su atención a las enfermedades humanas para determinar si sus observaciones podrían tener un valor terapéutico. Él y sus colegas examinaron a un grupo de mujeres con cáncer de útero y descubrieron que los úteros de estas mujeres presentaban una carga electromagnética diferente a la de los úteros sanos (Langman y Burr, 1947).

Después, Burr examinó a un grupo de mujeres sanas a las que no les habían diagnosticado cáncer de útero. Las mujeres que tenían el patrón electromagnético del cáncer de útero —aunque estuvieran aparentemente sanas— desarrollaron cáncer más tarde. El cáncer se ponía de manifiesto *en el campo energético* antes de manifestarse en las *células materiales*. El trabajo de Burr demostró que los órganos y los organismos, como los corazones, los úteros, las salamandras y los ratones, no crean campos energéticos, sino que los campos energéticos son plantillas a partir de las cuales se condensa la materia. Si cambias el campo de energía, cambias la materia.

Aunque este hallazgo sea relativamente reciente en la ciencia moderna, no es un concepto del todo nuevo. Un antiguo dicho de la medicina china afirma: «La mente controla el *qi* y la sangre sigue al *qi*» Con el término *qi* (también pronunciado *chi*) los antiguos sabios se referían a la energía vital y la palabra *sangre* aludía a la materia corporal. La energía dirige la materia.

¿Qué es el H_2O?

El agua nos resulta tan familiar que la damos por sentado. Constituye el 70 % del volumen de nuestro cuerpo y un porcentaje similar de la superficie terrestre. La bebemos y nos bañamos en ella todos los días sin pensar. Aunque nadie que no sea químico se sabe la fórmula de otra molécula, todo el mundo sabe que la del agua es H_2O. Sin embargo, resulta que esta sustancia tan común alberga profundas lecciones acerca de la relación entre la energía y la materia.

Si te pregunto: «¿Qué es el H_2O?» Probablemente me respondas: «Agua, está claro». En efecto, si te doy un vaso de H_2O a temperatura ambiente, se trata de agua. Pero, si le añado energía al hervirla, se convierte en vapor. Aunque sigue siendo H_2O, el incremento de energía ha cambiado completamente la forma material que adopta.

Si tomo ese mismo H_2O y lo coloco en el congelador, al restarle energía, la materia vuelve a modificarse y se convierte en hielo. La reducción de energía de nuevo ha alterado completamente la forma de la materia. Esta es una analogía que mi colega el Dr. Eric Leskowitz, de la Escuela de Medicina de Harvard y experto en el uso de la energía en la acupuntura, utiliza para explicar el efecto de la energía en la materia. De forma parecida, la energía subyace en las múltiples formas que adopta la materia y que suelen pasarnos desapercibidas.

El H_2O puede existir en diferentes estados siendo agua en todos ellos.

El agua y la sanación

En una serie de experimentos destacados llevados a cabo en la Universidad McGill, el investigador pionero Bernard Grad examinó el efecto de la energía sanadora en animales y plantas.

La sanación la realizaba un antiguo oficial de caballería húngaro llamado Oskar Estebany, que sanaba a la gente con la energía de sus manos. No tenía formación de ningún tipo y había descubierto su don por casualidad al masajear a los caballos. Creía que esta energía era de naturaleza electromagnética y que se trataba de una capacidad natural humana. Primero, Grad examinó la capacidad de Estebany con ratones. Se hicieron cuatro hileras de heridas por punción en la espalda de los ratones y Estebany debía «sanar» solamente las dos hileras centrales. Y, en efecto, estas heridas se curaron antes que las externas. Además los ratones de Estebany se curaron significativamente más rápido que los que fueron tratados por estudiantes.

Grad también examinó el efecto que producía el agua tratada por Estebany en la tasa de crecimiento de las semillas de cebada. Cuando se regó las semillas con esta agua durante 30 minutos, la mayor parte de las semillas germinaron y las plantas crecieron más; asimismo, aumentó su contenido en clorofila y el crecimiento de las hojas mejoró de forma significativa (Grad, 1963). Otros investigadores también detectaron una mejoría notable en el crecimiento de las plantas o en la germinación de las semillas después de recibir un tratamiento por parte de un sanador (Scofield y Hodges, 1991; Kronn, 2006).

Un riguroso estudio examinó el agua tratada por sanadores de toque terapéutico (Schwartz, De Mattei, Brame y Spottiswoode, 2015). La molécula H_2O tiene dos átomos de hidrógeno unidos a uno de oxígeno. Pues bien, el ángulo de esa unión puede medirse, al igual que cuando abres una bisagra parcialmente y mides el ángulo que forma. La molécula del agua forma un ángulo de 104,5 grados.

Después de una sesión de toque terapéutico de 45 minutos, se observaron cambios estadísticamente significativos en la absorción de luz infrarroja del agua, lo que demostraba que el ángulo de unión entre el átomo de oxígeno y los dos de hidrógeno se había alterado a raíz del contacto con el campo sanador. Este experimento concreto fue un ensayo ciego y cuidadosamente controlado. Otros investigadores han encontrado igualmente una alteración en la estructura molecular del agua tras el contacto con un sanador (Lu, 1997; Kronn, 2006).

El profesor de Ciencia de Materiales Rustum Roy, de la Universidad Penn Stat, llevó a cabo multitud de estudios sobre la estructura del agua. Descubrió que las moléculas del agua presentan diversas configuraciones potenciales en las que pueden enlazarse y que pueden modificarse al pasar frecuencias específicas a través del agua; al resonar con estas frecuencias, el agua resultante puede poseer propiedades curativas (Rao, Sedlmayr, Roy y Kanzius, 2010).

El maestro chino de qigong Xin Yan ha demostrado su capacidad de alterar la estructura molecular del agua de forma espectacular, incluso a distancia. Unos investigadores de la Academia de Ciencias China realizaron diez experimentos con el Dr. Yan. En el primero, él se mantuvo cerca del agua y, en los otros nueve, permaneció a una distancia de entre 7 y 1 900 km. En todos los casos influyó en el agua, mientras que la muestra de control permanecía sin variaciones.

Cuando Bill Bengston llevó a cabo los estudios que demostraron que la sanación energética curaba el cáncer en ratones, notó cambios parecidos en las propiedades infrarrojas del agua tratada por un sanador (Bengston, 2010). También revisó estudios que demostraban que los campos energéticos de las manos de un sanador pueden modificar la velocidad en que las enzimas catalizan reacciones en las células e incrementar el contenido de hemoglobina de los glóbulos rojos, el compuesto encargado de transportar oxígeno a las células.

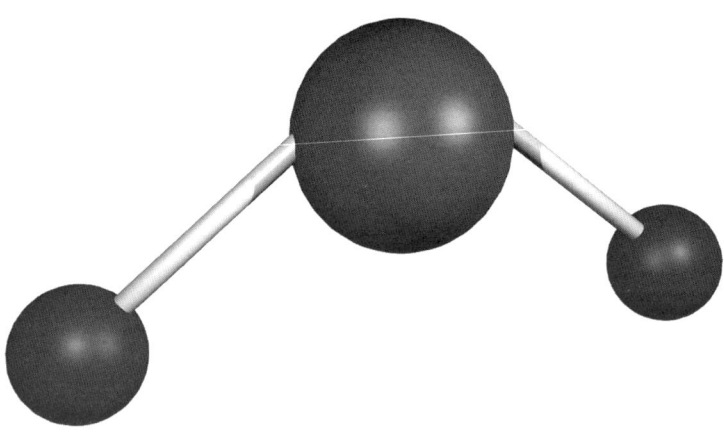

El H_2O es un átomo de oxígeno unido a dos átomos de hidrógeno formando un ángulo de 104,5 grados.

ADELINE Y LAS ESTRELLAS SANADORAS

A principios de los años ochenta trabajé en un proyecto cuyo propósito era el registro de casos de remisiones espontáneas y con ese motivo entrevisté a una superviviente del cáncer llamada Adeline.

Para cuando diagnosticaron cáncer de útero a Adeline, una mujer de treinta y pocos años, la enfermedad se le había extendido por todo el cuerpo. Los médicos le recomendaron cirugía seguida de quimioterapia y radioterapia. Tenía pocas posibilidades de sobrevivir.

Como no deseaba someter su cuerpo a los estragos del tratamiento, decidió pasar sus últimos meses de vida con tanta serenidad como fuera posible.

Adeline comenzó a hacer largas caminatas por los bosques de secuoyas de Carolina del Norte, donde residía. También se daba largos baños diariamente, retiraba el agua cuando se enfriaba y volvía a llenar la bañera de agua caliente. Mientras paseaba por el bosque o cuando se bañaba se imaginaba que del cielo llovían diminutas estrellas sanadoras que atravesaban su cuerpo y, cada vez que una estrella tocaba una célula cancerosa, se imaginaba que la célula reventaba como un globo pinchado.

Además, Adeline se alimentaba lo más sano posible, meditaba todos los días, leía libros inspiradores y dejó de relacionarse con personas con las que no se sentía cómoda. Con la excepción de un par de amigas íntimas, pasaba sola la mayor parte del tiempo.

Poco a poco, fue prolongando sus paseos, ya que empezó a sentirse mejor que nunca.

Y cuando regresó al hospital para realizarse una revisión al cabo de nueve meses, el médico no encontró ni rastro de cáncer en su cuerpo.

Adeline había transformado su energía de todas las formas posibles: modificó la energía del ambiente físico que la rodeaba al sumergirse en la naturaleza; llenó su mente de imágenes positivas específicas como las estrellas sanadoras y de la energía edificante de los libros inspiradores; consumió alimentos de buena calidad energética; eliminó la energía negativa de las relaciones infelices, y se bañó diariamente, una práctica que llena el cuerpo de electrones y hace frente a los radicales libres, los cuales constituyen la causa principal del estrés oxidativo y de la degeneración celular.

En este ambiente generalizado de energía positiva sanadora dirigida por la conciencia, la materia del cuerpo de Adeline comenzó a sufrir una transformación. Sus células respondieron y su cuerpo comenzó a eliminar el tejido canceroso defectuoso. Empleó la energía para curar su cuerpo material y no retomó sus antiguos hábitos nunca más.

Adeline se habituó tanto a sentirse bien que se volvió algo natural para ella. Cuando la entrevisté siete años después seguía meditando, comiendo sano y llevando una vida con poco estrés. Seguía sin rastro de cáncer.

La historia de Adeline demuestra que no solo sanadores innatos como Oskar Estebany pueden curar con la energía. También nosotros podemos sanarnos cuando sintonizamos nuestra conciencia con la frecuencia de la sanación. La materia de nuestras células responde a la energía de nuestra conciencia.

La frecuencia resonante de la vibración del sonido puede romper una copa de vino.

Todos estamos familiarizados con el truco de salón en el que un cantante de ópera rompe una copa de vino. Cuando la frecuencia de la voz del cantante eleva la energía de las moléculas del cristal a un límite crítico, estas se hacen añicos. Se trata de una conocida ilustración de un campo de estudio poco conocido llamado cimática, la ciencia que estudia cómo el sonido afecta a la materia. Cuando profundizamos en esta ciencia descubrimos que el sonido posee tantas propiedades sorprendentes como el agua.

La cimática: cómo la frecuencia cambia la materia

Ernst Chladni fue un físico y músico alemán del siglo XIX al que se considera el padre de la acústica a causa de sus experimentos pio-

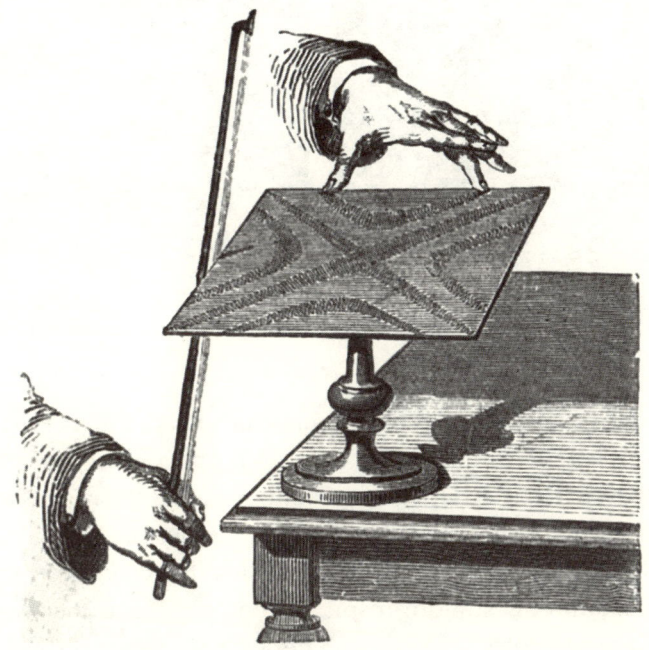

Placa de Chladni.

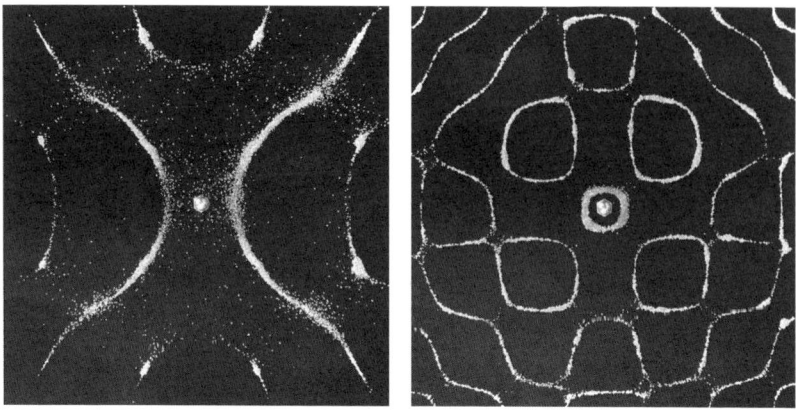

Al pasar a través de una placa de Chladni la frecuencia del sonido produce diferentes patrones geométricos. Arriba, 1 305 Hz y 5 065 Hz. Abajo, 2 076 Hz y 2 277 Hz.

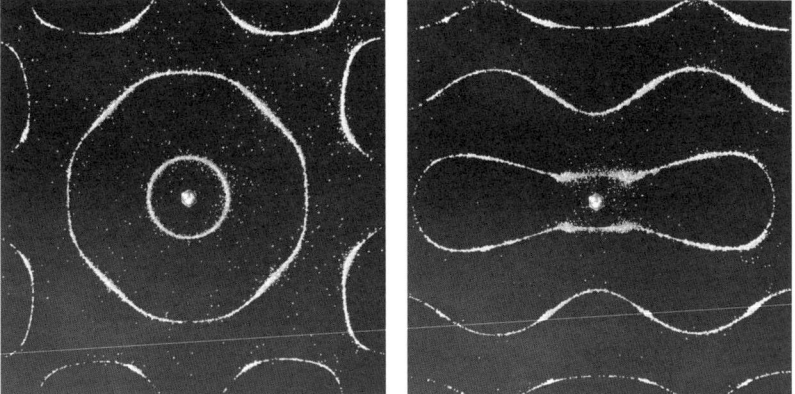

neros con el sonido. Su estricto y autoritario padre no dejaba que el joven Ernst saliera a jugar hasta que no terminara sus deberes.

Chladni tenía un afinadísimo oído musical, capaz de distinguir pequeñas diferencias entre frecuencias. Después de obtener dos titulaciones, una en Derecho y otra en Filosofía, Chladni se interesó por el estudio del sonido. Inspirado por otros científicos que habían hecho visibles los campos energéticos, desarrolló un nuevo dispositivo.

Se trataba de una placa de metal sobre la que se colocaba arena fina; un arco de violín se arrastraba por uno de los lados de la placa y hacía que esta vibrara. Las diferentes frecuencias vibratorias producían diferentes patrones geométricos en la arena.

Chladni se hizo famoso por sus demostraciones públicas y viajó por toda Europa año tras año, lo cual lo puso en contacto con muchos otros científicos. Fue desarrollando sus ideas progresivamente y publicó su obra fundamental, *Acoustics*, en 1802, creando un nuevo campo científico.

El estudio de cómo el sonido afecta a la materia se denomina cimática. Siguiendo el trabajo pionero de Chladni, los científicos han examinado los efectos de los tonos vibratorios en diversas sustancias. Las vibraciones pueden cambiar la configuración de objetos materiales de forma espectacular e inmediata.

Para ello se anexiona una placa moderna de Chladni a un instrumento científico llamado generador de vibraciones. Se hace vi-

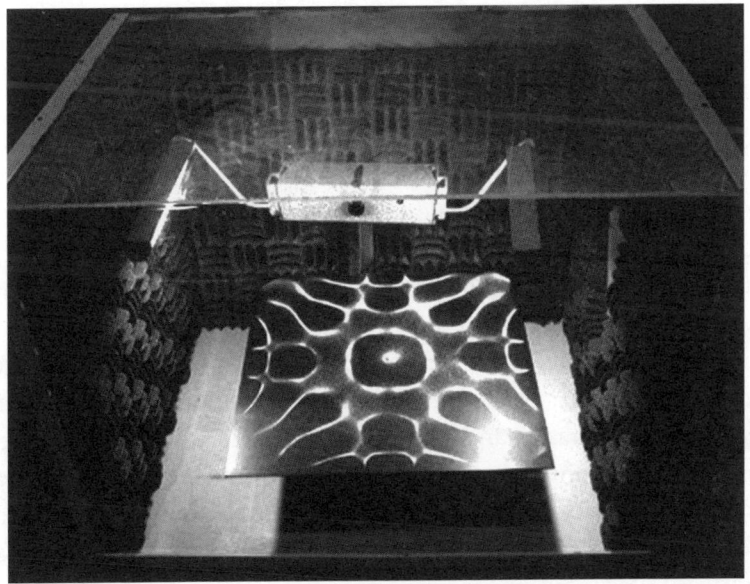

Una gran placa de Chladni en el laboratorio de Ciencias de la Universidad de Harvard.

brar el metal a diferentes ritmos y se hacen visibles figuras geométricas al esparcir por la placa una sustancia de color opuesto, como la arena blanca. Esto se debe a que cuando ciertas frecuencias pasan a través de las moléculas se producen formas concretas; por lo general, cuanto más alta sea la frecuencia, más complejo es el patrón creado en la materia.

Pueden usarse diversos materiales para ilustrar el efecto de la transmisión de vibraciones en las placas de Chladni. La sal y la arena se usan frecuentemente y también puede observarse en organismos vivos como las semillas.

Las placas de Chladni y los generadores de vibración son artículos populares en las clases de Ciencias de los institutos. Pueden adquirirse online o fabricarse fácilmente en casa con materiales sencillos. Sin embargo, como demostración de cómo la energía organiza la materia, constituyen un potente recordatorio de que toda frecuencia que pasa por nuestro cuerpo y mente está organizando las moléculas de nuestro organismo.

Las vibraciones del sonido crean agua cuadrada

El agua también puede cambiar de forma en respuesta a la vibración. Cuando el agua sale del grifo, la forma del chorro es redondeada; pero ante la presencia cercana de ciertas frecuencias cambia su forma habitual por una serie de ángulos rectos o una espiral.

Otra forma de visualizar el impacto de las frecuencias energéticas en la materia consiste en pasar ondas sonoras a través de un recipiente de agua. Cuando cambia la frecuencia, también lo hacen los patrones geométricos del agua. Ciertos tipos de música clásica originan patrones bellos y complejos en el agua, mientras que otras frecuencias, como las de la música estridente, producen formas caóticas y desorganizadas.

CÓMO LA ENERGÍA CONSTRUYE LA MATERIA

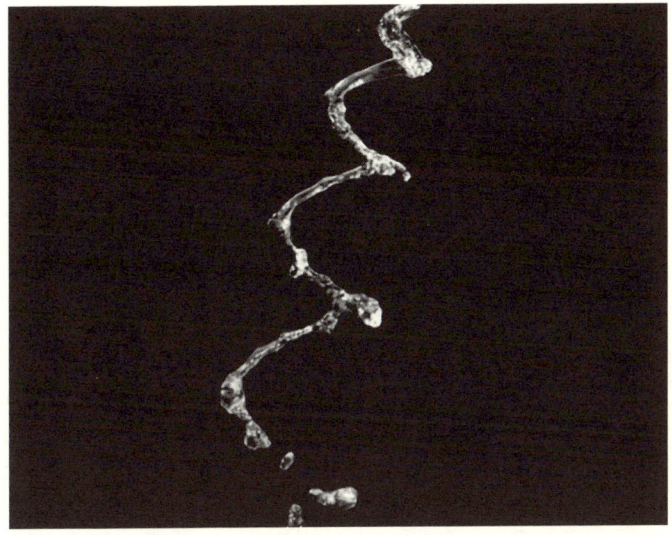

Un chorro de agua cambia de forma en respuesta a la vibración de la voz de un hablante.

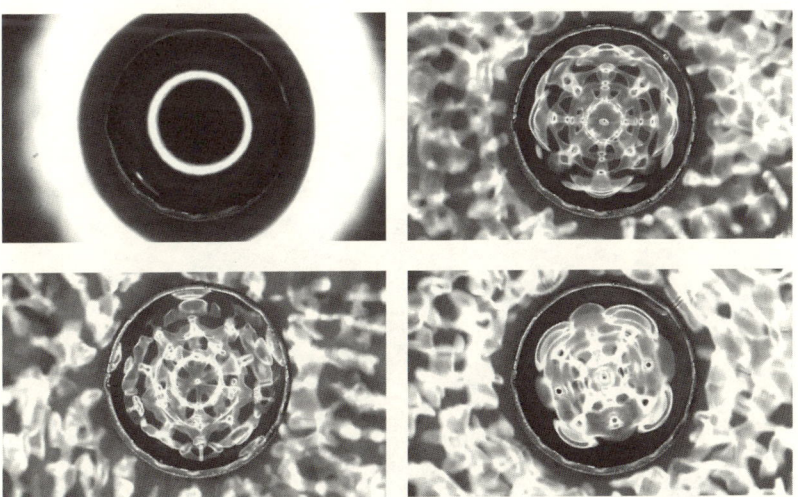

Agua en un vaso retroiluminado que cambia de forma según las diversas frecuencias energéticas que pasan a través de ella.

Tu personalidad en un vaso de agua

En el Instituto Aeroespacial de Stuttgart (Alemania) se utilizó agua como objeto de estudio en una serie de fascinantes experimentos. Los estudios, dirigidos por el Dr. Bernd Helmut Kröplin, examinaron el efecto que ejercían diferentes personas en el agua.

Un gran grupo de estudiantes participó en uno de los experimentos. Cada estudiante llenó una jeringa hipodérmica con agua y echó algunas gotas en un portaobjetos de microscopio. El equipo de Kröplin fotografió las gotas.

Descubrieron que el conjunto de gotas de cada persona era diferente de las gotas de los demás participantes. Las gotas producidas por una misma persona, sin embargo, eran prácticamente iguales; incluso si esa persona extraía 20 gotas, podía apreciarse un patrón geométrico semejante en las 20, pero ese conjunto de gotas se diferenciaba de las gotas de cualquier otro participante. Parecía

Un sujeto produce una serie de gotas en el portaobjetos de un microscopio.

que el hecho de pasar por el campo energético de una persona generaba un impacto constante e indeleble en la materia —en forma de agua— que manejaba.

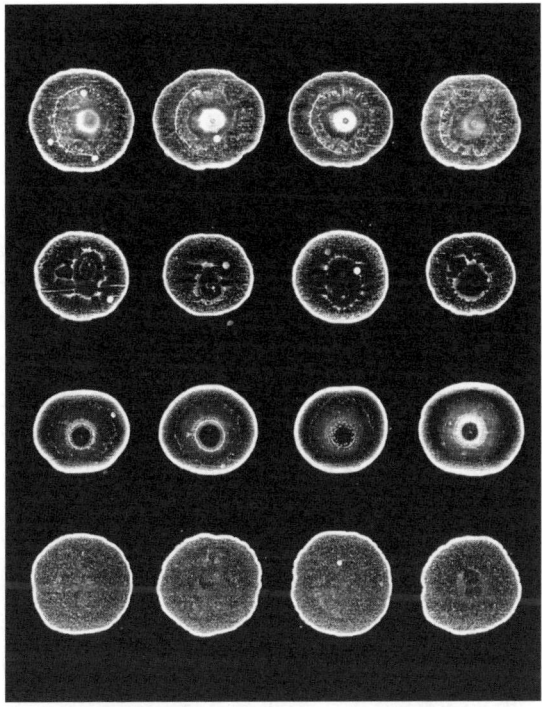

Por muchas gotas que deposite una misma persona, todas tienen un aspecto parecido; sin embargo, son completamente distintas de la serie de gotas producida por otra persona.

Así como las huellas dactilares de los ocho mil millones de habitantes del planeta son únicas, el campo energético de cada persona es también único. Cuando el agua pasa por el campo energético de una persona, la forma que adopta es siempre la misma y es diferente de las formas generadas por otra persona. Kröplin y su colega, Regine Henschel, describen sus últimas investigaciones en el libro *Water and Its Memory,* donde afirman: «Para nuestra sorpresa, pudimos demostrar que la imagen de la gota cambia ante la proximidad del experimentador, a causa del campo energético de ese individuo. Cada experimentador crea un conjunto de imágenes en las gotas —individual y reproducible— sin que se requiera un estado o una actividad mental especial» (Kröplin y Henschel, 2017).

Un equipo de investigación llevó a cabo otro estudio, esta vez sobre los efectos de la intención a distancia en el agua, en el Instituto de Ciencias Noéticas (IONS, por sus siglas en inglés) de Petaluma, en California.

Un grupo de 2 000 personas en Tokio dirigieron intenciones positivas hacia muestras de agua ubicadas en una habitación electromagnéticamente protegida en Petaluma. Estas habitaciones, también llamadas jaulas de Faraday, son habitaciones blindadas con plomo y diseñadas para eliminar todas las formas conocidas de radiación. Los instrumentos de la habitación están conectados con el laboratorio a través de cables de fibra óptica, de modo que incluso se eliminan campos electromagnéticos convencionales.

Como grupo de control se dispusieron otras muestras de agua similares en un lugar diferente, un hecho que desconocían los bienintencionados participantes de Tokio.

Cien jueces independientes vieron las fotografías de los cristales que se formaron en el agua de ambos grupos y confirmaron que las formas que presentaba el agua tratada eran más bellas que las del agua no tratada (Radin, Hayssen, Emoto y Kizu, 2006).

Agua expuesta a la música de Mozart.

Agua expuesta a la música de Vivaldi.

Agua expuesta a heavy metal.

CÓMO LA ENERGÍA CONSTRUYE LA MATERIA

Tu cuerpo está formado por un 70 % de agua. El agua responde a las vibraciones de su entorno del mismo modo que los granos de arena en las placas de Chladni o las gotas en los portaobjetos de microscopio del Dr. Kröplin. Cuando inundas las moléculas de agua de tu cuerpo con las vibraciones de la energía sanadora estás sintonizándolas con el bienestar, mientras que las vibraciones discordantes ejercen el efecto opuesto. Cuando sumerges tu mente en energía positiva, al menos el 70 % de la materia de tu cuerpo se sincroniza con ese estado elevado.

CÓMO EL SONIDO CURÓ EL ALCOHOLISMO DE JIM Y SU ENFERMEDAD CARDIACA

Por Frances Dachelet, enfermera, acupuntora
y terapeuta de *acutonics*

Jim, un hombre casado de 40 años, buscaba un tratamiento para unas palpitaciones intermitentes que había padecido el mes anterior. Me contó que cuando le aumentaba el ritmo cardiaco sentía ansiedad y tenía dificultad para respirar y dolor en el pecho.

La primera vez que le ocurrió le ingresaron en el hospital y le sometieron a un chequeo completo en el que se descartó un infarto de miocardio o cualquier otro problema cardiaco específico. Jim llevaba un año casado y tenía un bebé de seis meses. Trabajaba a tiempo completo como asociado médico en un servicio de urgencias y su trabajo le parecía ajetreado pero gratificante.

Jim tenía un largo historial de alcoholismo en su familia. Su padre había maltratado a sus hermanos, a su madre y al propio Jim, quien había hecho terapia en el pasado para tratar algunos problemas que tenían su raíz en la infancia.

Jim admitió que ocultaba y tapaba muchos de sus sentimientos con humor y sarcasmo. Le preocupaba no ser suficientemente bueno como padre, marido y asociado médico. Cuando dudaba de sí mismo, recurría al alcohol para calmar su inquietud. También reconoció tener un problema con la bebida, aunque había reducido el número de veces que bebía en exceso.

Jim seguía una alimentación vegetariana y comía caliente en casa junto con su familia. Me contó que consumía demasiados lácteos y que había engordado desde que se había casado. Reconoció la necesidad de beber más agua, ya que durante el día se pasaba largos períodos sin ingerir líquidos y después se tomaba una cerveza o algún cóctel por la noche.

Su diagnóstico energético fue como sigue:

- Alteración del *shen* (agitación del espíritu).
- Desequilibrio de las energías del meridiano del hígado, bazo y riñón.
- Alcoholismo intergeneracional.
- Problemas relacionados con el chakra del corazón.
- Temor.

Jim acudió al primer tratamiento con palpitaciones y visiblemente asustado e incómodo. Las estrategias de tratamiento empleadas consistieron en calmar el espíritu, reducir la respiración y el ritmo cardiaco, y fortalecer la energía del riñón para anclar la energía de los meridianos del corazón y el pulmón.

Se inició el tratamiento con diapasones para enraizar, centrar y estabilizar la energía del meridiano del riñón. Se utilizaron diferentes tonos de diapasón en ciertos puntos para calmar el espíritu y nutrir y equilibrar la energía del corazón.

Se repitió el enraizamiento en los puntos del riñón, y Jim comentó que sentía sosiego y una sensación que describió como que el corazón aflojaba el ritmo. Estaba menos ansioso y visiblemente relajado sobre la camilla.

Para tratar los problemas intergeneracionales se usaron los meridianos extraordinarios, utilizando su conexión primordial con la Fuente con el fin de acceder a esos problemas de la infancia profundamente arraigados. También se emplearon combinaciones de diapasones para tratar los problemas familiares.

La sesión concluyó con un enraizamiento adicional usando los puntos del riñón situados en los pies. Jim dijo sentirse tranquilo y descansado.

Se le hicieron recomendaciones dietéticas, de hidratación y ejercicio, y me informó de que no volvió a sentir palpitaciones ni síntomas de pánico después de su primer tratamiento.

Los siguientes tratamientos se centraron en nutrir la energía del riñón y equilibrar el sistema nervioso, sin dejar de tratar los patrones familiares y proporcionar una nutrición energética general.

Se complementó el tratamiento haciendo sonar diapasones de octava alta por encima del cuerpo a fin de limpiar y sanar el campo energético sutil.

El tratamiento global terminó fijando los cambios energéticos usando los puntos del riñón situados en los pies.

Jim me contó que después del primer tratamiento no volvió a tener palpitaciones. Aunque a veces se sentía estresado y ansioso, en general se sentía mucho mejor. Siguió prestando atención a su alimentación y dejó de beber alcohol. Estaba informándose sobre un programa de rehabilitación ambulatorio con la idea de empezar a someterse a un tratamiento.

LA ENERGÍA FLUYE A TRAVÉS DE LOS MERIDIANOS DE ACUPUNTURA

Los meridianos de acupuntura, como el del riñón, el hígado y el bazo usados en el tratamiento de Jim, han sido utilizados para la sanación durante miles de años. Los meridianos y los puntos de acupuntura se identifican en una obra china de más de 2000 años de antigüedad llamada *Canon de medicina interna del emperador amarillo*.

Los meridianos también se conocían en Europa. Un cuerpo momificado encontrado en los Alpes en 1991 muestra 61 tatuajes, algunos de los cuales tienen forma de cruces o puntos concretos. Los científicos han estudiado la momia, llamada Otzi, en profundidad y han descubierto las enfermedades que padeció. Pues bien, algunos de los tatuajes están situados directamente en los puntos de acupuntura idóneos para el tratamiento de esas dolencias. El cadáver de Otzi tiene unos 5400 años, lo cual pone de manifiesto que los seres humanos conocen la conexión entre estos puntos y la sanación desde hace milenios.

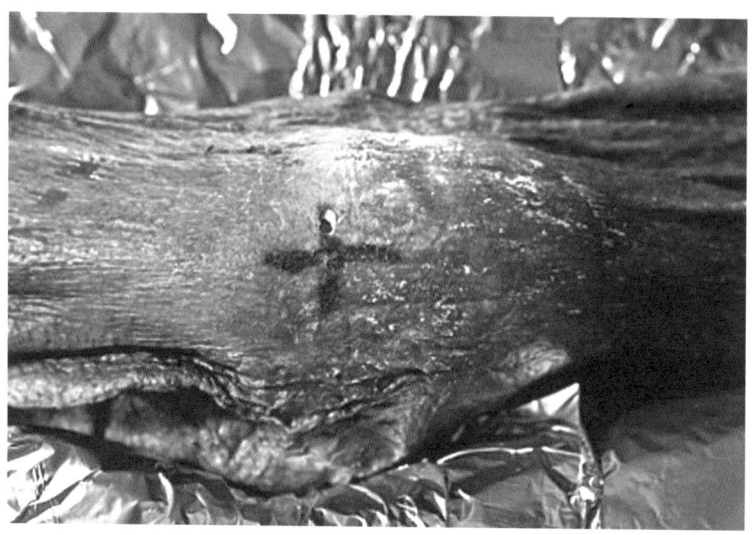

Algunos de los tatuajes del cuerpo de Otzi están situados en puntos de acupuntura.

Encontrar puntos de acupuntura en tu cuerpo

En la actualidad resulta fácil encontrar los puntos de acupuntura con la ayuda de un galvanómetro manual. Los puntos de acupuntura son excelentes conductores de electricidad, ya que en ellos la resistencia es 2 000 veces más baja que la de la piel circundante. Una baja resistencia equivale a una alta conductividad, como sucede con los conductores que recorren un cable de alimentación. Cuando estos puntos de baja resistencia son estimulados, la energía fluye a través de ellos con facilidad.

Cuando imparto talleres presenciales suelo usar un galvanómetro para encontrar los puntos de acupuntura en el cuerpo de un voluntario. Esto muestra a los participantes que los puntos de acupuntura no son un cuento chino, sino reales y mensurables, y que cuando las terapias energéticas los utilizan para ejercer un efecto curativo, el flujo energético del cuerpo se modifica.

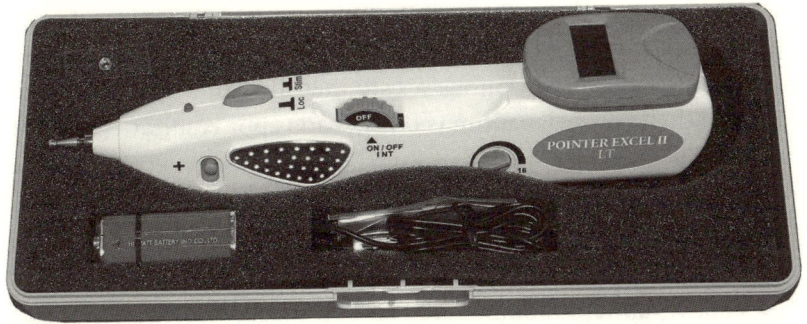

Los puntos de acupuntura pueden identificarse fácilmente con un galvanómetro manual.

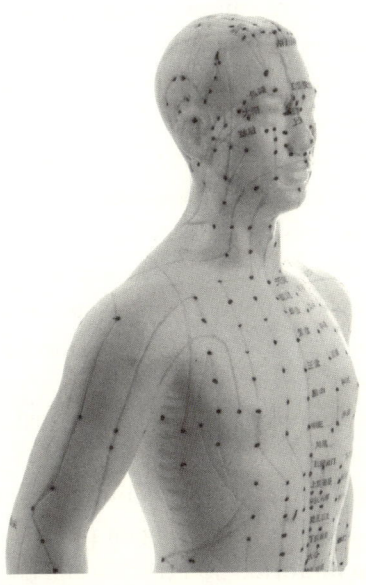

Los meridianos y puntos de acupuntura de la parte superior del cuerpo.

La técnica de liberación emocional (EFT) constituye un método de psicología energética que utiliza los puntos de acupuntura. Se trata del método más popular entre los más de 30 métodos diferentes de psicología energética que existen en la actualidad. La EFT es utilizada por más de 20 millones de personas en todo el mundo. Estimula los puntos de acupuntura de los meridianos del cuerpo mediante suaves golpecitos con los dedos o *tapping*, otro nombre por el que se conoce a este método. Su popularidad ha aumentado durante las últimas dos décadas por resultar efectivo y ser fácil de aprender y aplicar. En lo que a mí se refiere, escribí la edición más reciente del manual que describe el método, *The EFT Manual*, con el fin de hacer más asequible la versión de EFT utilizada en la investigación de este método (Church, 2013).

Esta variante, fundamentada en datos científicos, se denomina EFT clínico y existen más de 100 ensayos clínicos publicados en revistas médicas y psicológicas arbitradas que demuestran su eficacia. Los metaanálisis de la EFT para la depresión, la ansiedad y el trastorno de estrés postraumático muestran que sus efectos son mucho mayores que los de los medicamentos y la terapia verbal.

La EFT utiliza elementos simples tomados de la terapia verbal y añade el ingrediente de los golpecitos en ciertos puntos de acupuntura. Lleva menos de un minuto recorrerlos todos y el malestar psicológico suele disminuir de inmediato.

He impartido talleres de EFT en un gran número de congresos médicos y psicológicos y he observado que los médicos acceden de buena gana a adoptar este método, pues son sumamente conscientes del papel que el estrés representa en la enfermedad física. Varios médicos me han contado que después de aplicar *tapping* a pacientes han conseguido resolver algunos problemas sin necesidad de un tratamiento alopático convencional. Así lo confirma el Dr. Chuck Gebhardt en el siguiente informe después de conseguir reducir una hinchazón de manera inmediata tras hacer *tapping* en puntos de acupuntura específicos: «Nada en mi formación tradicional en anatomía, fisiología o patología apuntaba a lo que estoy presenciando ahora».

UNA VACUNA PROBLEMÁTICA CONTRA LA GRIPE

Por el Dr. Chuck Gebhardt

Soy un médico estadounidense de formación tradicional y llevo usando una versión un tanto modificada de la EFT durante alrededor de seis meses. Como supondrá el lector, he cosechado grandes éxitos y he comprobado el tremendo valor del método en mis pacientes. Soy especialista en medicina interna y formo parte de un equipo de médicos en una consulta privada situada en el suroeste de Georgia.

Sigo tratando a mis pacientes como siempre he hecho, pero cuando sienten un malestar intenso durante la consulta, lo trato con *tapping* o presión en ciertos puntos de acupuntura (siempre que las circunstancias lo permiten). Antes de aplicar este método, examino, diagnostico y prescribo tratamiento para todos los problemas importantes como siempre hago, incluyendo las molestias agudas que estoy a punto de abordar con una intervención nueva y poco frecuente, después de haber realizado el tratamiento tradicional. Y ahora paso a relatar la historia.

Mi excelente asistente le había puesto una vacuna contra la gripe a un paciente llamado Bill sin ningún problema inicial. Bill es un caballero de 60 años que está en tratamiento por padecer hipertensión e hipercolesterolemia. Por lo demás, está completamente sano, equilibrado y con los pies en la tierra, sin problemas psicológicos de ningún tipo.

Al día siguiente llamó a la consulta por la mañana y me contó que, al cabo de unas horas de ponerse la vacuna, había empezado a sentir un dolor punzante en el brazo y se le había inflamado... Cuando vino a la consulta, la zona inflamada era del tamaño de medio huevo duro (bastante impresionante, la verdad). Le dolía tanto que no soportaba el tacto de la manga de la camisa. Tenía una temperatura de 38 °C y presentaba sudor frío en la frente (diaforesis).

Para empezar le receté un antihistamínico, un analgésico y un esteroide, y le pedí que me llamara de inmediato si tenía problemas para respirar o sentía que se iba a desmayar.

Cuando Bill estaba a punto de marcharse con las recetas decidí hacerle *tapping* en algunos de los meridianos de la cabeza, hombro izquierdo y brazo izquierdo para ver si se le aliviaba el malestar de alguna manera hasta que la medicación le hiciera efecto.

El *tapping* en varios puntos pareció ayudarle un poco, pero cuando llegué a un punto que los acupuntores denominan L5, situado en la parte interna del codo izquierdo, me dijo: «¡Guau! ¡Esto sí que me está ayudando! Durante los siguientes 30 segundos, mientras seguía tratando el punto L5 con golpecitos, la inflamación se redujo a alrededor de una décima parte de su tamaño inicial, el enrojecimiento disminuyó y el dolor desapareció.

Además, la temperatura y la diaforesis se normalizaron y desapareció su malestar. Esta respuesta fue sorprendente para ambos. Incluso golpeó con el puño el punto en el que previamente presentaba una sensibilidad extrema para mostrarme lo bien que lo sentía ahora. Sonreía de oreja a oreja. Cuando lo vi de nuevo al cabo de un mes, me confirmó que no volvió a tener dolor ni inflamación, de modo que no necesitó los medicamentos que le había prescrito.

Aunque esta fue una de las respuestas más espectaculares ante una estimulación de los puntos de acupuntura que he presenciado, es una de las muchas que suelo ver de forma regular en mi consulta.

Nada en mi formación tradicional en anatomía, fisiología o patología apuntaba a lo que estoy presenciando ahora. Como sabes, cualquiera que ve estas mejorías espectaculares sabe de inmediato que nuestra comprensión previa del funcionamiento de nuestro cuerpo y nuestra mente requiere una revisión importante y una redirección de la investigación. Todo esto es sumamente emocionante.

El Dr. Chuck Gebhardt es uno de los muchos médicos que utilizan la EFT para el tratamiento de enfermedades físicas. Recuerdo que en un congreso se me acercó un médico para darme un apretón de manos y agradecerme la formación en EFT que había impartido en ese mismo escenario dos años antes. Me contó que en su clínica estaban usando la EFT con todos los pacientes durante el proceso de admisión. Esto suele solucionar los aspectos emocionales del problema y después los médicos pueden abordar la parte propiamente médica.

SANACIÓN ENERGÉTICA DEL CAMPEÓN DE NATACIÓN TIM GARTON DESPUÉS DE PADECER UN LINFOMA NO HODGKIN EN ESTADIO 2

Tim Garton, un campeón mundial de natación, fue diagnosticado de linfoma no Hodgkin en estadio 2 en 1989. Tenía 49 años y presentaba un tumor del tamaño de un balón en el abdomen. Fue intervenido quirúrgicamente y se sometió a cuatro sesiones de quimioterapia a lo largo de doce semanas y a un tratamiento posterior de radioterapia durante ocho semanas. A pesar de la preocupación inicial por un cáncer aparentemente terminal, el tratamiento resultó un éxito y en 1990 le confirmaron que la enfermedad estaba remitiendo. También le advirtieron que no podría volver a competir a nivel nacional o internacional nunca más. En 1992, sin embargo, Tim Garton regresó a la natación competitiva y ganó el campeonato mundial de 100 metros estilo libre.

Pero, a principios de julio de 1999, le diagnosticaron un cáncer de próstata. Una prostatectomía realizada a finales de julio reveló que el cáncer se había expandido más allá de la próstata y no podía extirparse quirúrgicamente.

Una vez más, recibió un tratamiento de radioterapia semanal en la zona del abdomen. Al cabo de ocho semanas de tratamiento, el cáncer había desaparecido.

En 2001, el linfoma regresó, esta vez en el cuello, y se lo extirparon quirúrgicamente. Tim fue sometido de nuevo a radioterapia, lo cual le dejó serias quemaduras en el cuello. Al año siguiente, le apareció un tumor en el otro lado del cuello que avanzaba hacia la tráquea y que fue diagnosticado como un linfoma de rápido crecimiento que requería una intervención quirúrgica urgente.

Le informaron de que el linfoma estaba muy extendido. Esta vez le realizaron un autotrasplante de médula ósea sin éxito. Se temía que los tumores afectaran al estómago y sus médicos determinaron que no podían hacer nada más por él. Le anunciaron que la única alternativa que tenía consistía en someterse a tratamientos médicos experimentales con los que tendría igualmente pocas probabilidades. Así pues, le pusieron una inyección de anticuerpos monoclonales (Rituxan), tratamiento sobre el que existen evidencias científicas que muestran que reduce el linfoma de bajo grado recurrente. El Rituxan está diseñado para señalar las zonas afectadas y contribuir potencialmente a estimular el sistema inmunitario a fin de que sepa dónde intervenir.

En este punto, Tim contrató los servicios de Kim Wedman, una terapeuta de medicina energética entrenada por Donna Eden. Tim y su mujer se fueron a las Bahamas durante tres semanas y se llevaron a Kim la primera semana. Kim le proporcionó sesiones diarias de una hora y media de duración que consistían en una rutina básica de equilibrio energético, rastreo de meridianos, limpieza de chakras y trabajo con los puntos eléctricos, neurolinfáticos y neurovasculares.

Kim también enseñó a Tim y a su esposa un protocolo de medicina energética de 20 minutos que debían realizar dos veces al día y que ellos siguieron diligentemente, tanto durante la semana con Kim como en las dos semanas siguientes. El protocolo incluía una rutina básica de equilibrio energético así como intervenciones específicas para los canales energéticos que controlan el sistema inmunitario y que aportan energía al estómago, los riñones y la vejiga.

Cuando regresó a Denver, Tim concertó un chequeo con el oncólogo que le había dicho «No hay nada más que podamos hacer por ti» con objeto de determinar la rapidez con la que estaba extendiéndose el cáncer, pero, para sorpresa y alegría de todos, Tim no tenía cáncer y así ha seguido durante los cuatro años que han pasado desde esa revisión y la redacción de este libro. Se ha sometido a un examen médico mediante tomografía por emisión de positrones (PET, por sus siglas en inglés) cada año, en los que no se ha detectado presencia de cáncer.

CREAR MATERIA DESDE UNA MENTE INFINITA

La perspectiva amplia de toda esta investigación es que la energía construye la materia. Sabemos que estamos inmersos en campos energéticos, desde el campo magnético de la Tierra a los campos producidos por los corazones de las personas más cercanas. Sabemos que tanto los órganos como las células poseen campos. Estos campos cambian en respuesta a la intención y la actividad de un sanador; pues bien, ese sanador podemos ser nosotros mismos.

Sabemos que la enfermedad se manifiesta en el campo energético de una persona antes de que se haga evidente en el ámbito de la materia y que el agua que compone nuestro cuerpo es sensible a los campos energéticos que la rodean. Sabemos que las frecuencias sonoras cambian la materia y que incluso el acto de observar partículas subatómicas modifica su comportamiento.

Finalmente, vemos que, cuando la energía se aplica con la intención de sanar, la materia suele responder. Los sistemas de curación antiguos, como la acupuntura, así como sus variaciones modernas como la EFT, muestran el efecto que ejerce la energía en nuestras células. Más de mil estudios revelan que la sanación energética resulta eficaz tanto para enfermedades psicológicas (p. ej., ansiedad y depresión) como para síntomas físicos, incluyendo el dolor y los trastornos autoinmunes.

Aunque la ciencia solía considerar los campos energéticos como epifenómenos de la materia, la evidencia sugiere que sucede al contrario: la materia es un epifenómeno de la energía. La implicación de esto en la curación radica en que, cuando cambiamos nuestros campos energéticos, las células de nuestro cuerpo material responden.

Albert Einstein comprendió la relación existente entre la energía y la materia. En su famosa ecuación $E = mc^2$, la E representa la «energía», y la m, la «materia». Ambas se hallan en equilibrio en lados opuestos de la ecuación. Este físico escribió: «Lo que hemos llamado *materia* es *energía*, cuya vibración se ha reducido tanto que resulta imperceptible por los sentidos. No hay materia».

Podemos optar por mantener una visión materialista y buscar soluciones materiales, como píldoras, cirugía o drogas recreativas, a la hora de hacer frente a los desequilibrios en nuestra vida, las perturbaciones emocionales y las enfermedades físicas.

Pero también podemos elegir la senda de la energía. Cuando la gente cambia energéticamente, la materia sigue esa transformación. Al enfrentarnos a los desafíos inevitables de la vida humana, podemos seguir el consejo de Einstein y modificar el lado *E* de la ecuación. De forma simple, elegante y bastante eficaz, trabajar en el ámbito de la energía nos libera de la tiranía de la materia. De este modo, afrontamos la causa de los problemas y no el efecto. Al liberar nuestra atención de la fascinación por la materia percibimos la inteligencia innata de la energía. Pasar al nivel de la conciencia desapegada nos abre a infinitas posibilidades contenidas en el campo no local de la inteligencia infinita.

Cuando creamos en alineación con el campo no local universal, entramos en contacto con el campo de las infinitas posibilidades. Dejamos de estar limitados por el subconjunto de posibilidades ofrecidas por la materia. Esta interacción modela las células de nuestro cuerpo, desde las moléculas del agua a las neuronas, y alinea nuestra forma material con las infinitas posibilidades del campo de la inteligencia infinita. Al acostumbrarnos a vivir desde ese lugar, creamos vidas completamente diferentes de la que es posible cuando permanecemos sujetos a las limitaciones del pensamiento material.

Pon en práctica estas ideas

Actividades que puedes practicar durante esta semana:

- Canta por lo menos unos minutos al día cuando estés solo.
- Experimenta el agua profundamente. Da un paseo por algún medio acuático, disfruta de un baño, chapotea en una fuente. Fíjate en las ondas y los reflejos.
- Antes de beber un vaso de agua, sostenlo cerca del corazón y transmítele bendiciones.
- Utiliza el sonido de forma consciente. Durante toda la semana evita cualquier tipo de música que no sea meditativa.
- Escribe las observaciones sobre tus experiencias con el sonido y el agua en tu diario.

Capítulo 3

Cómo las emociones organizan nuestro entorno

Un joven soldado alemán llamado Hans Berger galopaba una soleada mañana de primavera de 1892. Estaba participando en un entrenamiento militar en la ciudad de Wurzburgo y su unidad empujaba piezas de artillería con ayuda de varios caballos. De repente, el caballo de Berger se encabritó y lo lanzó al suelo delante de una de las ruedas del carro; en el último momento, sus desesperados compañeros lograron retroceder antes de que el carro lo aplastara. Berger salió ileso y el susto acabó en un uniforme sucio.

Esa tarde recibió un telegrama de su padre desde Coburgo interesándose por cómo se encontraba. Su padre no le había telegrafiado nunca hasta entonces. Esa mañana, la hermana mayor de Berger había «tenido un presentimiento que no presagiaba nada bueno […] estaba convencida de que le había ocurrido algo terrible» y había insistido a su padre para que enviara el telegrama.

Berger trató de comprender cómo sus sentimientos de terror podrían haberse transmitido a su hermana a más de 100 km de distancia. Aunque inicialmente quería estudiar Astronomía, cambió de opinión y se convirtió en psiquiatra con objeto de dedicarse al estudio del cerebro (Millett, 2001).

En junio de 1924 tuvo la oportunidad de estudiar el cerebro de un chico de 17 años que presentaba una hendidura en el cráneo como resultado de una intervención quirúrgica en la que se le había extirpado un tumor cerebral. Berger deseaba comprobar si podía medir la actividad cerebral. Después de semanas de modificaciones de su equipo tras lecturas infructuosas, para su entusiasmo, finalmente observó «oscilaciones continuas del galvanómetro».

Berger escribió en su diario: «Es posible que pueda realizar el plan que llevo acariciando durante más de 20 años de crear una especie de espejo del cerebro: ¡el electroencefalograma!» (Millett, 2001).

Hans Berger.

En 1929, después de mejorar su equipo, Berger describió las dos primeras ondas cerebrales que se descubrían por primera vez: alfa y beta. Por desgracia, el trabajo de Berger contradecía las teorías sobre el cerebro vigentes en la medicina de la época y la mayor parte de sus colegas lo rechazaron. Diversos científicos británicos y estadounidenses creían que sus mediciones eran el resultado de un artefacto eléctrico y uno de ellos escribió que era «sumamente

escéptico ante la posibilidad de registrar algo relevante en la superficie del cerebro».
Berger fue obligado a jubilarse y su salud empeoró. Se sumió en una depresión y se quitó la vida en 1941. Los EEG no se usaron de forma generalizada hasta la década de los sesenta, cuando los investigadores de la conciencia comenzaron a explorar la conexión entre la mente y el cerebro. En la actualidad se utilizan para mapear los estados de conciencia y la función cerebral, y siguen descubriéndose nuevas ondas, como las gamma (Hughes, 1964).

La comunicación cerebral: el aplauso como «onda»

Viajo a Nueva York con frecuencia y me encanta asistir a musicales de Broadway. Así pues, cuando se representó *The Book of Mormon*, fui de los primeros en comprar entradas. El público no paró de reírse durante toda la representación y al final todo el mundo se levantó para aplaudir a los actores.

De repente, el aplauso cambió. En lugar de mil personas aplaudiendo de forma separada, todo el mundo comenzó a aplaudir rítmicamente: *clap, clap, clap, clap*. El rítmico aplauso se volvió tan insistente que los actores volvieron a escena para hacer un bis. El aplauso transmitió aprobación a los actores y ellos respondieron con otra canción.

Pues bien, las neuronas del cerebro actúan de forma parecida. Se disparan siguiendo patrones rítmicos, comunicándose entre sí a través del cerebro. Estos patrones se miden en ciclos por segundo o hercios (Hz). Imagina una audiencia aplaudiendo despacio: es como una oscilación cerebral lenta con millones de neuronas que se activan despacio; imagina una audiencia aplaudiendo deprisa: es como una oscilación cerebral rápida con millones de neuronas que se activan juntas velozmente.

En la actualidad, los EEG calculan los patrones de oscilación de cada una de las partes del cerero. Generalmente disponen de 19 electrodos que se adhieren al cuero cabelludo.

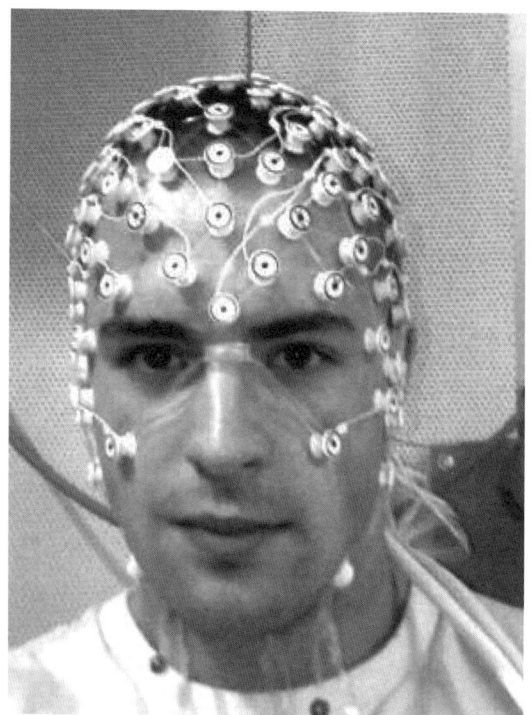

Un conjunto de electrodos típico.

Un equipo de investigación señaló: «Los científicos están ya tan acostumbrados a las correlaciones de los EEG con los estados cerebrales que tal vez se olviden de lo extraordinarias que son [...] Un solo electrodo proporciona una estimación de la acción sináptica media en masas de tejidos que contienen aproximadamente entre 100 millones y 1 000 millones de neuronas» (Nunez y Srinivasan, 2006). Cuando vemos cambios en las oscilaciones cerebrales en un EEG, quiere decir que los patrones de activación de infinidad de neuronas de nuestro cerebro también están modificándose.

Qué son las ondas cerebrales y cuál es su función

Existen cinco ondas cerebrales básicas que son registradas por un electroencefalógrafo moderno. Gamma es la onda cerebral de mayor frecuencia (de 40 a 100 Hz). Predomina en los momentos en los que el cerebro está aprendiendo, estableciendo asociaciones entre fenómenos e integrando información proveniente de diferentes partes del cerebro.

Un cerebro que produce una gran cantidad de estas ondas refleja una organización neuronal compleja y una mayor conciencia. En un experimento en que se pidió a unos monjes que meditaran en la compasión se registraron oscilaciones gamma rápidas e intensas (Davidson y Lutz, 2008).

Además, se comparó a estos monjes con unos meditadores principiantes que habían meditado una hora al día la semana anterior. Pues bien, estas personas presentaban una actividad cerebral parecida a la de los monjes. Pero cuando se pidió a los monjes que evocaran un sentimiento de compasión, sus cerebros comenzaron a activarse en una coherencia rítmica como el aplauso del público en el musical *The Book of Mormon*.

Parece ser que las ondas gamma registradas en los cerebros de los monjes fueron las mayores que se habían medido nunca. Los monjes dijeron haber entrado en un estado de dicha. Gamma está asociada a niveles muy elevados de la función intelectual, la creatividad, la integración, así como a estados cumbre y sentirse «en la zona». Estas ondas se mueven desde la parte anterior hasta la posterior del cerebro alrededor de 40 veces por segundo (Llinás, 2014). Los investigadores consideran esta oscilación como un correlato neuronal de la conciencia (NCC, por sus siglas en inglés), un estado que conecta la actividad cerebral con la experiencia subjetiva de la conciencia (Tononi y Koch, 2015).

Los investigadores del cerebro hablan de la amplitud de una onda cerebral, o, lo que es lo mismo, su tamaño. Una onda gamma de gran amplitud significa una onda grande, mientras que una de poca amplitud alude a una onda pequeña. Las mediciones de las oscilaciones cerebrales muestran picos y valles, y la distancia entre unos y otros es la amplitud. La amplitud se mide en microvoltios y las ondas cerebrales suelen medir entre 10 y 100 microvoltios, presentando las de frecuencia más rápida como las gamma la menor amplitud.

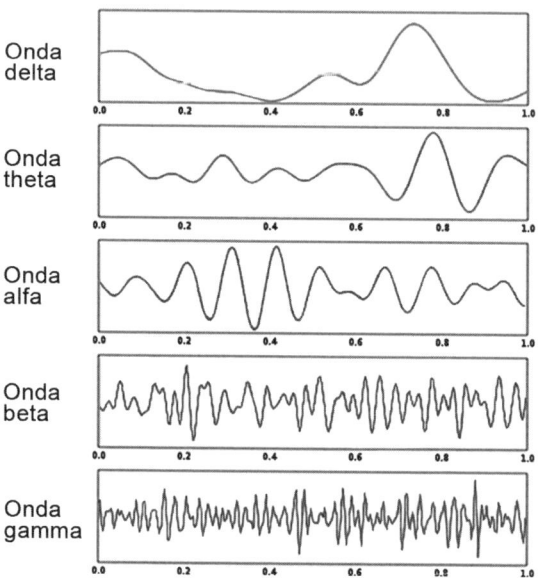

Ondas cerebrales, de lentas a rápidas, registradas en un EEG.

Al igual que gamma, beta es también un tipo de oscilación rápida (de 12 a 40 Hz) que normalmente se divide en beta alta y baja. La primera (de 15 a 40 Hz) se corresponde con la mente inquieta y es el cerebro característico de las personas con ansiedad, frustración o estrés.

Cuanto más estrés se padece, mayor es la amplitud de las ondas beta que se producen. Las emociones negativas, como la ira, el temor, la acusación, la culpa y la vergüenza, originan una gran intensificación de beta en la lectura del EEG.

Esto bloquea las regiones cerebrales que gestionan el pensamiento racional, la toma de decisiones, la memoria y la evaluación objetiva (LeDoux, 2002). El riego sanguíneo de la corteza prefrontal, el «cerebro pensante», se reduce hasta en un 80 %. Carente de oxígeno y nutrientes, la capacidad cerebral de pensar con claridad cae en picado.

Beta baja (de 12 a 15 Hz) es el rango de frecuencia que sincroniza las funciones automáticas del cuerpo, de modo que también se conoce como ritmo sensoriomotor (SMR, por sus siglas en inglés). Las ondas beta son necesarias para el procesamiento de la información y el pensamiento lineal, de modo que un nivel normal es algo positivo. Cuando te centras en resolver un problema, componer un poema, calcular la mejor ruta para tu destino o poner al corriente el talonario de cheques, esta frecuencia es tu amiga. El ritmo sensoriomotor representa un estado mental centrado y en calma. Es el estrés el que produce una frecuencia beta elevada, especialmente por encima de 25 Hz.

Alfa (de 8 a 12 Hz) constituye un estado óptimo de alerta relajada. Alfa conecta las frecuencias más altas —la mente pensante de beta y la mente asociativa de gamma— con las dos frecuencias de ondas cerebrales más bajas: theta (de 4 a 8 Hz) y delta (de 0 a 4 Hz).

Theta es característica del sueño ligero. Cuando soñamos vívidamente, nuestros ojos se mueven rápidamente y el cerebro se halla principalmente en theta, la frecuencia de la fase de movimiento ocular rápido (REM, por sus siglas en inglés). Theta es también la frecuencia dominante en las personas hipnotizadas, en trance, en estados de creatividad máxima, así como en los sanadores (Kershaw y Wade, 2012). El recuerdo de experiencias emocionales tanto positivas como negativas puede provocar esta frecuencia.

Delta es la frecuencia más baja y es propia del sueño profundo. También se ha detectado una gran amplitud de delta en gente que está en contacto con la mente no local, incluso en estado de vigilia. Los cerebros de los meditadores, los intuitivos y los sanadores presentan muchas más oscilaciones delta de lo normal.

Durante el sueño profundo, los ojos no se mueven. Estas ondas también predominan en el movimiento ocular no rápido (NREM, por sus siglas en inglés).

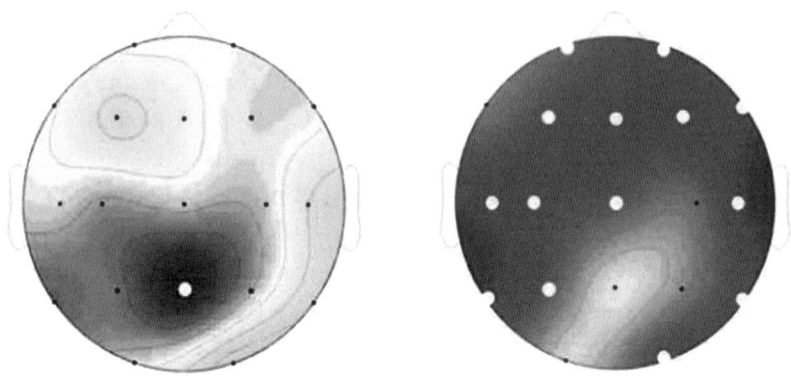

En este gráfico, el tono medio indica actividad normal, los dos tonos claros, una progresiva reducción de actividad y los dos tonos oscuros indican un aumento de la actividad. El cerebro de la izquierda muestra diversos tipos de actividad; por su parte, el de la derecha presenta una gran actividad theta, un patrón común en los sanadores experimentados.

Despertar de la realidad cotidiana

Maxwell Cade, biofísico pionero de los EEG, se dio cuenta de que alfa, en medio del rango de frecuencias, forma un puente entre las dos frecuencias altas, beta y gamma, y las dos bajas, theta y delta (Cade y Coxhead, 1979). La biorretroalimentación y la neurorretroalimentación se centran en enseñar a la gente cómo alcanzar un estado alfa. El estado ideal consiste en tener suficiente alfa para conectar todos los demás ritmos. Dado que beta alto se minimiza, apenas se produce agitación y ansiedad. Existe una cantidad equilibrada de gamma y theta, y una base razonable de delta.

Maxwell Cade.

Cade había trabajado en radares para el Gobierno británico antes de volcarse en la medición de los estados de conciencia. Desarrolló su propia máquina, el «espejo de la mente», en 1976. Se trata de un electroencefalógrafo único, al proporcionar una clara fotografía de las ondas cerebrales.

Su estudiante Anna Wise describió la máquina de la forma siguiente: «Lo que diferenciaba el espejo de la mente de otras formas de encefalografía era el interés, por parte del inventor, no en estados patológicos (como en el caso de los dispositivos médicos), sino en un estado óptimo denominado la mente despierta. En lugar de efectuar mediciones en sujetos con problemas, el inventor del espejo de la mente buscaba a la gente con mayor desarrollo espiritual que pudiera encontrar. En las oscilaciones cerebrales de esas personas, él y sus colegas descubrieron un patrón común, ya se tratara de un yogui, un maestro zen o un sanador».

La mente despierta

Durante 20 años, Cade registró con el espejo de la mente las ondas cerebrales de más de cuatro mil personas que llevaban a cabo intensas prácticas espirituales y descubrió que el estado de mente despierta era algo habitual en el grupo. Cade también observó otra coincidencia: todos presentaban una gran cantidad de ondas alfa.

Como he mencionado antes, las ondas alfa se encuentran en medio del espectro, con beta y gamma, por encima, y theta y delta, por debajo. Cuando alguien en un estado de mente despierta tiene abundancia de ondas alfa, establece una conexión entre las frecuencias altas de arriba y las bajas de abajo. Cade llamó a este fenómeno el puente alfa, ya que une las frecuencias de la mente consciente de beta con las frecuencias de la mente subconsciente e inconsciente de theta y delta. Esto permite un flujo de conciencia que integra todos los niveles de la mente.

Cade escribió: «El despertar de la conciencia es como ir despertando poco a poco del sueño e ir siendo más y más vivamente

Max Cade con la primera versión del espejo de la mente de 1970.

consciente de la realidad cotidiana; ¡solo que es de la realidad cotidiana de lo que estamos despertando!» (Cade y Coxhead, 1979). Yo también he desarrollado un método, llamado ecomeditación, que, aunque es sumamente simple, es capaz de llevar a la gente a un patrón de mente despierta de forma automática. La ecomeditación se vale del *tapping* para eliminar los obstáculos para la relajación. Después te conduce a través de una serie de sencillos ejercicios de relajación física que transmiten señales de seguridad al cerebro y al cuerpo. Se trata de un método que no se basa en creencias ni corrientes filosóficas, sino en enviar al cuerpo unos mensajes psicológicos que producen un estado de relajación profunda de forma automática. Las instrucciones están disponibles en inglés de forma gratuita en EcoMeditation.com.

Durante la ecomeditación puede apreciarse una gran cantidad de ondas delta. En delta es donde conectamos con multitud de recursos que se hallan por encima y por debajo del yo local. Como he mencionado anteriormente, la gente en estado de trance, así como los sanadores, los artistas, los músicos y los intuitivos tienden a presentar abundancia de estas ondas.

La frecuencia delta suele predominar en las personas que entran en trance creativo, como un compositor de música o un niño jugando. Pierden toda noción del mundo externo al ensimismarse en su propia creatividad; están principalmente en una frecuencia delta, con algo de theta y alfa, y la suficiente beta para seguir funcionando (Gruzelier, 2009).

Me ha resultado fascinante hablar con personas cuyos cerebros muestran una gran amplitud de ondas delta durante la meditación. Describen experiencias trascendentales, como sentirse uno con el universo y una exquisita sensación de armonía y bienestar (Johnson, 2011). Albert Einstein se refirió a esto como un estado de conciencia expansivo en el que «abrazamos a todas las criaturas vivientes y la totalidad de la naturaleza». ¡Los científicos también pueden ser místicos!

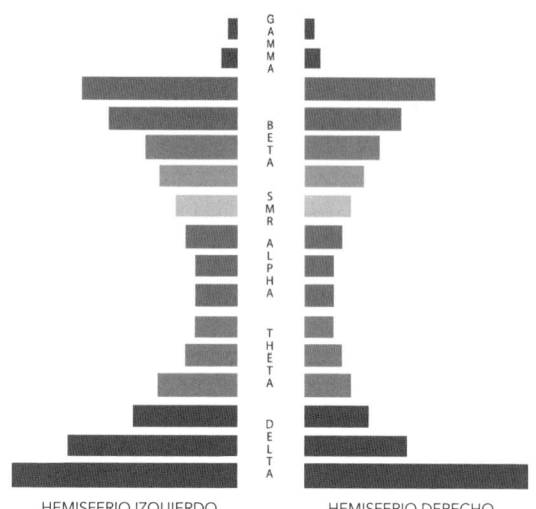

Pantalla del espejo de la mente. Función cerebral normal: fíjate en que están presentes las seis frecuencias, con equilibrio entre los hemisferios izquierdo y derecho.

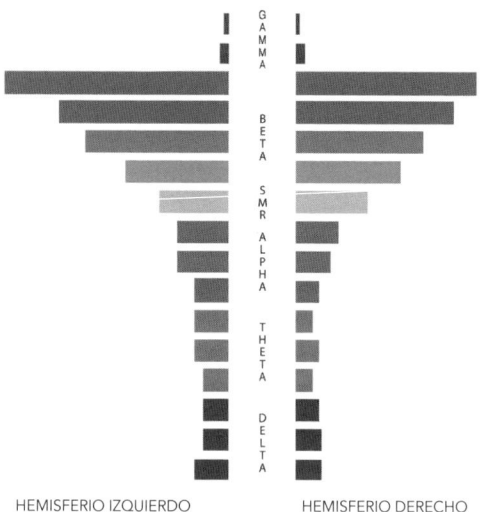

Ansiedad: una persona con ansiedad tiene una gran cantidad de beta de frecuencia alta y poco alfa, theta o delta.

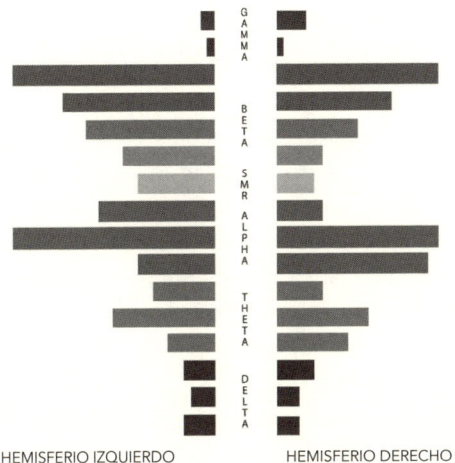

Aumento de la actividad alfa: un individuo que avanza hacia la integración presenta una intensificación de alfa, aunque sigue teniendo una fuerte ansiedad, que se muestra como beta. También está ampliando theta, aunque las ondas no están equilibradas entre los hemisferios izquierdo y derecho.

Equilibrio entre las actividades cerebrales: el patrón de la mente despierta, con gran cantidad de delta y theta y menos presencia de beta. La abundancia de alfa proporciona un «puente alfa» entre la mente consciente (beta) y los niveles inconsciente y subconsciente (theta y delta).

EL MÚSICO ATRAPADO DENTRO DE UN PROGRAMADOR

En un taller presencial enseñé ecomeditación a Prem, un hombre de 42 años que padecía una ansiedad moderada. Se trataba de un programador informático que deseaba tener más creatividad en su vida. Sabía tocar la guitarra, aunque rara vez encontraba el momento, a pesar de ser su afición favorita. «Simplemente no tengo tiempo para mí», afirmaba. Una de sus creencias más arraigadas era: «La vida es dura y tienes que esforzarte. No hay tiempo para tocar».

Cuando comenzamos la sesión, el EEG de Prem mostraba un alto grado de ondas beta en los dos hemisferios cerebrales. Beta es la onda típica del estrés. Por otro lado, había una mínima presencia de alfa, la onda ideal de alerta relajada que une las frecuencias altas y bajas.

Si bien la lectura del EEG mostraba abundancia de ondas theta y delta, la escasez de alfa suponía un obstáculo y le impedía el acceso a su lado creativo. Una gran amplitud de beta es también propia de gente con ansiedad crónica, estrés y síndrome de desgaste profesional (Fehmi y Robbins, 2007).

Una vez que Prem se centró en la dinámica de la ecomeditación tuvo una gran intensificación de alfa en los dos hemisferios cerebrales, aunque más en el derecho, y las ondas beta relacionadas con el estrés desaparecieron. Su cerebro comenzó a producir ondas gamma, algo que no había hecho hasta entonces.

Prem no era un meditador y, aunque había asistido a clases de meditación, no había conseguido iniciar una práctica regular. Sin embargo, la ecomeditación le llevaba rápidamente a un estado profundo. Sus ondas cerebrales se estabilizaron en el patrón de la mente despierta.

Al no sentirse estresado, la sangre volvió a circular por la corteza prefrontal y sus pensamientos se clarificaron al obtener acceso a los recursos biológicos e intelectuales de los centros ejecutivos del cerebro.

En el taller examinábamos las respuestas biológicas de los participantes así como su estado psicológico antes y después del curso. El valor basal de cortisol de Prem —la principal hormona del estrés— se redujo significativamente. Cuando el estrés disminuye se liberan los recursos biológicos encargados de la reparación celular, la inmunidad y otras funciones beneficiosas.

Esto se hizo evidente en sus niveles de inmunoglobulina A secretora (SIgA), un marcador inmunológico clave, que aumentaron significativamente entre el comienzo y el final del taller. Su ritmo cardiaco en reposo bajó de 79 a 64 latidos por minuto, mientras que la presión sanguínea se redujo de 118/80 a 108/70. Todos estos indicadores reflejaban la nueva función equilibrada de su cerebro.

Los otros participantes del curso también tuvieron efectos similares. En todos ellos disminuyeron los niveles medios de cortisol y aumentaron los de SIgA. Asimismo, el ritmo cardiaco en reposo descendió de 70 a 66 (Groesbeck *et al.*, 2016).

Una vez revirtió la respuesta al estrés con la ecomeditación, Prem empezó a ver el lado amable de la vida. La sangre volvió a circular hacia el prosencéfalo y su disco duro volvió a funcionar. Se sentía empoderado, sabía que disponía de recursos y que tenía la capacidad de tocar la guitarra. Recuperó la sensación de que controlaba su vida, experimentaba un sentido de agencia y autoeficacia, y cambió toda su historia.

Cuando examiné a Prem más tarde e hice que repitiera su anterior afirmación: «La vida es dura [...] No hay tiempo para tocar», se echó a reír. «Eso suena como si estuviera hablando mi padre», señaló gesticulando con el dedo como si un padre severo estuviera reprendiendo a su hijo travieso.

Prem practicó la ecomeditación durante todo el taller y al final era capaz de alcanzar un estado de relajación rápidamente. Estaba decidido a volver a tocar la guitarra y a honrar su lado creativo.

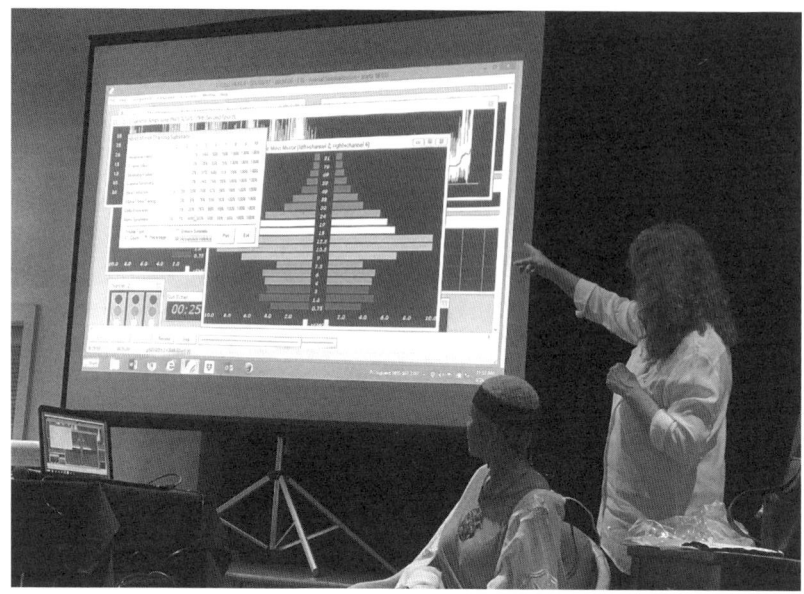

Sesión en un taller con un participante conectado a un electroencefalógrafo.

Cuando la conciencia cambia, también lo hacen las ondas cerebrales

Los campos energéticos de las ondas cerebrales y la materia de las vías neuronales se hallan en una danza en evolución constante. Cuando la conciencia cambia, también lo hacen las ondas cerebrales e intervienen circuitos neuronales distintos.

Los extremos son el amor y el odio. Cuando sentimos temor, nuestro puente alfa desaparece. Aunque tal vez tengamos ondas theta y delta, estamos desconectados de los recursos de la mente subconsciente y su conexión con el todo universal.

Las ondas beta inundan el cerebro atemorizado, que empieza a funcionar en modo supervivencia.

En cambio, cuando nos hallamos en un estado de dicha, el cerebro muestra el patrón de la mente despierta. Si damos un paso más, también puede mostrar un patrón simétrico que Cade denominó la mente evolucionada. Cuando la conciencia se llena de amor, el cerebro funciona de forma muy distinta, con gran cantidad de ondas theta y delta, además de un puente alfa que conecta nuestra conciencia con la mente subconsciente.

Las emociones crean estados cerebrales; las ondas cerebrales reflejan los campos generados por la conciencia. La emisión de señales a través de grupos de neuronas que están influidas por el amor, la alegría y la armonía crea un campo energético característico (Wright, 2017). Al monitorizar los cerebros de personas que practican ecomeditación, la experta en EEG Judith Pennington observó que «los patrones de theta y delta progresaron del estado de mente despierta al de mente evolucionada».

Las emociones también crean neurotransmisores, entre los que se encuentran la serotonina, la dopamina, las endorfinas, la oxitocina y la anandamina (Kotler y Wheal, 2017). La serotonina está asociada a la satisfacción y la dopamina a una sensación de recompensa. Las endorfinas bloquean el dolor y aumentan el placer. La oxitocina es la «hormona del amor» y estimula sentimientos de proximidad e intimidad con los otros. A la anandamida se la conoce como la «molécula de la felicidad» y su nombre procede del término sánscrito que denota felicidad. Se une a los mismos receptores cerebrales que la THC, la principal molécula psicoactiva de la marihuana. Cuando la mente cambia, crea hechos moleculares en forma de estos neurotransmisores. A medida que inundan nuestro cerebro vamos sintiéndonos satisfechos, seguros, unidos, felices y serenos. Cuando la mente accede a estados emocionales elevados, literalmente nos colocamos con drogas producidas por nuestro propio organismo.

Las ondas cerebrales expresan los campos generados por las emociones

Un prestigioso estudio examinó las ondas cerebrales de meditadores pertenecientes a cinco tradiciones contemplativas diferentes que abarcaban desde el qigong al zen (Lehmann *et al.*, 2012). Comparó su función cerebral en un estado de conciencia normal y durante la meditación.

Uno de los retos del proyecto residía en el hecho de que una sola hora de registros de EEG de un solo individuo produce millones de datos. Te informa de las frecuencias predominantes de cada parte del cerebro milisegundo por milisegundo y estas frecuencias están cambiando constantemente. La interpretación de este ingente volumen de información requiere experiencia y un modelo para describir lo que estás buscando.

Tras analizar el modo de funcionamiento del cerebro, los investigadores llegaron a la conclusión de que el modelo más útil consistía en comparar beta con delta. Así pues, midieron la proporción entre beta y delta antes, durante y después de la meditación. Aunque las tradiciones meditativas ofrecían enseñanzas muy diversas, desde cantos o movimiento a sentarse en silencio, en todas ellas se producía una reducción de beta y un incremento de delta.

Los investigadores identificaron «una reducción global de la interdependencia funcional entre las regiones cerebrales», un cambio en la función del cerebro que sugiere la disolución de la sensación de un yo local aislado. Este patrón cerebral de beta bajo y delta alto tipificó lo que ellos denominaron «la experiencia subjetiva de no-implicación, desapego y desasimiento, así como de unidad y disolución de los límites del ego», a medida que la conciencia de los meditadores accedía a la unidad del campo universal no local.

Se trata del mismo patrón de ondas cerebrales que he visto en las lecturas de EEG de cientos de meditadores que describen estados de flujo, estados alterados de conciencia y conexión con el campo universal no local en los que los límites del yo local se disuelven.

La experiencia de los místicos

En uno de nuestros talleres grabamos en vídeo los comentarios de personas cuyos cerebros mostraban una enorme cantidad de ondas delta. Les preguntamos qué habían experimentado durante la meditación. Una mujer llamada «Julie», que sufría depresión, describió su vivencia del siguiente modo:

«Al principio me molestaba tener los ojos cerrados. Percibía cualquier molestia en la piel, me picaba la garganta y quería toser. También me incomodaba oír la respiración de la persona de al lado. Pero llegó un momento en que me empecé a olvidar de todo eso y me embargó una sensación de paz.

»Notaba el aire entrando en mi cuerpo y saliendo de nuevo, y me sentía como un río que fluye. Comencé a flotar como si fuera un globo de helio o algo parecido.

»Tenía la sensación de estar yéndome a un lugar precioso. Podía sentir las rocas, los árboles y el océano, y me parecía que formaba parte de ello, como si fuera absorbida en esa perfección de todo lo que hay en el cosmos.

»Se me acercaron cuatro seres azules enormes y sentí que de ellos emanaba un amor y conexión increíbles. Eran como bocetos de personas, pero transparentes y de alrededor de 4,5 metros de estatura; estaban hechos de una espléndida y bella neblina azul.

»Últimamente he estado tan preocupada con todos los problemas de mi vida... Pero uno de aquellos seres se aproximó más y sentí tranquilidad, como si estuviera diciéndome que todo va a ir bien. Mi corazón se llenó de amor y me di cuenta de que el amor es todo.

»Me dio un diamante brillante para recordarme que siempre estará ahí para mí. Lo puse en mi corazón y derritió todo el dolor angustioso y depresivo que ha residido en él durante demasiado tiempo, y ese dolor se convirtió en gotas de agua que caían al suelo.

»Cuando nos pediste que regresáramos de la meditación, me sentía como si estuviera muy lejos y seguía embargándome ese sentimiento de paz. Me resultaba duro volver y me di cuenta de que una parte de mí está ahí todo el tiempo».

Aspectos comunes de las experiencias místicas

La descripción de Julie constituye una experiencia mística típica. Los seres humanos han tenido experiencias trascendentes desde los albores de la conciencia y la de Julie tenía varios puntos en común con muchas otras:

- Una sensación de paz generalizada.
- La desaparición de la sensación de inquietud y duda.
- Una sensación que se experimenta como desapego del yo local y las limitaciones del cuerpo.
- La experiencia de unidad con la mente no local, incluyendo la naturaleza, el universo y la totalidad de la vida.
- Un encuentro con un guía simbólico.
- La recepción de un regalo simbólico que tiene poder sanador.
- La integración del regalo con el cuerpo y su yo local.
- La sensación de haberse transformado con la experiencia.

Los neurocientíficos con los que he trabajado han pedido a meditadores experimentados que hagan ciertas señales establecidas previamente, como dar tres golpecitos con el dedo índice, cuando sientan la experiencia de unidad. De este modo, podemos registrar este punto en la lectura del EEG, lo cual nos ha permitido establecer una correlación entre su experiencia interna y el estado del cerebro.

Cuando su yo local abandona la preocupación por el cuerpo para fundirse con la mente no local, vemos una gran intensificación de delta. La onda de gran amplitud delta se vuelve estable cuando los meditadores integran los dos estados, como cuando Julie experimentó una comunión íntima con el ser azul que le dio el regalo (Pennington, 2017).

Cuando la gente comienza a meditar de forma regular desarrolla una mayor amplitud de alfa, theta y delta.

Las experiencias místicas a lo largo de la historia muestran rasgos comunes. Tukaram, un místico indio del siglo XVII, escribió el siguiente poema «Cuando me pierdo en Ti» (Hoyland, 1932):

> Cuando me pierdo en Ti, mi Dios
> veo y sé
> que todo tu universo revela tu belleza,
> que los seres vivos e inertes
> existen a través de Ti.
>
> Este vasto mundo no es sino la forma
> en que te muestras,
> no es sino la voz
> en que nos hablas.
>
> ¿Qué necesidad hay de palabras?
> Ven, Señor, ven
> y lléname de Ti.

En el poema de Tukaram podemos identificar características similares a la experiencia de Julie. Pierde la noción del yo local, desapareciendo en la conciencia no local; tiene una experiencia de unidad con el universo; siente que el universo se comunica con él, un estado de unidad en el que no son necesarias las palabras.

Aunque en el siglo XVII no existían los electroencefalógrafos para registrar las ondas cerebrales de místicos como Tukaram, podemos inferir los tipos de señales neuronales que tenían lugar en su cerebro al examinar experiencias parecidas en gente como Julie.

El místico indio Ramakrishna (1836-1886) experimentaba estados de dicha que se prolongaban durante horas. Su cuerpo se volvía rígido y se ensimismaba tanto en su experiencia trascenden-

El místico indio Ramakrishna entraba a menudo en estados extáticos de forma espontánea.

te que no era consciente de su entorno. Cuando regresaba de la meditación, solía ser incapaz de hablar durante un rato. En una ocasión, después de recuperar el habla, describió haber visto una luz que era como millones de soles. De esa luz emergió una forma luminosa que adoptó una apariencia humana y después volvió a integrarse en aquella luz.

El teólogo Huston Smith es el autor del libro *Las religiones del mundo* y un experto en la vivencia mística. Afirma que las experiencias de unidad son comunes en los místicos a lo largo de la historia; se trata de una experiencia que no depende de la época ni la cultura. Los místicos no hablan de la unidad de oídas, sino de experiencias vividas por ellos (Smith, 2009).

Cuando descienden de la cima de la montaña comparten sus experiencias con los demás. Inspirada por sus relatos, la gente suele venerarlos e incluso crea religiones sobre su figura. Hacia lo que apuntan todos los místicos, sin embargo, es a la experiencia directa de la unidad y no a la experiencia mediada por intercesores, como sacerdotes o ritos religiosos.

Los místicos no discrepan entre sí ni creen que su propio camino es superior, porque todos han tenido la misma experiencia. Solo las autoridades religiosas secundarias entran en conflicto; aunque las religiones son diferentes, la experiencia mística es una. Smith sostiene que la experiencia mística es la cima de la conciencia humana (Smith, 2009).

El avance de la ciencia moderna reside en que ahora podemos registrar la información que fluye en el cerebro de los místicos, al igual que los antiguos marinos trazaban un mapa de los mares desconocidos. La ciencia está mostrándonos de forma objetiva lo que místicos como Smith han conocido de forma subjetiva: que la experiencia mística produce patrones comunes y predecibles en el cerebro.

El lóbulo parietal derecho es responsable de posicionar al cuerpo en relación con lo que le rodea y distinguir entre yo y el otro. Pues bien, las técnicas de neuroimagen han revelado que en los estados de éxtasis esta región se desconecta (Kotler y Wheal, 2017). Cuando Ramakrishna y otros místicos describen la sensación del yo local fundiéndose con una mente universal no local, esta experiencia se refleja en el funcionamiento objetivo de su cerebro. Se unen con el universo, al aumentar bruscamente la oxitocina, y acceden a un estado de felicidad, al inundarse el cerebro de anandamina.

Las ondas delta y la conexión con la conciencia no local

Mi amigo y colega el Dr. Joe Dispenza ha recopilado durante muchos años imágenes del cerebro obtenidas mediante escáner en sus talleres de meditación, en la actualidad posee más de 10 000 imágenes. El estudio de los patrones comunes en este grupo de mapas mentales nos proporciona fascinantes revelaciones de la experiencia de los participantes de estos talleres.

Lo que puede observarse en la colección de Joe es gente con mucha más presencia de theta y delta de lo normal. La cantidad de base de ondas delta en los cerebros de los meditadores es mucho mayor que en cerebros «normales» (Thatcher, 1998). Los meditadores han practicado el desapego de la mente local y la inmersión en experiencias de unidad con la mente no local.

La meditación repetida lleva a un nuevo funcionamiento que incluye mucha más delta de lo normal. Cuando Joe examinó primero cientos y después miles de esos cerebros, observó que procesaban la información de una forma muy diferente al cerebro ordinario (Dispenza, 2017).

En muchas de estas personas la actividad se produce en la zona roja, lo cual significa que la cantidad de ondas delta presenta dos desviaciones por encima de la media respecto a la que se encuentra en una base de datos de mapas mentales normalizados (Thatcher, 1998). El significado práctico de esta estadística es que solo un 2,5 % de la población general tiene la función delta que vemos en los meditadores experimentados. Los neurocientíficos que midieron los cambios en las ondas cerebrales durante los talleres avanzados de Joe hallaron que, durante los cuatro días de taller, la actividad de base de las ondas delta aumentó de media un 149 % (Dispenza, 2017).

Las ondas cerebrales delta tienen una amplitud que oscila entre 100 y 200 microvoltios de pico a valle (ADInstruments, 2010). Pues bien, al examinar a los participantes de los talleres de ecomeditación solemos observar amplitudes de más de 1 000 microvoltios. A veces suben a más de un millón de microvoltios. La mayor parte de los equipos de EEG ni siquiera son capaces de medir tal cantidad de delta.

Esto se corresponde con experiencias espirituales poderosas como las de Julie y Tukaram. Se trata de vivencias relatadas por místicos de todas las tradiciones durante miles de años. No podemos medir de forma objetiva una experiencia como la disolución del yo y la mente local en el ser no local y la mente universal, pero sí podemos medir cómo procesa la información el cerebro que vive esa experiencia. El común denominador es una amplitud enorme de ondas delta. Esta energía se combina con moléculas como la serotonina y la dopamina, así como con la anandamina, el neurotransmisor del éxtasis, y la oxitocina, la hormona del amor. Este tipo de experiencias no constituyen casos aislados. Diversos estudios han demostrado que el 40 % de los estadounidenses y el 37 % de los británicos han tenido al menos una experiencia trascendente que les ha llevado más allá de la mente local. A menudo la describen como la experiencia más importante de su vida, ya que modeló todo lo que vino después (Greeley, 1975; Castro, Burrows y Wooffitt, 2014).

Pocos, sin embargo, compartieron estas experiencias con otras personas. Los niños no se lo contaron a sus padres, los padres no se lo contaron a sus médicos, las mujeres no se lo contaron a sus maridos. Dado que este tipo de conversación se encuentra fuera de nuestras convenciones sociales, no disponemos del lenguaje o el contexto para iniciarlas.

Esto no quiere decir que estas experiencias no estén teniendo lugar. Cuando empezamos a buscarlos, vemos que los encuentros con la mente no local son bastante frecuentes.

Las ondas theta y la sanación

En ocasiones, los estados alterados de conciencia van acompañados de una sanación espontánea. En un taller de meditación impartido por Joe Dispenza, un mexicano llamado «José» describió experiencias místicas similares (Dispenza, 2017).

José había acudido al curso poco después de que le hubieran diagnosticado un tumor cerebral y en poco tiempo debía someterse a una arriesgada intervención quirúrgica. Durante una de las meditaciones, José —al igual que Julie— vio seres de otro mundo. Uno de ellos apoyó la mano sobre su cabeza y estuvo hurgando dentro durante un rato. José sintió claras sensaciones físicas, como si le hubieran abierto el cuero cabelludo y el tejido cerebral estuviera reorganizándose.

El día después del taller, José cambió sus planes para poder hacerse una nueva prueba. Voló hasta Houston para tener una consulta en el MD Anderson, un famoso centro especializado en el tratamiento del cáncer, antes de regresar a casa. Pues bien, la nueva imagen, tomada el día después del curso, mostraba que el tumor había desaparecido por completo.

Durante experiencias de sanación intensas suele observarse ondas theta de gran amplitud en el EEG. Se ha detectado que theta es la onda cerebral típica de las sesiones de sanación energética (Benor, 2004). Cuando una persona está realizando un trabajo de sanación en otra persona, vemos grandes ondas theta primero en el sanador y después en el cliente. El cambio se produce en el momento en que el sanador siente calor en las manos, la experiencia subjetiva del flujo de la energía (Bengston, 2010).

En un estudio tanto el sanador como el cliente se conectaron a un electroencefalógrafo. La lectura del EEG del sanador mostraba 14 períodos de activación theta sostenida a una frecuencia de exactamente 7,81 Hz y el EEG del cliente cambió también a esa misma frecuencia, lo cual demuestra la sincronización de las ondas cerebrales entre el sanador y la persona tratada (Hendricks, Bengston y Gunkelman, 2010).

LA MÉDICA QUE NO PODÍA CURARSE

En uno de mis cursos, «Anise», una médica brillante, se presentó voluntaria para trabajar en sus problemas delante del grupo mientras estaba conectada a un electroencefalógrafo. Además de ser médica, Anise tenía un doctorado en Farmacología y había realizado una formación certificada en toque sanador y otras técnicas.

A Anise le habían diagnosticado fibromialgia hacía trece años. Los síntomas, como dolor articular, fatiga y «niebla cerebral», algunas veces eran agudos y otras leves. Sin embargo, con el tiempo se había debilitado tanto que ya no podía trabajar.

El día del curso, el grado de dolor que sentía era 7 de 10 y padecía una niebla mental tan extrema que apenas podía seguir las charlas. Caminaba con dificultad y necesitaba apoyarse en tres cojines para sentirse mínimamente cómoda.

Anise sentía una gran frustración y rabia hacia sí misma porque «Dal», su marido, que también había asistido al taller, tenía que ocuparse del sustento de toda la familia, incluidas sus dos hijas adolescentes. También le irritaba el hecho de que «a pesar de mi formación, no puedo curarme a mí misma».

Aunque a veces vemos maravillas en tan solo un minuto durante los cursos, no ocurrió así en el caso de Anise. La sesión con ella fue larga y complicada. Tenía dificultades para crear una nueva visión de su futuro porque no podía imaginarse una mejoría.

La terapeuta gestalt Byron Katie formula preguntas provocadoras a sus clientes que desafían sus creencias acerca de ellos mismos y del mundo. Una de esas preguntas es la siguiente: «¿Qué sería yo sin esta historia?», o, expresado de otro modo, «¿qué aporta esta incapacidad a mi vida?».

Pues bien, pregunté esto mismo a Anise. La pregunta le recordó una experiencia que vivió con ocho años en la que había sufrido maltrato emocional por parte de un miembro de su familia. A raíz de ese acontecimiento enfermó y esa enfermedad se convirtió en su escudo. Cuando Anise estaba postrada en la cama encontraba refugio en su habitación y no tenía contacto con la persona que la atormentaba.

Una vez identificamos que la enfermedad podría ser una solución que estaba disfrazada de problema, utilizamos técnicas de psicología energética para liberar toda la rabia acumulada hacia el verdugo de su infancia, quien seguía muy presente en su vida.

El dolor bajó a 1 de 10 y comenzó a sonreír y luego a reírse de la difícil situación que ella misma había creado; se dio cuenta de que «mi enemigo nunca ha tenido éxito» y, por primera vez en su vida adulta, se

> sintió empoderada en esa relación que tanto sufrimiento le había ocasionado.
> Comenzó a hablar de sus posibilidades para el futuro. Le habían ofrecido un magnífico trabajo en Brasil pero ni siquiera lo había considerado porque no creía que pudiera funcionar físicamente sin los recursos de los que disponía en Estados Unidos. Ahora esa posibilidad volvía a estar presente:
> —¿Qué te parece? —preguntó a su marido.
> —Me encantaría —respondió él, con una mirada radiante.
> Al final de la sesión, Anise se levantó y anduvo por la habitación. Su dolor desapareció por completo y comenzó a mover los brazos y las piernas libremente. Después del taller se fue a cenar con Dal para hablar de su futuro. No solo había cambiado su conciencia, sino que además su cuerpo se había liberado de forma espectacular.

La conciencia cambia la forma de procesar la información del cerebro

Durante las sesiones con clientes conectados a un electroencefalograma solemos observar al principio una gran cantidad de beta alto, lo que indica preocupación y estrés. Suele haber poca presencia de alfa, gama o theta. La ausencia de alfa implica que estas personas no son capaces de establecer una conexión entre su mente consciente (beta) y su creatividad, intuición y conexión con el campo universal (theta y delta).

Cuando experimentan un ramalazo de inspiración, vemos una gran intensificación de alfa en los dos hemisferios del cerebro. Durante el momento de revelación de Anise en el que tomó conciencia de que su atormentador nunca había tenido tanto éxito como ella, sus ondas alfa crecieron más de lo que podía medir nuestro aparato.

Al final de la sesión vimos el típico patrón de mente despierta en su cerebro. Aún tenía una pequeña cantidad de beta alto, lo que indicaba que su capacidad de pensamiento crítico permanecía activa, pero tenía más SMR (beta bajo), lo que señalaba que estaba en contacto con su cuerpo. Presentaba grandes cantidades de theta e incluso una mayor amplitud de delta, lo que mostraba una conexión con su creatividad, intuición y el campo de información universal. Gamma había aumentado, lo cual revelaba una mayor capacidad para establecer conexiones entre diferentes partes del cerebro y procesar la información de forma integrada.

Aunque su avance espiritual fue profundo, las lecturas del EEG mostraron cambios cerebrales en tiempo real. Ella no estaba atravesando solamente una transformación psicológica: la forma en que su cerebro organizaba la información también estaba cambiando.

Esto es algo más que un cambio en la mente: se trata de una modificación en el propio cerebro cuando nuevos haces neuronales se disparan juntos. A lo largo de nuestra vida se forman constantemente nuevas conexiones neuronales y se eliminan otras más antiguas (Restak, 2001).

Cuando meditamos, hacemos *tapping* u otra forma de psicología energética, o transformamos nuestra conciencia, el cerebro cambia rápidamente. El cerebro puede ser modificado de forma intencionada por la mente, especialmente por aquello que se conoce como entrenamiento de la atención (Schwartz y Begley, 2002). La verdadera transformación remodela las vías neuronales. Al final, la totalidad del cerebro se modifica y se establece una homeostasis nueva y saludable.

Un equipo de investigación señala que «un número creciente de estudios en la literatura de neuroimagen apoyan de forma significativa la tesis de que [...] con entrenamiento y esfuerzo adecuados la gente puede cambiar de forma sistemática los circuitos neuronales asociados a diversos estados físicos y mentales patológicos» (Schwartz, Stapp y Beauregard, 2005). Así pues, podemos cambiar las redes cerebrales disfuncionales con nuestra mente.

No solo los místicos y sanadores producen grandes puentes alfa e intensificación de theta cuando se hallan en estados estáticos. Los grupos para los que el alto rendimiento es fundamental están descubriendo que sintonizar el cerebro de este modo produce grandes avances. Los equipos SEAL (Mar, Aire y Tierra) de la Armada de los Estados Unidos tienen que actuar de forma eficaz en condiciones de combate que cambian rápidamente. Con una inversión de millones de dólares en la compra de electroencefalógrafos de última generación, estos militares aprenden a entrar en un estado que denominan éxtasis en un «gimnasio mental» construido especialmente en Norfolk (Virginia) (Cohen, 2017). Una vez «encienden el interruptor» del éxtasis, sus cerebros están en un estado de flujo, una realidad alterada en la que el superrendimiento es posible. Otras personas que desempeñan papeles clave, como los abogados de élite de los tribunales, los atletas olímpicos y los ejecutivos de Google, también se entrenan para entrar en éxtasis.

Las características de estos estados de flujo se describen en el libro *Stealing Fire* (Kotler y Wheal, 2017). Entre ellas se encuentran la ausencia de ego y de tiempo. La gente que se halla en un estado de éxtasis trasciende los límites de la mente local. Las lecturas de EEG muestran que la corteza prefrontal de su cerebro —la sede de la noción del yo— se apaga. Cesa la charla mental que produce ondas beta y se distancian de las obsesiones ansiosas de la mente local. Su química interna va modificándose a medida que neurotransmisores del bienestar como la serotonina, la dopamina, la anandamida y la oxitocina inundan el cerebro.

En este estado adquieren una perspectiva no local. Están abiertos a una cantidad infinita de opciones y resultados. El ser, en lugar de estar atrapado en una realidad local fija y limitada, es capaz de probar diferentes posibilidades. Esto «elimina filtros que normalmente aplicamos a la información entrante», lo cual conduce a saltos asociativos que facilitan la resolución de problemas y la supercreatividad. Kotler y Wheal (2017) revisaron los estudios realizados sobre la mejora en el rendimiento producida por estos estados de ondas cerebrales que revelan una mejoría del 490 % en concentración, el doble de creatividad y un incremento del 500 % en la productividad. Durante el éxtasis, ya sea en la versión antigua de Tukaram, en las modernas experiencias de Julie o de la Armada de Estados Unidos, la gente vive experiencias similares que están relacionadas con los neurotransmisores: acceder a un estado de dicha (anandamida), una sensación de desapego del cuerpo que encapsula el yo local (endorfinas), unión del yo local con el universo no local (oxitocina), serenidad (serotonina) y la recompensa de ser transformado por la experiencia (dopamina).

Se trata de características de la mente que ha ascendido a otro nivel, y en la actualidad disponemos de electroencefalógrafos y técnicas que miden los cambios que los neurotransmisores producen en la materia. En el pasado, los estados de éxtasis solo eran alcanzables por los místicos y su consecución llevaba décadas de estudio, una práctica rigurosa, disciplina ascética y una iniciación espiritual. En la actualidad «conocemos los ajustes precisos en el cuerpo y el cerebro que nos permiten recrearlos por nosotros mismos» a voluntad; la tecnología nos está proporcionando «una versión abreviada de […] cómo encontrar lo divino» (Kotler y Wheal, 2017). Hoy en día, los seres humanos con mejor rendimiento en el ámbito del deporte, los negocios, el combate, la ciencia, la meditación y el arte están induciéndolos de forma rutinaria. El día de mañana, a medida que comprendamos la fisiología de estos estados y convirtamos el éxtasis en una habilidad que pueda aprenderse, estará disponible para todo el mundo.

MI BREVE TRAYECTORIA DE ARTISTA O CÓMO ESQUIVAR LAS BALAS DE LAS CREENCIAS

Mi carrera de artista comenzó a los cinco años de mala manera. Mi familia acababa de mudarse a Estados Unidos y me encontré encarcelado de forma involuntaria en la escuela elemental de Howard, en

Colorado Springs. Mi acento británico atraía la atención adversa de los profesores. Para solucionar el problema me enviaron a una clase de logopedia, donde comencé a tartamudear y a padecer un defecto del habla.

Un día llevé a casa un proyecto artístico para enseñárselo a mis padres. Al igual que a todos los demás niños, me habían pedido que dibujara un vaquero; lo hice lo mejor que pude y mi profesora advirtió que era un buen dibujo. Sonrojado por esta rara muestra de aprobación, me lo llevé a casa para enseñárselo a mi madre.

Ella se echó a reír y ridiculizó el dibujo. Se puso a bailar alrededor de la sala chillando de risa e imitando con gestos los ángulos anatómicamente inexactos de los brazos y piernas del vaquero. Defraudado, me retiré a la litera situada en un porche cerrado que compartía con mi hermana. No volví a dibujar nunca más una forma humana y mis dibujitos quedaron restringidos a barcos y aviones.

Hasta los 45 años.

A esa edad comencé a meditar y hacer *tapping* de forma regular. También examiné mis creencias arraigadas. Una de ellas era: «El arte no se me da bien».

«¿Es eso cierto?», me pregunté. Junto con una mujer con la que tenía una relación estrecha por aquella época, que casualmente tenía una galería de arte, me apunté a una clase de acuarela de un día en la universidad de la zona.

En el momento en que cogí el pincel, sentí vida en la mano y accedí a un estado de flujo de forma natural. Me sentía como si hubiera estado pintando durante un siglo. Absorbía todo como una esponja y aprendí todas las técnicas que sabía el profesor en ese día. Mi amiga, que se las daba de artista, no podía creer que era un principiante y sospechaba que había obtenido un título de arte clandestino en algún momento.

Después acudí a una clase de dos días dedicado a los retratos de rostros en acuarela. De nuevo exprimí a la profesora, insistiendo en aprender las técnicas avanzadas antes de que acabara el primer día.

El siguiente paso fue empezar a pintar de forma regular. Al ser una persona metódica fui enumerando cada cuadro según iba terminándolos: 1, 2, 3, etc., en lugar de ponerles nombre. Se trataba en su mayoría de rostros. Pinté mi amor. Pinté mi confusión. Pinté mi dolor.

Acuarela 13: *Ángel del destino.*

Una vez hube pintado ocho cuadros, llevé los cuatro mejores a un café-galería de arte local. El dueño se quedó impresionado y me organizó una exposición monográfica. La inauguración era en seis semanas. «Ven un día antes y trae 36 cuadros», me dijo.

Aunque traté de mostrarme indiferente mientras salía por la puerta, en mi interior estaba temblando: ¡36 cuadros! Él no sabía que había pintado ocho en toda mi vida, sin contar el dibujo del vaquero. ¡Ahora tenía que volver con alrededor de 30 más en seis semanas, además de mi jornada laboral de 60 horas semanales y ser padre de dos niños pequeños!

Comencé a pintar de forma metódica durante mis ratos libres. Me di cuenta de que podía cumplir con el plazo si seguía el ejemplo de Henry Ford y creaba mis cuadros en una línea de producción. Muy poco artístico, pero necesario.

Dispuse tres caballetes en fila uno al lado del otro. Es necesario esperar diez minutos hasta que se seque una aguada antes de poder añadir la siguiente; de modo que aplicaba una capa en un caballete y me ponía a trabajar en el segundo y después en el tercero. Para cuando regresaba al primero, la pintura se había secado y podía repetir el proceso.

La acuarela es una técnica exigente. La pintura es transparente, de modo que no puedes tapar un error como con un medio opaco, como el olio o el acrílico. Si te equivocas en la aplicación de la aguada o cae en el papel una gota del color equivocado, estropeas el cuadro. El reto consistía en acabar y montar los 30 cuadros. Al entrar en un estado de flujo, descubrí que podía tener una visión clara de cada uno de los tres cuadros en mi mente mientras pintaba sin esfuerzo.

Al final cumplí el plazo de mi primera exposición. A la gente le encantaron las imágenes y vendí varios cuadros. Animado, me dirigí al lugar más prestigioso de la zona: el Ayuntamiento, donde solían rotar exposiciones de artistas locales cada pocas semanas. De nuevo se organizó una exposición y volví a pintar y a disfrutar del proceso de exponer.

Más tarde me llegó la oportunidad de ser coautor de un libro llamado *Soul Medicine* con mi mentor, el Dr. Norm Shealy. Decidí volcar mi energía y escaso tiempo libre en escribir en vez de pintar. A mitad del cuadro más grande y ambicioso que había pintado, dejé los pinceles para siempre y comencé a escribir.

Invitación de una exposición de arte.

La experiencia estuvo llena de lecciones para mí. Una fue que las cabezas están llenas de creencias falsas, en mi caso, la creencia arraigada de que *el arte no se me da bien*. Otra lección fue que esas creencias arraigadas surgen de experiencias de la infancia. Moldean toda nuestra existencia y, a menos que las desafiemos, podemos pasarnos la vida demostrando las mentiras que nos dijeron de niños. La mayor parte de mi trayectoria posterior la he dedicado a ayudar a otras personas a identificar y desafiar sus creencias limitadoras.

Una de las amigas que acudió a la gran inauguración de mi exposición en el Ayuntamiento fue una mujer llamada Alice. Era una artista que se dedicaba a la vitrofusión y llevaba años tratando de vivir de ello. Alice me dijo: «Estoy impresionada. Es imposible que te den exposiciones monográficas. Nunca he conseguido una». No le respondí. En mi interior me sequé la frente de forma metafórica y pensé: «Guau, me alegro de no haberlo sabido; he tenido dos exposiciones no sabiendo que eran difíciles de conseguir».

En la fiesta había otra artista de acuarela que pintaba paisajes. Exclamó: «¡Pero si pintas retratos! ¡Los rostros son lo más difícil de pintar en acuarela! Mi charla mental decía: «¿Y quién lo sabía? Desde luego yo no... He conseguido esquivar otra bala de una creencia».

Una vez que había desintegrado una creencia comencé a deshacer otras. Empecé a cuestionarme todas las creencias que me mantenían pequeño y limitado, y comencé a reclamar partes de mí de las que renegaba a causa de la desaprobación de padres, profesores, parejas y amigos. Empecé a descubrir quién era y a convertirme en esa persona, en lugar de recluirme en las limitaciones establecidas por la gente que me rodeaba.

De eso trata el movimiento del potencial humano. Tenemos inmensas capacidades, poderes y revelaciones internas, y, aunque es posible que estén limitadas por la ceguera de la gente de nuestro alrededor, siguen ahí. Somos mucho más grandes de lo que pensamos. Una vez empezamos a quitarnos las anteojeras y avanzamos hacia toda nuestra magnificencia, nos convertimos en creadores del mundo que nos rodea en lugar de reflejos de las limitaciones del pasado.

Acuarela 21: *Corazón demasiado grande.*

Cada momento es el momento en que decides: ¿voy a ser esa magnificencia o seguiré fingiendo que soy menos de lo que creo ser?

Imagina que en lugar de arriesgarme hubiera permanecido con mi creencia demostrada de que no se me da bien el arte. Imagina que hubiera consultado a mis amigos artistas con antelación y hubiera descubierto que es imposible conseguir exposiciones monográficas y que los rostros son sumamente difíciles de pintar. Como resultado no habría habido clases de arte ni exposiciones monográficas ni una explosión de creatividad y quizás ningún libro ni una carrera transformadora como escritor e investigador. Esa es la consecuencia de vivir en el cajón de tus creencias antiguas: no surge una mente nueva ni una realidad nueva y te cierras al mundo abierto de una nueva mente y una nueva realidad.

Como un experimento mental, imagina que continúas para el resto de tu vida albergando las mismas creencias que hoy mantienes sobre ti mismo; se trata de una opción en la bifurcación del camino. Tomando la otra dirección, sin embargo, desafías cada creencia limitadora de tu mente y tratas de llegar muy lejos para expresar tu potencial. A veces tendrás éxito y otras veces fracasarás, pero aprenderás en ambos casos.

> Comienzas a descubrir tus limitaciones reales en lugar de las que te han impuesto tus padres y profesores. Tu mente nueva se convierte en tu nueva realidad.
> Realmente te encuentras en esa encrucijada en este preciso momento. ¿Qué dirección escogerás? Mi misión en este libro es animarte a decir: «¡Sé que hay grandeza en mí y estoy resuelto a expresarla plenamente!».

Los científicos sociales solían creer que nuestra personalidad se forma en una etapa muy temprana de la vida y que no cambia demasiado con el tiempo. En 1989 un titular de *The New York Times* proclamaba: «La personalidad: sus características principales se mantienen estables a lo largo del tiempo» (Goleman, 1987). Se basaba en un estudio que mostraba que nuestros rasgos esenciales como la ansiedad, la simpatía y el deseo de nuevas experiencias son algo fijo.

El estudio sobre la personalidad más largo que se ha efectuado nunca, sin embargo, revela que nuestras personalidades pueden cambiar hasta resultar irreconocibles en el curso de nuestra vida (Harris, Brett, Johnson y Deary, 2016). Comenzó con datos de una encuesta realizada en 1950 a 1 208 adolescentes de catorce años. Sus profesores usaron seis cuestionarios para evaluar seis rasgos de personalidad.

60 años después los investigadores buscaron a esos chicos, que ahora tenían una media de 77 años, y descubrieron que tenían poco que ver con quienes eran en la adolescencia. Aunque esperaban encontrar un gran nivel de estabilidad en los rasgos personales, ocurrió justo lo contrario, hasta el punto de que uno de ellos llegó a exclamar que «apenas existe relación alguna» (Goldhill, 2017).

Nuestras creencias y características de la infancia no tienen que perseguirnos durante el resto de nuestra vida. Al asumir la responsabilidad de cambiar y practicar hábitos mentales deseables de forma regular, podemos transformarnos de manera espectacular. Tal vez los cambios no se produzcan en una semana o un mes, pero una práctica regular puede convertirte en una persona completamente diferente con el tiempo.

Las emociones moldean el mundo que nos rodea

Pensamos que somos individuos autónomos que tomamos nuestras propias decisiones y dirigimos nuestras vidas, pero en realidad formamos parte de una matriz de conexiones. Estamos conectados unos con otros a través de nuestras redes neuronales y por medio de campos energéticos invisibles.

Nuestros pensamientos y emociones no están contenidos dentro de nuestras mentes y cuerpos. Afectan a la gente que nos rodea, a menudo sin que se den cuenta, y sus pensamientos y emociones también nos afectan a nosotros, en un nivel subconsciente e inconsciente.

Algunos estudios han demostrado que los cerebros se sincronizan cuando comparten información. Cuando una persona habla y otra escucha, las regiones cerebrales activas en el hablante se activan igualmente en el receptor.

Ingenieros biomédicos de la Universidad de Drexel en colaboración con psicólogos de Princeton desarrollaron una cinta portátil capaz de monitorizar el cerebro para medir este fenómeno (Liu *et al.*, 2017). La cinta utiliza imágenes por resonancia magnética funcional (IRMf) para examinar la actividad de las regiones cerebrales relacionadas con el lenguaje. La actividad cerebral del receptor imita a la del hablante, especialmente cuando este último está describiendo una vívida experiencia emocional.

Los investigadores grabaron a un inglés y a dos turcos contando una historia real y escanearon sus cerebros mientras hablaban. La grabación la escucharon posteriormente quince hablantes de inglés mientras los investigadores medían la actividad de las áreas parietal y prefrontal de sus cerebros. Estas regiones se encargan de la capacidad de distinguir los objetivos, deseos y creencias de otras personas. Pues bien, estas áreas se encendieron cuando los receptores escucharon la historia en inglés, pero no cuando la escucharon en turco. Los investigadores también descubrieron que un mayor grado de «acoplamiento» entre las áreas cerebrales del receptor y el hablante estaba asociado a una mejor comprensión. Esto muestra que cuanto mejor refleja el cerebro la experiencia de otros, más los entendemos.

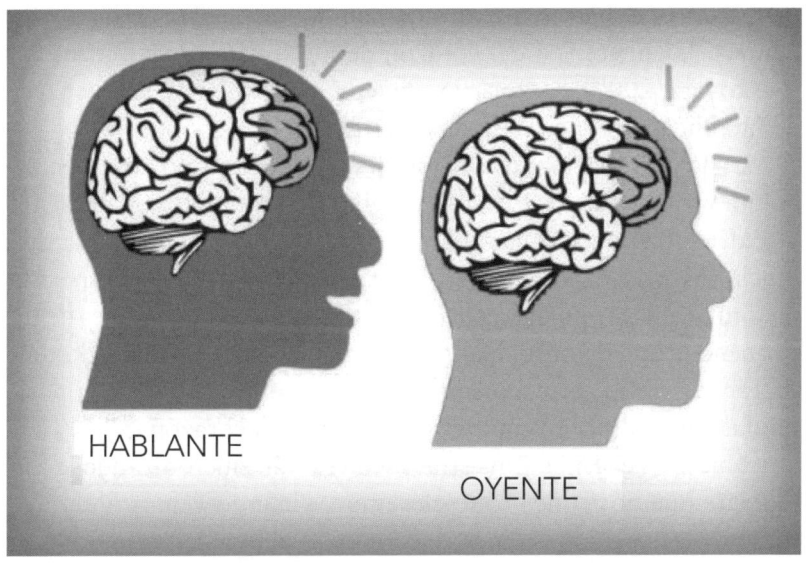

Acoplamiento cerebral durante la comunicación.

Campos energéticos a distancia

Los campos energéticos pueden afectar a los de otras personas también a distancia. El Dr. Eric Leskowitz, un psiquiatra del Spaulding

Rehabilitation Hospital, centro afiliado a la Escuela de Medicina de Harvard, visitó el Instituto HeartMath en Boulder Creek (California) en 2007. Allí los técnicos de laboratorio monitorizaron su ritmo y coherencia cardiacos mientras meditaba con los ojos vendados. La coherencia cardiaca está asociada con un incremento de la actividad de las ondas alfa en el cerebro. Se trata de un estado en el que se produce un intervalo regular y constante entre los latidos cardiacos y está generado por emociones positivas como el amor y la compasión. Las emociones negativas alteran la coherencia cardiaca.

Por otro lado, a intervalos aleatorios desconocidos por Leskowitz, se daba la señal de entrar en coherencia cardiaca a unos meditadores expertos que se situaban detrás de él y, cuando esto ocurría, la coherencia del corazón de Leskowitz se incrementaba (Leskowitz, 2007). Sin tocarlo siquiera, esas personas eran capaces de modificar su función cardiaco-cerebral.

Una continuación de este estudio midió el mismo efecto en 25 voluntarios en una serie de 148 pruebas de 10 minutos de duración y se detectó el mismo fenómeno de sincronización cardiaca a distancia (Morris, 2010). El autor señaló que: «Puede generarse y/o mejorarse un campo energético coherente por las intenciones de un pequeño grupo de participantes […] La evidencia de una sincronización del ritmo cardiaco entre los participantes confirma la posibilidad de una biocomunicación de corazón a corazón».

Nuestros cuerpos y nuestras mentes están sincronizándose con la gente que nos rodea todo el tiempo. Cuando vemos a alguien tocar a otras personas, nuestro cerebro se activa del mismo modo que si nos tocaran a nosotros (Schaefer, Heinze y Rotte, 2012). Esto se debe a que el cerebro contiene neuronas espejo que reflejan las sensaciones que estamos observando. Estas neuronas espejo se activan incluso por empatía con expresiones faciales y tonos de voz, lo que indica que somos sumamente sensibles a las señales verbales y no verbales que nos llegan de los demás.

Pero no solo se transmiten las emociones positivas de una persona a otra. Nuestro cerebro también se sintoniza con el dolor ajeno. Un equipo de investigadores de Birmingham (Inglaterra) mostró a un grupo de universitarios imágenes de gente sufriendo por heridas deportivas o por una inyección. Pues bien, casi un tercio de los estudiantes sintió dolor en el mismo lugar en que se producía en las fotografías que estaban mirando.

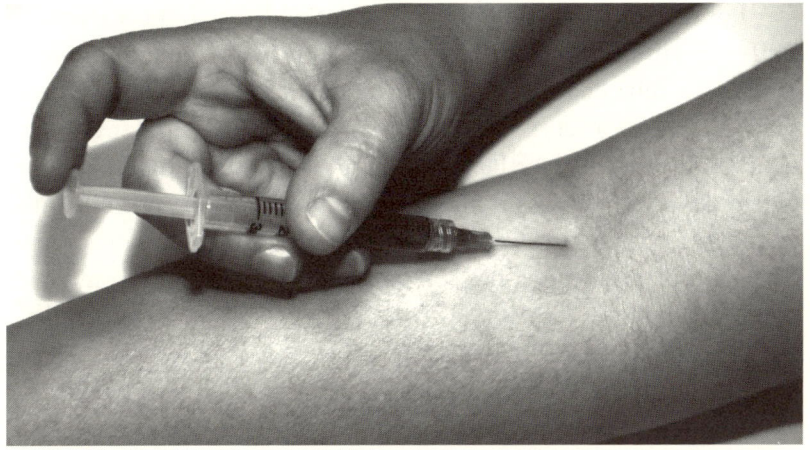

Recibiendo una inyección.

Los investigadores usaron después un aparato de IRMf para comparar los cerebros de 10 estudiantes que solo habían sentido una reacción emocional ante las imágenes con los de otros 10 estudiantes que habían llegado a sentir dolor físico. En los 20 estudiantes se observó un incremento de la actividad en las áreas del cerebro que procesan las emociones, pero solo quienes habían sentido el dolor físicamente presentaban actividad en las regiones cerebrales que procesan el dolor (Osborn y Derbyshire, 2010).

Otro ejemplo de este fenómeno radica en el hecho de que los bebés no solo lloran cuando un miembro de la familia está sufriendo, sino también si el que está angustiado es un desconocido (Zahn-Waxler, Radke-Yarrow, Wagner y Chapman, 1992). Su sistema nervioso presenta un alto grado de sintonización con las personas que les rodean y las partes del cerebro responsables de procesar las emociones se activan en respuesta a las emociones de otros.

El contagio emocional

Las emociones son contagiosas (Hatfield, Cacioppo y Rapson, 1994). Cuando tu mejor amiga se ríe, es probable que tú también te eches a reír; cuando está deprimida, es probable que tú también comiences a sentirte decaído. Así como puedes pillar una gripe al entrar en un clase llena de alumnos griposos, puedes contagiarte de las emociones de la gente de tu alrededor; por ejemplo, cuando entras en clase y sientes alegría al oír a los alumnos reírse de un chiste. Las emociones son contagiosas de un modo similar a como lo son las enfermedades contagiosas. Esto no es solo aplicable a las emociones negativas, como el miedo, el estrés y la tristeza, sino también al gozo y la satisfacción (Chapman y Sisodia, 2015).

Framingham es una preciosa ciudad de Massachusetts, que se encuentra a unos 30 km de Boston, donde residen alrededor de 17 000 familias. Se originó a mediados del siglo xvii y posteriormente recibió la afluencia de familias de la cercana Salem que estaban tratando de escapar de los tristemente célebres juicios por brujería de Salem. Esa parte de la ciudad sigue llamándose Salem´s End.

En la literatura médica, la ciudad es famosa por el Estudio Framingham del Corazón. En 1948, un grupo de investigadores del Instituto Nacional del Corazón con visión de futuro inició un ambicioso proyecto de investigación con el propósito de encontrar la causa de las afecciones cardiacas y los derrames cerebrales, enfermedades que habían ido aumentando de forma constante durante la primera mitad del siglo.

Reclutaron a 5 209 residentes de edades comprendidas entre los 30 y los 62 años y les sometieron a una batería exhaustiva de pruebas psicológicas y físicas. Los participantes regresaban cada dos años para un seguimiento. En 1971, el estudio enroló a una

Espacio público en Framingham.

segunda generación consistente en 5 124 hijos de los participantes originales con sus respectivos cónyuges y, hoy en día, muchos de los nietos y bisnietos de esos participantes iniciales siguen colaborando con el estudio.

La mina de oro de datos obtenidos en el estudio ha permitido a los investigadores observar mucho más que las afecciones cardiacas. Un subestudio realizado con 4 739 personas durante más de 20 años investigó sus niveles de felicidad y el modo en que esos niveles afectaban a las personas de su alrededor (Fowler y Christakis, 2008).

Este estudio descubrió que la felicidad de una persona puede incrementar la de otra persona hasta durante un año. Cuando una persona de la red social de Framingham era feliz, las probabilidades de que un vecino, un cónyuge, un hermano o un amigo sintiera lo mismo aumentaban en un 34 %. Vivir a una distancia no superior a 1,5 km del amigo feliz aumentaba la probabilidad de felicidad en un 25 %.

«Podrías pensar que tu estado emocional depende de tus propias decisiones, acciones y experiencias —observó Nicholas Christakis, un sociólogo médico de la Universidad de Harvard y coautor del estudio—, pero también depende de las decisiones, acciones y experiencias de otras personas, incluidas aquellas con las que no estás conectado de forma directa. La felicidad es contagiosa». Barbara Fredrickson, la autora de *Amor 2.0*, llama resonancia a esta positividad (Fredrickson, 2013). Cuando la frecuencia de nuestra conciencia es el amor, nos conectamos de forma natural con otras personas que resuenan con ese campo energético compartido.

La reacción en cadena de la felicidad

La gente feliz no solo afectaba a las personas de su alrededor sino que además su felicidad provocaba un efecto dominó. Con tres grados de separación, la gente se volvía feliz: tener un amigo que conocía a alguien feliz aumentaba las probabilidades de felicidad hasta en un 15 % e incluso en la siguiente capa la probabilidad era todavía de un 6 %.

Las emociones negativas también eran contagiosas, pero no tanto. Tener un conocido infeliz aumentaba las probabilidades de desdicha una media de un 7 %, frente a un 9 % en el caso de la felicidad.

El contagio emocional también está presente en los grupos (Barsade, 2002). Puede influir en las dinámicas de grupo, mejorar la cooperación y el rendimiento, y reducir el conflicto. «El contagio emocional, a través de su influencia directa en las emociones, juicios y conductas de los empleados y equipos de trabajo puede conducir a reacciones en cadena sutiles pero importantes en grupos y organizaciones», afirma Sigal Barsade, autor de diversos prestigiosos estudios sobre el contagio emocional. Si bien las emociones y el estado de ánimo positivo de un miembro del equipo, especialmente el líder, mejora el rendimiento de todo el equipo, los líderes estresados empeorarán el rendimiento de todas las personas de su alrededor.

UNA CULTURA ORGANIZATIVA CORROÍDA POR EL CONTAGIO EMOCIONAL

Por Stacene Courvallis

Nuestra empresa fabrica equipo de construcción especializado y está considerada por otras compañías del sector como un ejemplo de crecimiento cuidadosamente planificado.

Con el auge de la construcción, la empresa también prosperó. Contratamos a mucho personal en poco tiempo, entre ellos a Wilma, una alta ejecutiva que trabajaba para mí. Su currículum parecía perfecto y pasó la entrevista sin problemas.

La energía emocional, ya sea positiva o negativa, se extiende por todo el equipo.

Al cabo de tres meses, aunque su rendimiento era bueno, Wilma había empezado a transmitirme su preocupación acerca de varios proyectos y personas: un par de ejecutivos que solían marcharse pronto a casa; un exceso presupuestario en otro departamento; un ingeniero que poseía información confidencial y era amigo de otro ingeniero de una empresa competidora.

Ella exponía sus observaciones en el marco de su interés por la salud de nuestra organización y yo le estaba agradecido por ello.

Pronto las sesiones de queja de Wilma se convirtieron en parte de mi trabajo y siguió descubriendo problemas. Le parecía que la cultura corporativa era demasiado relajada y que los otros ejecutivos no me respetaban lo suficiente. En su opinión, era necesario redefinir nuestra misión empresarial y nuestros objetivos. También creía que podíamos reducir el personal y aumentar los márgenes de beneficio.

Así pues, comencé a preguntarme si había muchos más problemas en la empresa de los que yo era consciente y comencé a desconfiar de otros miembros del equipo directivo. El tono exuberante y divertido de nuestra oficina comenzó a socavarse, a pesar de nuestro éxito financiero creciente.

Un día Jason, nuestro director financiero, me pidió que tuviéramos una reunión confidencial. Me contó que Wilma le había estado hablando de los fallos de otras personas de la oficina y él no creía que su preocupación estuviera justificada. Al escarbar más, descubrí un patrón de acción: Wilma contaba sus confidencias a otros ejecutivos y difamaba a todos los directivos con la excepción de su interlocutor.

También caí en la cuenta de que el verdadero problema era yo mismo. Me había dejado arrastrar por las historias de Wilma y había perdido la confianza en nuestra gente y la seguridad respecto a la dirección de la empresa. Había transmitido esto al resto del equipo de forma inconsciente, lo cual había conducido a una pérdida de nuestra edificante cultura organizativa.

Algunas búsquedas rápidas en Internet revelaron que ese problema tenía un nombre: contagio emocional. Las emociones poco saludables pueden extenderse entre la gente que te rodea, como lo hacen las enfermedades: toda la compañía estaba infectada.

Una vez hube identificado el contagio emocional, comencé a verlo en todas las organizaciones a las que tenía acceso: al acudir a una sala de justicia sentí la espesa niebla de descontento e infelicidad que llenaba el edificio y en una tienda de música percibí que las sonrisas de los empleados parecían genuinas y que disfrutaban en sus interacciones.

Despedí a Wilma un viernes por la tarde. Pues bien, el lunes por la mañana el ambiente de la oficina había cambiado. La gente volvía a estar relajada. Nuestra empresa era de nuevo un lugar ameno y creativo donde trabajar. Dejamos de ser cautelosos durante las conversaciones: se había restablecido la confianza. Con la retirada de la portadora de malos sentimientos, el tono emocional positivo previo volvió a instaurarse rápidamente y, lo mejor de todo, volví a sentirme bien conmigo mismo y con la empresa.

El contagio emocional moldea el mundo

Pero las emociones no son contagiosas solamente en el ámbito de los equipos, la familia o la comunidad, también lo son a una escala mucho mayor a través de las redes sociales.

Un experimento masivo realizado con 689 003 usuarios de Facebook descubrió que el contagio emocional ni siquiera requiere contacto entre las personas (Kramer, Guillory y Hancock, 2014). Grupos enteros de personas pueden acceder a una coherencia emocional y cambiar sus ondas cerebrales, lo cual genera potencialmente un enorme campo combinado.

El estudio empleó un sistema autónomo para cambiar el contenido emocional de las «Últimas noticias» de los usuarios de Facebook. Cuando se manipuló la cronología de los usuarios para reducir las emociones positivas, según los autores del estudio: «La gente creó menos publicaciones positivas y más negativas, y cuando se redujeron las expresiones negativas, ocurrió el efecto contrario».

Esto demuestra que: «Las emociones que otros expresan en Facebook influyen en nuestras propias emociones y constituye una prueba experimental del contagio a escala masiva a través de las redes sociales». El estudio reveló que la comunicación no verbal y la interacción personal no son necesarios para que tenga lugar el contagio emocional.

Aunque suceda por debajo del umbral de la conciencia, compartimos nuestras emociones con los demás todo el tiempo, también a través de las redes sociales. Un estudio llevado a cabo por la Universidad de Vermont descubrió que las fotografías subidas a Instagram reflejan el estado de ánimo de la persona que las comparte. Los investigadores compararon fotos subidas por gente deprimida con otras subidas por gente que se sentía bien; en total compararon 43 950 fotos de 166 individuos, a la mitad de los cuales les habían diagnosticado depresión clínica durante los tres años previos (Reece y Danforth, 2017).

Pues bien, los investigadores descubrieron que la gente deprimida manipulaba las fotos para que tuvieran más tonos oscuros. El filtro que más usaban era uno llamado Inkwell, que elimina el color y convierte las fotos a blanco y negro. Por el contrario, la gente feliz usaba más un filtro llamado Valencia, que aporta un tono más cálido y brillante a las imágenes. La gente que padecía depresión literalmente extraía el color de lo que compartía con los demás.

El uso de la elección de los colores como una herramienta para diagnosticar la depresión resultó satisfactorio en un 70 %, una cifra sustancialmente mayor que el 42 % de éxito obtenido por los médicos de medicina general.

Los congresos de Núremberg

La expansión inconsciente de las emociones negativas ha dirigido a las sociedades humanas durante milenios, mucho antes de la aparición de las redes sociales. No se trata de nada nuevo. Podemos encontrar ejemplos de histeria colectiva a lo largo de las páginas de la historia. En los años treinta, Adolf Hitler celebró congresos multitudinarios en Núremberg (Alemania) con objeto de despertar entusiasmo y exhibir el poder de Alemania y del Partido Nacionalsocialista a la nación y al mundo.

Enormes banderas, desfiles a paso de ganso, canciones marciales, desfiles nocturnos con antorchas, fuegos artificiales y hogueras embelesaban a los cientos de miles de espectadores. En los prolongados discursos de Adolf Hitler y otras celebridades del Partido Nazi se exponía la ideología del partido. El contagio emocional de aquellos eventos espectaculares unió a todo el país en la visión de Hitler.

El congreso de 1934 reunió a más de un millón de personas. El periodista estadounidense William Shirer acababa de llegar a Alemania como corresponsal del grupo de prensa Hearst y decidió acudir. En su diario escribió sus impresiones de su primera tarde en aquella gran ciudad medieval. Allí se encontró arrastrado por una ola de humanidad. Enfrente del hotel donde Hitler se alojaba 10 000 personas cantaban: «¡Queremos a nuestro Führer!».

Adolf Hitler pronunciando un discurso en el congreso de Núremberg de 1934.

Shirer escribió: «Me impactaron un poco los rostros, especialmente los de las mujeres, cuando finalmente Hitler apareció en el balcón durante un momento. Me recordaron las expresiones dementes que vi una vez en la zona rural de Luisiana en las caras de algunos fanáticos religiosos [...] Lo miraban como si se tratara del Mesías, sus rostros se transformaron en algo absolutamente inhumano».

A la mañana siguiente, Shirer asistió a la ceremonia de apertura del congreso. Escribió: «Creo que estoy empezando a comprender algunas de las razones del asombroso éxito de Hitler [...] El encuentro de apertura de esta mañana [...] era algo más que una representación espléndida; también tenía algo del misticismo y el fervor religioso de una misa de Pascua o navideña en una gran catedral gótica. La entrada estaba llena de coloridas banderas. Incluso la llegada de Hitler fue una escena dramática: la banda paró de tocar. Se hizo el silencio en las treinta mil personas que abarrotaban la entrada. Entonces la banda entonó la *Badenweiler March* [...] Hitler apareció por detrás del auditorio seguido por sus ayudantes Göring, Goebbels, Hess, Himmler y los otros, avanzó despacio por el pasillo central dando grandes zancadas mientras treinta mil manos se elevaban para saludarlo».

Para el público asistente el evento era embriagador. Shirer escribe: «Cada palabra que decía Hitler parecía una Palabra de inspiración divina. La facultad crítica del ser humano —o al menos de los alemanes— desaparece en esos momentos y cada mentira pronunciada es aceptada como la verdad más elevada» (Shirer, 1941).

Ese es el poder del contagio emocional. Al igual que el reinado de Hitler, los juicios por brujería de Salem, el temor rojo de los sesenta, el genocidio de Ruanda de 1994, la guerra de Irak de 2003, la gran recesión de 2007 y el conflicto nuclear de Corea del Norte, los episodios de histeria colectiva generalmente acaban mal para todos los implicados.

Las burbujas financieras

Las burbujas de los mercados de valores constituyen otro ejemplo de contagio emocional. Los inversores se olvidan de los altibajos del ciclo económico en una oleada de compras especulativas. En 1996, Alan Greenspan, director de la Junta Directiva de la Reserva Federal, lo llamó «exuberancia irracional». En su libro *El triunfo del dinero*, el historiador Niall Ferguson afirma: «Las expansiones y recesiones de la economía son, en última instancia, producto de nuestra inestabilidad emocional»[4] (Ferguson, 2008).

Ratios precio-beneficio (PER) de empresas hasta el 20 de febrero de 2018 (Shiller, 2017). La media histórica es 16, lo cual significa que por regla general las acciones de la compañía se valoran en 16 veces sus beneficios históricos. EL PER por encima de 16 indica una burbuja. A principios de 2018 llegó a 33.

El 16 de octubre de 1929, Irving Fisher, un profesor de Economía de la Universidad de Yale, anunció que las cotizaciones estadounidenses habían «alcanzado lo que parece un período de estancamiento».

---

[4] Ferguson Niall: *El triunfo del dinero: cómo las finanzas mueven el mundo.* Barcelona: Debate, 2009. *(N. de la T.)*

Pero estaba muy equivocado: el mercado empeoró al cabo de unos días y se desplomó una y otra vez. A lo largo de los tres años siguientes cayó un 89 %. No volvió a recuperar el nivel de 1929 hasta 1954.

Al tratar de explicar esta debacle económica, el legendario economista John Maynard Keynes era bien consciente del contagio emocional que se había apoderado de la psique nacional, llamándolo un «fracaso de los mecanismos inmateriales de la mente» (Ferguson, 2008).

Las burbujas no son algo nuevo: se han producido a lo largo de la historia. En 1634, los precios de las flores de tulipán holandés empezaron a subir y fueron objeto de especulación. Comenzó la crisis de los tulipanes. Algunas de estas flores cambiaban de manos unas diez veces al día a precios cada vez mayores. En enero de 1637, algunas variedades raras se vendían por más de lo que costaba una casa y, el 5 de febrero, la burbuja estalló abruptamente.

El carro de los locos, de Hendrik Gerritsz Pot.

El contagio emocional de la manía de los tulipanes fue representado en un cuadro de 1637 llamado *El carro de los locos,* del pintor Hendrik Gerritsz Pot. Retrata a un grupo de tejedores holandeses que han tirado sus telares para seguir un carro dirigido por Flora, la diosa de las flores. La diosa lleva ramos de tulipanes y está acompañada de borrachos, prestamistas y la traicionera diosa de la Fortuna. El grupo es conducido hacia su muerte en el mar.

Los sentimientos que experimentamos cuando nuestro cerebro es secuestrado por el contagio emocional son reales. Tenemos un aumento de ondas beta relacionadas con el estrés y una reducción de alfa. Se requiere una mente fuerte para no dejarse llevar por la histeria colectiva; no resulta fácil distinguir una emoción que nos ha llegado de fuera de otra que ha surgido de nuestra propia red neuronal.

Mapear el cerebro iluminado

Los observadores de la historia han podido describir los extremos de la conciencia en una secuencia que va desde el contagio emocional que lleva a civilizaciones enteras a la guerra a los estados iluminados de los místicos.

La neurociencia moderna, sin embargo, nos permite conocer las señales neuronales implicadas en la conciencia y describir las vías de señalización activas en el cerebro emocional.

Cuando registramos las ondas cerebrales de personas que viven experiencias místicas, trasladamos estados de conciencia subjetivos a imágenes objetivas del funcionamiento del cerebro. Cuando la conciencia se desprende del temor, el malestar y las preocupaciones de la mente local, las ondas cerebrales cambian. Esto indica que se activan diferentes vías neuronales, que, a su vez, modifican el campo electromagnético del cerebro. Los sentimientos subjetivos de paz interior pueden registrarse de forma objetiva mediante el electroencefalógrafo, con el fin de proporcionar una imagen objetiva del flujo de información en el cerebro.

Durante las experiencias místicas, la mente abandona la materia. La conciencia deja de identificarse con el yo local de forma exclusiva y las lecturas de EEG muestran una gran intensificación de alfa al crearse el puente alfa entre la realidad consciente y la inconsciente.

Así pues, la conciencia trasciende el apego con el yo local para fundirse con la mente no local. El EEG muestra primero una intensificación y luego amplitudes grandes y constantes de delta, la onda característica de la mente no local y la conexión con el campo universal.

Cuando se experimentan estado alterados, los EEG registran grandes amplitudes de alfa, theta y delta de forma simultánea. Cuando se produce una sanación física, como la disolución del tumor de José, suele producirse una intensificación de theta claramente visible.

En esta unión del cerebro local y la mente no local tiene lugar una transformación. Símbolos como los seres que vio Julie y el diamante que recibió se convierten en emblemas de una nueva realidad personal que integra la mente local y la no local. Al final de la experiencia mística la persona regresa transformada a la realidad local. Puede traer un regalo que representa una sanación emocional o física, como el diamante que Julie colocó en su corazón. El proceso produce una liberación de energía antigua estancada; en el caso de Julie, la depresión que se disolvió en forma de gotas de lluvia y cayó a la tierra. La persona puede experimentar asimismo una curación física, como la desaparición del tumor cerebral de José.

La mente transforma la materia. Multitud de estudios han demostrado que los meditadores tienen un mayor volumen de tejido cerebral, mejor sueño nocturno, menos enfermedades, un incremento de la inmunidad, mejor salud emocional, menos inflamación, un proceso de envejecimiento más lento, un aumento de la comunicación intracelular, neurotransmisores equilibrados, una mayor longevidad y menos estrés.

Irradiamos esa transformación mental, emocional y física. Al sentirnos más felices, influimos en la gente que nos rodea, que a su vez influye en su entorno, y los efectos de esa transformación se extienden a la comunidad. El contagio emocional positivo es un hecho. El jesuita y filósofo, Pierre Teilhard de Chardin, acuñó el término noosfera, a veces llamada *esfera de inteligencia* para describir el campo de conciencia generado por la humanidad. Si incluyes el resto de vida en la Tierra está la *psicoesfera*. Además, yo empleo el término *emosfera* para describir el tono emocional colectivo del planeta.

Formamos parte del campo de sanación de la psicoesfera de la humanidad. Nuestra energía no está sincronizada con las emociones negativas que infectan la sociedad: no participamos en esos campos. Nuestro cambio mental ha originado un nuevo material que potencia la transformación física y espiritual.

PON EN PRÁCTICA ESTAS IDEAS

Actividades que puedes practicar durante la semana:

- Practica ecomeditación durante al menos 10 minutos por la mañana y por la tarde.
- Promueve el contagio emocional positivo conectando de forma intencionada con otras personas.
- Reserva al menos 10 minutos al comienzo y al final de los días laborales para estar con tu pareja.
- Habla con tu pareja sobre los asuntos que desea tratar e intenta hacer una síntesis de su planteamiento.
- Cuando estés en una tienda mira a los ojos al dependiente.
- Practica sonreír a otras personas para promover el contagio emocional positivo.
- Anota en tu diario las pequeñas cosas que te provocan una reacción emocional.

CAPÍTULO 4

Cómo la energía regula el ADN y las células del cuerpo

No eres la misma persona que eras hace un segundo, y no digamos ayer. Tu cuerpo sustituye células y rejuvenece su sistema a un ritmo frenético.

El cuerpo está formado por unos 37 billones de células (Bianconi *et al.*, 2013), un número mayor que el de las galaxias existentes en el universo conocido. Todo el tiempo están muriendo células viejas que son reemplazas por nuevas. Cada segundo se reemplazan más de 810 000 células.

El cuerpo produce un billón de nuevos glóbulos rojos al día (Wahlestedt *et al.*, 2017); una cantidad considerable que, expresada en cifras, quedaría del modo siguiente: 1000 000 000 000.

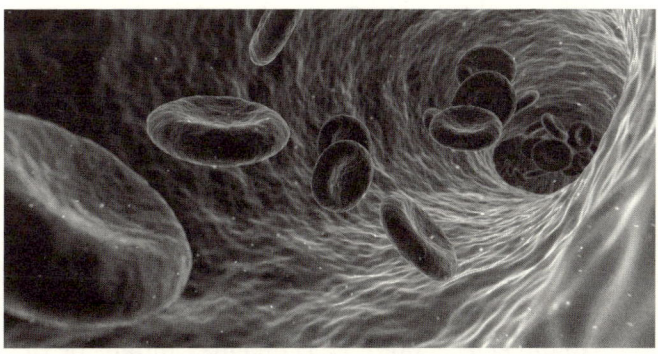

Glóbulos rojos circulando.

Al circular por tus venas y arterias, los glóbulos rojos transportan oxígeno y nutrientes a todas las células del cuerpo. Cada glóbulo rojo tiene un tiempo de vida de alrededor de cuatro meses, después de lo cual el hígado extrae sus ingredientes vitales y envía el resto al bazo para su reciclado. Tus glóbulos rojos no son los mismos que tenías hace seis meses. Todos han sido remplazados.

TU CUERPO ESTÁ REGENERÁNDOSE CONSTANTEMENTE

La mucosa del tubo digestivo también cambia muy a menudo: es remplazada cada cuatro días; el tejido pulmonar lo hace cada ocho días. Incluso los tejidos más densos, los huesos, están regenerándose constantemente y el 10 % del esqueleto es remplazado cada año.

Existen alrededor de 84 000 millones de neuronas en el cerebro, junto con un número similar de células no nerviosas (Azevedo *et al.*, 2009). Nuestro cerebro está produciendo nuevas neuronas continuamente y cada célula puede conectarse con miles de otras, tejiendo una red interconectada de aproximadamente 150 billones de sinapsis (Sukel, 2011). Nuestro cerebro está remplazando al menos una neurona por segundo (Walløe, Pakkenberg y Fabricius, 2014).

El hipocampo es la parte del cerebro responsable de la memoria y el aprendizaje. Está añadiendo constantemente nuevas neuronas y sinapsis al tiempo que elimina otras. Algunas vías neuronales están reduciéndose, por lo que disminuye el volumen de esas partes del hipocampo, mientras que otras vías están creciendo y aumentando de volumen.

En los trasplantes de hígado suele extraerse la mitad del hígado del donante para ser trasplantado en el nuevo anfitrión, pero las células del hígado se regeneran tan rápidamente que, al cabo de ocho semanas, el hígado del donante ha recuperado su tamaño original (Nadalin *et al.*, 2004). La célula más antigua de tu hígado tiene cinco meses.

CÓMO LA ENERGÍA REGULA EL ADN Y LAS CÉLULAS DEL CUERPO 165

Tipo de célula	Tiempo de regeneración	BNID
neutrófilos	1-5 días	101 940
osteoblastos	3 meses	109 907
osteoclastos	2 semanas	109 906
miocardiocitos	0,5-10 % al año	107 076, 107 077, 107 078
cuello del útero	6 días	11 032
células de la mucosa intestinal	3-4 días	107 812
células grasas	8 años	103 455
células de Paneth	20 días	107 812
células del cristalino	toda la vida	109 840
hepatocitos	0,5-1 año	109 233
alveolos pulmonares	8 días	101 940
ovocitos	toda la vida	111 451
células beta del páncreas (rata)	20-50 días	109 228
plaquetas	10 días	111 407, 111 408
glóbulos rojos	4 meses	10 706, 107 875
esqueleto	10 % al año	107 076, 107 077, 107 078
células epiteliales	10-30 días	109 214, 109 215
epitelio del intestino delgado	2-4 días	107 812, 109 231
esperma	2 meses	110 319, 110 320
células madre	2 meses	109 232
estómago	2-9 días	101 940
papilas gustativas (rata)	10 días	111 427
traquea	1-2 meses	101 940
eosinófilos	2-5 días	109 901, 109 902

La regeneración de las células se produce a ritmos diferentes en los distintos tejidos. Esta tabla muestra el ritmo de renovación de algunas de ellas. Las siglas BNID se refieren a la Base de Datos de la Universidad de Harvard de Números Biológicos Útiles.

Incluso el corazón se regenera. Hasta hace muy poco tiempo los científicos creían lo contrario y que una vez las células cardiacas han muerto no son reemplazadas, pero recientes estudios demuestran que el tejido cardiaco contiene regiones de células madre que están disponibles para sustituir a células dañadas o muertas y que la totalidad del corazón se regenera al menos tres veces a lo largo de la vida de una persona (Laflamme y Murry, 2011).

Las células de la cornea pueden regenerarse en 24 horas; la piel se renueva por completo todos los meses; la mucosa estomacal se renueva cada semana y la del colon incluso más rápido. Ayer no eras el mismo de hoy.

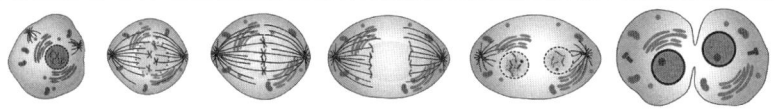

División celular.

¡Bienvenido al nuevo tú!

Esta regeneración constante de los componentes fundamentales del cuerpo tiene implicaciones profundas en la rapidez y grado de la curación.

Nuestro cuerpo está programado para curarse. La sanación no es algo que obtenemos gracias a una prescripción, un médico, una hierba o un terapeuta alternativo. La curación es lo que nuestros cuerpos hacen de forma normal y natural cada segundo todos los días. Cuanto más profunda sea nuestra comprensión del proceso de sanación, mejor equipados estaremos para influir en la materia.

El cuerpo utiliza el material del que dispone

Cuando te miras al espejo cada mañana tal vez creas que estás viendo el mismo rostro que mirabas ayer, pero, durante todo el día de ayer, el cuerpo reemplazó alrededor de 60 000 millones de células: tu cuerpo es diferente del que era ayer.

Esta remodelación extensiva del cuerpo no está sucediendo en un vacío. Estás influyendo en la calidad de las células que produce tu cuerpo con entradas materiales como los alimentos y las bebidas que consumes. Cuando tomas alimentos de buena calidad, el cuerpo dispone de materiales para crear proteínas de alta calidad, los componentes moleculares de las células.

En cambio, cuando te alimentas mal, el cuerpo solo dispone de materiales de calidad inferior para producir proteínas. Cuando tu dieta carece de los nutrientes esenciales, el cuerpo tiene que compensarlo de alguna manera, lo cual puede acabar deteriorando la salud.

La mayoría de nosotros preferimos tomar alimentos saludables y evitar la comida basura, pero no solemos ser tan exigentes con la energía que absorbemos.

Imagina que tu cuerpo es una fábrica y las células que produce son coches. Si los transportistas entregan el mejor acero en sus muelles de carga y tiene a su disposición un vidrio excelente, goma flexible y materiales compuestos avanzados, la fábrica podrá construir coches de buena calidad.

Pero una goma quebradiza, un vidrio opaco o un acero débil menoscabará el producto final. La fábrica no puede construir coches excelentes con materiales de baja calidad. Del mismo modo, si el material que entra en el cuerpo no es adecuado, el resultado del ciclo de producción de tu cuerpo será de baja calidad: si basura entra, basura sale.

Esto en lo que se refiere a la materia, ¿y qué hay de la energía?

Las células se regeneran en un campo energético

Las células también se reproducen en un entorno energético. Al igual que la materia de mala calidad produce células de mala calidad, la energía inferior da lugar a moléculas inferiores. Nuestros cuerpos están bañados por campos energéticos y el tipo de energía en que tiene lugar la regeneración celular determina el resultado biológico.

Ahora mismo estoy disfrutando de una deliciosa taza de té Earl Grey. Fui a la cocina, introduje una bolsa de té en una taza, llené la taza con el agua ligeramente ácida de mi pozo y metí la taza en el microondas; por último, programé el temporizador a dos minutos, el tiempo suficiente para que el agua hierva.

Aunque son invisibles, las ondas del microondas hacen que el agua de mi té cambie de estado. En dos minutos el agua cambió de una temperatura ambiente de 21 °C a hervir a 100 °C. La energía ha transformado la materia.

Del mismo modo, las células están bañadas por los campos energéticos que las rodean. Estos campos cambian la materia de las células aunque sean invisibles. Una radiación fuerte, como la que se libera en los accidentes de los reactores nucleares, puede causar mutaciones celulares.

¿Qué sucede cuando tus células se bañan en la energía del amor, el aprecio y la bondad creados por un cerebro coherente y vibrante? Justo lo contrario. Se nutren de los campos radiantes de las emociones positivas.

He aquí una de mis historias favoritas de sanación. Glenda Payne atravesaba una situación de degeneración corporal realmente desesperada y el modo en que utilizó su mente para curarse ha inspirado a miles de personas.

DE UNA DEGENERACIÓN MUSCULAR TERMINAL A BAILAR POR LA HABITACIÓN

Por Glenda Payne

Me encantaba mi trabajo. Era la responsable del programa de venta mayorista de una empresa fabricante de invernaderos. Estaba expandiendo nuestro negocio en Francia cuando comencé a notar síntomas extraños; cada vez me costaba más subir las escaleras y cuando lo hacía me sentía como si hubiera corrido varios kilómetros subiendo una ladera; los músculos de los muslos conseguían mover las piernas a duras penas y para cuando llegaba al último escalón me faltaba el aire.

A pesar de tomarme unos días de descanso, el dolor y la debilidad muscular aumentaron con la aparición de un nuevo y aterrador síntoma: la dificultad para respirar, que hacía que perdiera el conocimiento. Con actividades sencillas, como lavar los platos, hacer cola en un mostrador o empujar el carro de la compra, caía redonda al suelo, tratando de respirar desesperadamente y esforzándome por no desmayarme. Una tarde estaba de pie en la oficina hablando con un colega, cuando me desplomé y perdí el conocimiento. Después de aquel episodio no pude volver a conducir ni regresé al trabajo.

Mis médicos no encontraban ninguna explicación y, después de cinco años de costosas pruebas yendo de especialista en especialista, finalmente me diagnosticaron: tenía una enfermedad rara llamada miositis por cuerpos de inclusión mitocondrial y no podían hacer nada por mí.

Perdí toda esperanza y no tenía fuerzas para seguir luchando. Mi mundo se redujo al sofá de la sala y mi cama.

Una primavera mi hermana me enseñó un vídeo de una demostración de cinco minutos de *tapping* que nos suscitó curiosidad y ese verano escuchamos la entrevista que le hizo Dawson Church al Dr. Joe Dispenza en un seminario web.

En la entrevista, el Dr. Dispenza compartió su propia historia médica milagrosa. Había sido ciclista profesional y en una carrera un camión le envistió en una curva, lo que le provocó serias lesiones: había pocas esperanzas de que pudiera volver a andar. Sin embargo, utilizó su mente para comunicarse con los nervios y células de su cuerpo mientras estaba atado a una cama, completamente inmóvil. Proyectó una imagen de su cuerpo sano en lo que llamó el campo unificado de conciencia y funcionó.

Mientras permanecía tumbada en un estado permanente de dolor y fatiga, me aferré a la esperanza de que si él se había curado completamente ¡yo también podía!

Dawson me atendió en una llamada en directo durante ese mismo seminario web. La historia del Dr. Dispenza y la minisesión de *tapping* con Dawson durante esa llamada cambiaron mi vida. Mi hermana y yo sabíamos que el *tapping* podía ayudarnos a resolver problemas importantes que nos habían atormentado durante toda nuestra vida y decidimos certificarnos en EFT.

En octubre acudimos a nuestra primera clase con Dawson y me hizo otro tratamiento en una demostración. Al final del taller de cuatro días me acerqué a él y le pregunté: «¿No notas que falta algo?». Tiré el bastón y empecé a bailar delante de todos. Había llegado al hotel en silla de ruedas y me marché del curso bailando. Desde ese día no he vuelto a usar mi silla de ruedas.

Durante los tres años siguientes a escuchar por primera vez a Joe y Dawson, he completado el programa de certificación de terapeutas

Glenda, cuatro años más tarde.

de EFT y he obtenido un certificado en psicología energética, he escrito y publicado un libro, y me he iniciado como chamana. En la actualidad estoy trabajando en la creación de otro libro y un blog.

Sigo teniendo días buenos y malos, y necesito mucho descanso. Sigo llevando bastón cuando salgo aunque cada vez lo uso menos. De nuevo puedo hacer caminatas aunque solo cortas y por caminos llanos —las cuestas siguen agotándome— y después tengo que tomarme al menos un día de descanso. He aprendido a escuchar a mi cuerpo.

Cuanto más feliz soy usando todas las herramientas que tengo a mi disposición, más feliz es mi cuerpo y más activa puedo estar. Lo que era una existencia sin esperanza se ha transformado en una vida repleta de alegre inspiración. Disfruto de lo que la vida me ofrece en cada momento.

Trabajo en mi consulta a tiempo parcial y la gente con la que trabajo me aporta el impulso para continuar tratando bien a mi cuerpo: cuando estoy descansada puedo estar más disponible para mis clientes y lectores. ¡*Me encanta este trabajo*! Espero que un día mi historia les resulte a ellos tan transformadora e inspiradora como lo fue para mí el relato del Dr. Joe.

Cuando enfermedades serias simplemente desaparecen

Creo que muchos casos de remisión de enfermedades serias tienen que ver con los campos mentales: los cuerpos de estas personas se bañan en positividad mientras las células se reproducen y desarrollan. Cuando cada una de esas 810 000 nuevas células que crea tu cuerpo cada segundo nace en un ambiente energético de bondad y amor, esto influye en su desarrollo.

Cuando creamos campos mentales, emocionales y espirituales de amor y bondad aportamos el ecosistema energético sanador en el que nuestro cuerpo se regenera.

La remisión espontánea del cáncer sin tratamiento ha sido considerada históricamente por la profesión médica como un fenómeno extraño. Uno de los primeros autores en hacer una estimación afirmó que probablemente sucedía en un caso entre 80 000 pacientes (Boyd, 1966). Una estimación contemporánea situaba la cifra en uno entre 100 000 (Boyers, 1953).

Los estudios modernos, sin embargo, revelan que la remisión es un fenómeno común. Uno de ellos descubrió que alrededor de un quinto de los cánceres de mama son curados por la mente y el cuerpo sin necesidad de intervención médica (Zahl, Mæhlen y Welch, 2008). Otros informan de un porcentaje similar de pacientes que se curan de forma espontánea de un tipo de cáncer que afecta a los glóbulos blancos (Krikorian, Portlock, Cooney y Rosenberg, 1980). Una bibliografía de informes médicos de remisiones espontáneas halló más de 3 000 casos registrados en la literatura médica (O'Regan y Hirshberg, 1993).

La expansión del cáncer requiere la comunicación y cooperación entre grupos de células cancerosas. Esta comunicación la provoca el estrés (Wu, Pastor-Pareja y Xu, 2010). Junto con el cortisol, la adrenalina —también llamada epinefrina— constituye una de las principales hormonas del estrés. Los altos niveles de adrenalina desencadenan la expansión de las células cancerosas del ovario lejos del tumor primario. También activan una enzima llamada FAK, que inhibe la destrucción de las células cancerosas y acelera la muerte (Sood *et al.*, 2010). Asimismo, la adrenalina inmoviliza otra enzima diferente que destruye las células cancerosas de mama y de próstata (Sastry *et al.*, 2007).

Cuando disminuimos los niveles de estrés revertimos estos efectos, a veces rápidamente. Unos investigadores han informado de la reducción de tumores a menos de la mitad de su tamaño inicial al cabo de unas pocas horas de una sesión de sanación emocional (Ventegodt, Morad, Hyam y Merrick, 2004). Entre quienes experimentan remisiones espontáneas o sobreviven mucho más de lo normal tras un diagnóstico suele ser común un cambio en la visión de la vida. Se vuelven más altruistas en sus relaciones y se implican de forma activa en su tratamiento (Frenkel *et al.*, 2011). La anandamida, «la molécula de la felicidad» generada por la meditación, también inhibe la formación de células cancerosas. Cuando cambia la mente, también lo hace la materia.

El altruismo y la conexión con otros son rasgos distintivos de las personas que superan su enfermedad.

TUMORES QUE SE REDUCEN

Bill Bengston, un investigador de la sanación energética de quien hemos hablado en un capítulo previo, llevó a cabo varios ensayos controlados aleatorizados en los que él y sus estudiantes graduados fueron capaces de curar tumores cancerosos en ratones de forma sistemática. Posteriormente empezó a aplicar su método a personas. Pues bien, la siguiente historia es un ejemplo de la sanación que puede tener lugar cuando las células están inundadas de campos energéticos positivos (Bengston, 2010).

A una de las estudiantes de Bill, Laurie, le diagnosticaron un cáncer de mama terminal. Primero se había extendido a los nódulos linfáticos y después había producido metástasis por todo el cuerpo. Le dieron cuatro meses de vida. Bill relata lo siguiente:

«Contra todo consejo decidió tratarse conmigo [...] Durante dos meses traté a Laurie seis días a la semana, a veces muchas horas al día. Fue un proceso tan intenso que yo mismo desarrollé unos alarmantes

> bultos en las ingles y las axilas que desaparecieron cuando me desconecté físicamente de ella.
>
> »Las pruebas médicas habituales, que incluían rayos X, análisis de sangre y TAC, mostraban que los tumores estaban reduciéndose. Finalmente desaparecieron por completo [...] y Laurie y yo celebramos el quinto y el décimo aniversario de su curación».

Las microondas invisibles de la bondad podrían bañar las células regeneradoras del cuerpo de personas como Laurie para inducir la curación. Cuando esas 810 000 células que son creadas por nuestro cuerpo cada segundo se empapan de la energía de las emociones positivas, están siendo moldeadas por ese campo.

Cuando nuestra conciencia se transforma y comenzamos a efectuar cambios de forma intencionada, como hicieron Glenda y Laurie, cambiamos la calidad de la energía en la que se forman nuestras células. Si mantienes ese estado mental positivo durante unas cuantas semanas, billones de nuevas células habrán sido influidas por él.

Veamos ahora la evidencia directa que demuestra la influencia de la energía humana en la formación celular.

La energía guía la formación de células

Al exponer cultivos celulares a diferentes frecuencias se ha revelado que algunas de ellas son especialmente beneficiosas para el crecimiento de ciertos tipos de células. Entre las frecuencias que estimulan el desarrollo de células sanas se encuentran las que genera nuestro cerebro. El campo electromagnético del cerebro, generado por nuestra conciencia, podría ejercer un efecto directo en la regeneración celular.

La mayor parte de las señales a las que las células se muestran más sensibles se hallan en la parte inferior del espectro de frecuencias. Estas microcorrientes no se encargan de transportar energía, sino información (Foletti, Ledda, D'Emilia, Grimaldi y Lisi, 2011).

Las células suelen ser sensibles a bandas de frecuencia sumamente estrechas denominadas ventanas de frecuencia debido a que las células responden a las frecuencias incluidas en este estrecho rango, pero no a las que están por encima o por debajo.

Las ventanas de frecuencia son las estrechas bandas de energía a las que responden células concretas.

Una revisión de 175 artículos publicados en la literatura científica desde 1950 a 2015 descubrió que ciertas frecuencias provocaban la regeneración y reparación celular. En palabras de los autores: «Las ondas afectan a las células [...] solo a frecuencias específicas separadas por amplios rangos de frecuencias no efectivas»

(Geesink y Meijer, 2016, p. 110). Estas frecuencias son similares a una escala musical con resonancia armónica entre las notas, como sucede en un agradable acorde tocado en el piano. Los autores enumeraron los efectos físicos ejercidos por diversas frecuencias:

- Estimular la formación de células y sinapsis nerviosas.
- Reparar el tejido de la médula espinal.
- Reducir los síntomas del párkinson.
- Inhibir el desarrollo de células cancerosas.
- Mejorar la memoria.
- Sincronizar la activación de neuronas en diferentes partes del cerebro.
- Incrementar la atención.
- Potenciar la curación de heridas.
- Reducir la actividad de las células inflamatorias.
- Aumentar la regeneración ósea.
- Reducir la degeneración neuronal en los diabéticos.
- Provocar la expresión de genes beneficiosos.
- Promover el desarrollo de tejido conjuntivo, como ligamentos y tendones.
- Incrementar la cantidad de células madre en circulación por el organismo.
- Estimular la diferenciación de las células madre musculares, óseas y cutáneas.
- Mejorar la actividad de los glóbulos blancos en el sistema inmunitario.
- Catalizar la síntesis de la hormona del crecimiento.
- Regular los radicales libres (átomos de oxígeno considerados la principal causa del envejecimiento).
- Reparar la musculatura cardiaca al inducir a las células a agruparse y adherirse al tejido dañado.

Los biomarcadores como indicadores de salud

A medida que conozcas los fascinantes estudios que muestran el efecto de los campos energéticos en las células, te sentirás fascinado por su potencial curativo. Verás la posibilidad de mejorar tu salud y la de tus allegados de forma radical.

Para determinar el grado de salud del organismo, los científicos utilizan diversos marcadores biológicos debido a su correlación con la activación de los sistemas inmunitario e inflamatorio; entre ellos se encuentran la expresión génica, los niveles de la hormona del crecimiento (GH, por sus siglas en inglés), unos marcadores del envejecimiento llamados telómeros y la cantidad de células madre en circulación.

Las actividades saludables reducen la inflamación e incrementan la inmunidad. Para tener una buena salud es importante tener un sistema inmunitario sumamente funcional y tan poca inflamación sistémica como sea posible.

Las células madres son células «en blanco» que pueden convertirse en cualquier otro tipo de célula. Circulan a través del cuerpo y cuando necesitamos reparar células cutáneas por un corte en un dedo o tejido pulmonar dañado por el humo, estas células se convierten en el tipo de célula específica que se requiere. Pueden transformarse en células óseas, musculares, pulmonares o cutáneas, según las necesidades del cuerpo. Su versatilidad hace que sean extremadamente importantes para la sanación, y los investigadores utilizan un recuento de estas células como una referencia que indica la efectividad del sistema inmunitario.

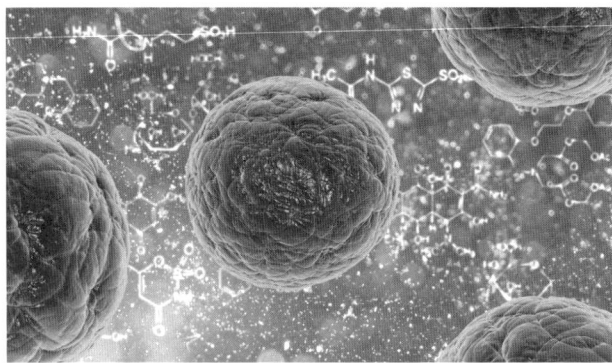

Las células madre son células «en blanco» que pueden convertirse en cualquier otro tipo de célula que el cuerpo requiera.

Otra sustancia de interés es la hormona del crecimiento o GH. A pesar de su denominación, su función no es hacernos crecer, sino reparar y regenerar las células. Cuando dormimos solemos producir más GH, ya que nuestro cuerpo repara los tejidos dañados por las actividades diarias. Para mantener el cuerpo joven, sano y fuerte se requieren niveles altos de GH. Los pacientes que carecen de vitalidad suelen tener niveles bajos de GH, de modo que los tratamientos que producen una mayor concentración de GH resultan beneficiosos para el organismo.

El estrés oxidativo es otro objeto de investigación habitual. El oxígeno que respiramos es estable al estar formado por dos átomos de oxígeno unidos (O_2). Sin embargo, los átomos de oxígeno libres que no están unidos a un segundo átomo dañan nuestras células. Se denominan radicales libres. Pues bien, se considera que el estrés oxidativo —el producto de los radicales libres— es la causa principal del envejecimiento.

Otra molécula muy estudiada es la telomerasa. Los telómeros son las terminaciones de los cromosomas en las células y se acortan lige-

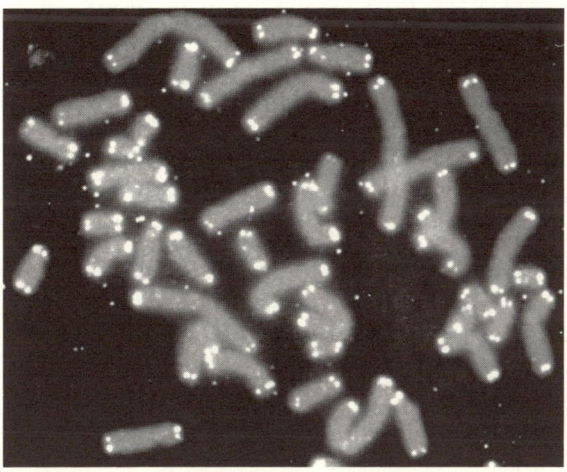

Los puntos brillantes visibles en los extremos de los cromosomas son los telómeros.

ramente cada vez que se produce una división celular. La telomerasa es una enzima que permite el alargamiento de los telómeros añadiendo moléculas de ADN a los extremos de estos. A medida que envejecemos, las cadenas de ADN de los telómeros se reducen a un ritmo de alrededor de un 1 % al año. Esto convierte la longitud de los telómeros en un marcador sumamente estable de la edad biológica.

Cuando la gente se estresa, las células mueren más rápidamente debido al desgaste de sus moléculas. Con el fin de reparar las células destruidas por el estrés, las células del cuerpo han de dividirse más a menudo para hacer sustituciones. Al producirse una división celular más frecuente, los telómeros se acortan más rápidamente. Los telómeros pierden longitud rápidamente en la gente estresada, mientras que la gente sana tiene telómeros largos. Esta es una de las razones por las que la gente estresada muere más joven que la gente que sabe cómo relajarse. Dado que los científicos pueden conocer nuestra edad biológica por la longitud de los telómeros, se trata de una prueba genética frecuente.

Las ondas cerebrales como ventanas de la mente

Aunque existen miles de estudios que revelan las ventanas de frecuencia del campo energético que afectan a las células y las moléculas, las que me interesan especialmente son las frecuencias generadas por nuestras propias ondas cerebrales, sobre todo delta, theta, alfa y gamma, ya que se trata de ritmos que se producen de forma natural en nuestro cuerpo. Cuando nuestras frecuencias cerebrales cambian, afectan a nuestro cerebro. Me fascina el hecho de que podamos cambiar nuestro ambiente celular por medio de las ondas cerebrales producidas por nosotros mismos.

Cuando enseño a la gente a meditar y hacer *tapping* se incrementan los niveles de estas cuatro ondas cerebrales. Se trata de frecuencias que puedes inducir tú mismo ¡sin necesidad de medicamentos, hierbas, creencias ni sustancias psicoactivas!

Un siglo de investigaciones ha demostrado que nuestro cerebro produce un campo energético mensurable como ondas cerebrales. También ha revelado que estados mentales como el que generamos durante la meditación y el *tapping* producen campos energéticos únicos. Ondas lentas como delta, theta y alfa, así como ondas sumamente rápidas como gamma, cambian de forma drástica cuando inducimos estos estados mentales. Al examinar los estudios asociados a cada una de estas cinco frecuencias de ondas cerebrales, de la más lenta a la más rápida, descubrirás una serie de acciones curativas que se relacionan con cada una de ellas.

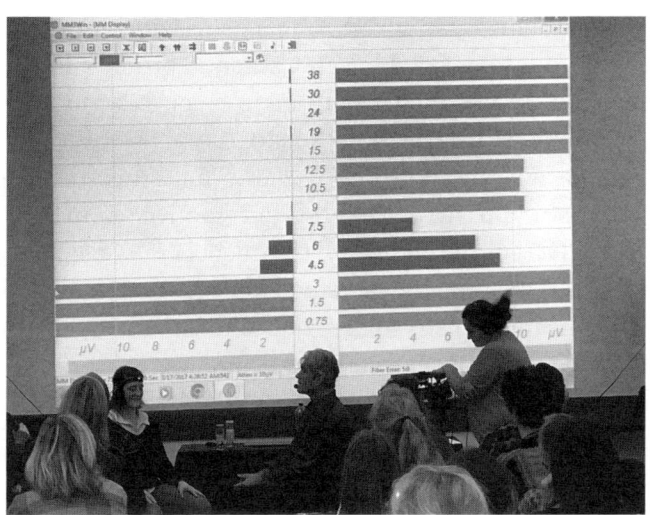

Participante de una conferencia conectada a un electroencefalógrafo durante una sesión de terapia en vivo. Toda la audiencia puede ver sus ondas cerebrales.

Delta

Se trata de la onda cerebral más lenta, con una frecuencia que oscila entre 0 y 4 Hz, y está asociada a numerosos cambios beneficiosos en los tejidos vivos. Estudios clave efectuados en cerebros normales han apuntado a algunas de las conexiones entre la sanación y las frecuencias situadas en el rango 0-4 Hz.

Un grupo de investigadores del sueño conectó a varios hombres a un electroencefalógrafo antes de que se acostaran a fin de estudiar los patrones del sueño (Gronfier *et al.*, 1996). Además de la lectura del EEG, se midieron los niveles de la hormona del crecimiento cada diez minutos. Los investigadores descubrieron que el punto álgido de ondas delta coincidía con los niveles de secreción de GH más altos.

En otro grupo de hombres de diversas edades, desde adolescentes a octogenarios, se encontró una asociación entre las ondas delta y la producción de GH (Van Cauter, Leproult y Plat, 2000). La generación de ambas iba reduciéndose con la edad. La GH se sintetiza durante la fase delta del sueño.

Ahmed y Wieraszko (2008) tomaron muestras de tejido vivo del hipocampo, la parte del cerebro que controla la memoria y el aprendizaje. Descubrieron que una frecuencia muy baja de la banda delta, 0,16 Hz, aumenta la actividad de las conexiones sinápticas en el hipocampo. Esto sugiere que la memoria y el aprendizaje podrían potenciarse por la actividad delta.

Unos investigadores de la Escuela de Medicina de la Universidad de Washington en San Luis (Misuri) estudiaron las β-amiloides, unas placas pegajosas características del alzhéimer que se sitúan entre las neuronas del cerebro (Kang *et al.*, 2009). Descubrieron que, durante el sueño, cuando el cerebro está principalmente en un estado theta y delta, la producción de β-amiloides cesa y el material tóxico se elimina. El efecto era mayor durante el sueño profundo, la fase del sueño en la que el cerebro está en delta.

Por otro lado, al analizar el ácido ribonucleico (ARN) y cinco proteínas implicadas en la producción de telomerasa, un grupo de investigadores descubrió una resonancia máxima de estas moléculas con la ventana de frecuencia de 0,19 y 0,37 Hz (Cosic, Cosic y Lazar, 2015). Lo más sorprendente de este estudio es que otras frecuencias no afectaban la telomerasa. La molécula era exquisitamente sensible a una estrecha ventana de frecuencia de delta.

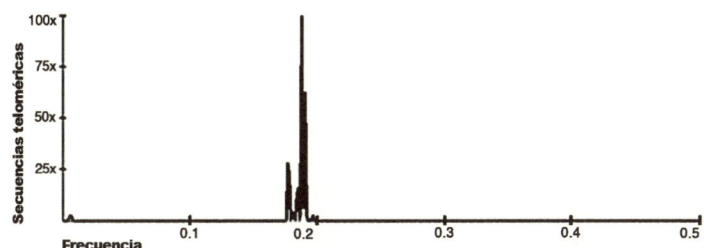

Los picos de resonancia de diez secuencias teloméricas se concentraban en torno a una ventana de frecuencia de 0,19 Hz.

Un equipo de investigación inspirado por el trabajo de Marko Markoff, quien ha publicado más de 100 informes científicos sobre el electromagnetismo biológico, descubrió que las frecuencias beta entre 0,5 Hz y 3 Hz estimulan la regeneración de las células nerviosas (Sisken, Midkiff, Tweheus y Markov, 2007).

Delta es una onda que vemos en las lecturas de EEG cuando la gente tiene una sensación de conexión con lo infinito. Suelen hablar de experiencias místicas en las que el yo local se funde con el ser no local. Los meditadores que muestran grandes amplitudes de delta se sienten conectados con la naturaleza, los seres humanos y lo infinito. Pierden la sensación de ser un individuo aislado o lo que Albert Einstein llamó la ilusión de la separación. Experimentan la unidad con todo lo que es.

Cuando el cerebro produce ondas delta estamos bañando nuestras células en una frecuencia que posee el potencial de generar una gama completa de cambios psicológicos beneficiosos en el ámbito celular, desde ampliar los telómeros e incrementar los niveles de GH, hasta regenerar las neuronas y limpiar el cerebro de placas β-amiloides. En el estado delta no solo tenemos una agradable experiencia subjetiva, sino que además creamos un entorno energético objetivo en el que el cuerpo puede regenerarse.

La gente que se halla en estados trascendentes, experimentando la unidad con la mente no local, muestra grandes amplitudes de ondas cerebrales delta.

Theta

Theta es la segunda onda más lenta, con un ritmo que oscila entre 4 y 8 Hz. Se trata de la frecuencia observada habitualmente en los sanadores. Becker (1990) descubrió que, cuando los sanadores estaban en medio de una sesión de sanación energética, theta era la onda predominante en el cerebro. Si bien antes de iniciar la sesión presentaban una prevalencia de beta o delta u otros patrones cerebrales indicadores de una conciencia ordinaria, una vez colocaban las manos por encima o cerca de la persona enferma y comenzaba la sanación, theta pasaba a ser la onda dominante.

Esto sucedía con independencia de la escuela a la que pertenecieran o sus creencias. Había maestros de qigong, chamanes nativos americanos, terapeutas cabalísticos, cristianos... Al margen de su tradición, sus cerebros adoptaban un ritmo theta cuando entraban en un estado propicio para la sanación.

Sesión de sanación.

Las ondas theta están asociadas a un gran número de cambios beneficiosos para el organismo. Un grupo de investigadores estudió el efecto de varias frecuencias en la reparación del ADN. Descubrieron que los campos electromagnéticos entre 7,5 Hz y 30 Hz eran capaces de mejorar la unión molecular (Tekutskaya, Barishev e Ilchenko, 2015) y, dentro de ese rango, 9 Hz era el ritmo más efectivo.

Existen múltiples estudios acerca de las células cartilaginosas de los seres humanos y los animales, ya que la reparación de estas células resulta esencial para el bienestar, como puede confirmar cualquiera que tenga un esguince de tobillo o un desgarro de ligamento. Pues bien, un grupo de investigación que utilizó electroimanes pulsantes descubrió que las células cartilaginosas humanas se regeneran con la frecuencia 6,4 Hz, justo en medio de la banda theta (Sakai, Suzuki, Nakamura, Norimura y Tsuchiya, 1991). Esta frecuencia también aumenta la actividad de los antioxidantes, las moléculas que neutralizan los radicales libres, considerados la causa principal del envejecimiento.

Un equipo de investigación de la Escuela de Medicina de Toho en Japón observó las características de los EEG de individuos que practicaban respiración abdominal profunda. Descubrieron que se elevaban los niveles de serotonina, el neurotransmisor del bienestar, y aumentaban igualmente las ondas theta, alfa y delta (Fumoto, Sato-Suzuki, Seki, Mohri y Arita, 2004). Otro estudio descubrió que las frecuencias que oscilan entre 5 y 10 Hz producían una mayor reducción del dolor de la espalda baja en 17 pacientes (Lee *et al.*, 2006).

Un par de científicos rusos examinaron los efectos de las frecuencias comprendidas entre 5,5 Hz y 16,5 Hz en moléculas de ADN en soluciones acuosas. Descubrieron que las moléculas eran más estimuladas a un ritmo de 9 Hz y que el efecto era más del doble que en las moléculas no tratadas del grupo de control (Tekutskaya y Barishev, 2013).

Alfa

Si has recibido una formación de neurorretroalimentación o biorretroalimentación, habrás oído hablar bastante de la onda alfa. Estos cursos están diseñados para enseñarte a inducir un estado cerebral alfa a voluntad. Su frecuencia oscila entre 8 y 13 Hz.

Alfa está en medio de la banda de frecuencias, con beta y gamma por encima y theta y delta por debajo. Maxwell Cade, el legendario pionero en la investigación del cerebro, sostenía que alfa constituye un puente entre las frecuencias altas y bajas. Beta refleja la actividad de la mente consciente, mientras que theta y delta representan la mente subconsciente e inconsciente. Cade creía que el puente alfa conecta la mente consciente con la sabiduría intuitiva del inconsciente y los recursos no locales del campo universal. Una persona realmente integrada es capaz de generar grandes amplitudes de alfa.

Resulta que alfa también aporta grandes beneficios a nuestro cuerpo. Mejora los niveles de los neurotransmisores que ejercen un impacto positivo en el estado de ánimo, como la serotonina. Se ha observado que el incremento de ondas alfa en un grupo de deportistas aumentó la serotonina y mejoró su estado de ánimo (Fumoto *et al.*, 2010). En otro estudio, unos meditadores zen obtuvieron los mismos beneficios al cultivar un estado alfa (Yu *et al.*, 2011).

La meditación produce cambios beneficiosos en las ondas cerebrales. El «puente alfa» es la llave que conecta nuestra mente consciente con nuestros recursos inconscientes.

En un estudio pionero se expuso el ADN a varias frecuencias y se descubrió que la frecuencia alfa de 10 Hz daba lugar a un incremento significativo de la síntesis de la molécula de ADN (Takahashi, Kaneko, Date y Fukada, 1986).

Las neuronas del hipocampo también se disparan en este rango (4-12 Hz), y a 10 Hz y frecuencias más altas, mejora la sinapsis en los circuitos relacionados con el aprendizaje y la memoria (Tang *et al.*, 1999). Otras regiones del cerebro también utilizan la banda 8-10 Hz para comunicarse, al oscilar entre esas frecuencias la actividad eléctrica de sus neuronas (Destexhe, McCormick y Sejnowski, 1993).

Alfa, por lo tanto, permite un máximo rendimiento del cerebro, facilita la expresión génica y mejora el estado de ánimo. Los sentimientos de expansión emocional de los que hablan los meditadores después de sus sesiones de meditación no son simplemente valoraciones subjetivas. Se trata de datos biológicos objetivos que pueden medirse en el ADN, los neurotransmisores y las ondas cerebrales.

Beta

Las ondas beta oscilan entre 13 y 25 Hz. Existen dos tipos de beta y numerosos investigadores modernos la dividen en dos tipos diferentes de onda. Beta baja (de 13 a 15 Hz), también llamada ritmo sensoriomotor (SMR), está asociada con la funciones básicas del organismo.

Por su parte, beta alta (de 15 a 25 Hz) está siempre presente en el cerebro pensante y se incrementa cuando nos centramos en una tarea. Mirar la mejor ruta hacia nuestro destino en el teléfono, escribir un post para un blog, asistir a clase de algún idioma o cocinar una receta complicada aumenta la amplitud de estas ondas.

El estrés genera amplitudes anormales de beta alta. Cuando discutes con un amigo, tienes que cumplir un plazo imposible en el trabajo, escuchas sonidos terroríficos en una casa oscura por la noche, recuerdas un trauma de la infancia o generas pensamientos negativos, tu cerebro entra en beta alto. Constituye la onda cerebral típica del estrés y está asociada a un incremento del cortisol y la adrenalina, así como a un gran número de reacciones adversas en el organismo. El miedo y la ansiedad producen beta alta, que inhibe un gran número de funciones celulares beneficiosas. El cuerpo envejece mucho más rápido cuando el cerebro está inundado de ondas beta de alta frecuencia.

Gamma

Gamma es la onda cerebral descubierta más recientemente. Está asociada con la integración de la información procedente de todas las partes del cerebro, así como con la coherencia con la que se sincroniza (Gray, 1997). Imagina que tienes una revelación acerca de un problema que llevaba inquietándote durante semanas; imagina la satisfacción de realizar una tarea difícil perfectamente; imagina la función cerebral sincronizada de un niño jugando: ahí está funcionando gamma. Comienza donde concluye beta, a 25 Hz, y puede llegar hasta 100 Hz o más.

Un equipo de investigadores diseñó un sistema generador de un campo electromagnético de una frecuencia extremadamente baja utilizando un transformador, un polímetro, bobinas solenoides, un teslámetro y una sonda (Razavi, Salimi, Shahbazi-Gahrouei, Karbasi y Kermani, 2014).

Un equipo dirigido por Li-Huei Tsai, del InstitutoTecnológico de Massachusetts (MIT), investigó el efecto de las ondas gamma en el alzhéimer. Pusieron a varios ratones en un laberinto mientras registraban las ondas cerebrales del hipocampo, la parte del cerebro responsable de la orientación espacial y la memoria. Cuando un ratón llegaba a un callejón sin salida, su cerebro mostraba una intensificación de gamma. Sin embargo, los cerebros de los ratones con predisposición al alzhéimer inducido genéticamente no reaccionaron de esa forma sino que produjeron menos gamma, con poca sincronización entre los grupos neuronales.

Después, los investigadores enfocaron luz con una frecuencia gamma de 40 Hz en los cerebros de los ratones y, al cabo de una hora, los niveles de las placas β-amiloides se habían reducido a la mitad. «Nos quedamos muy sorprendidos», afirmó Tsai (Iaccarino *et al.*, 2016).

Tratando de encontrar el mecanismo que provoca este efecto, esta científica descubrió que las ondas gamma habían movilizado un tipo de células cerebrales llamadas microglías. Se trata de las células carroñeras del cerebro: engullen las proteínas deformes y las células muertas. Tras la exposición a las ondas gamma, el nú-

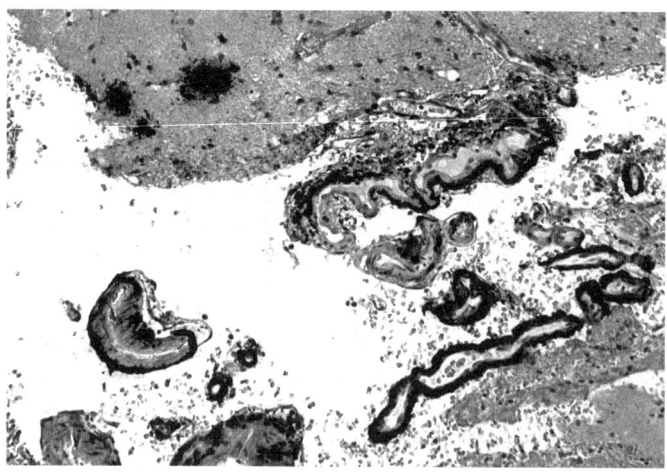

El alzhéimer produce placas en el cerebro que impiden la comunicación neuronal.

mero y tamaño de las microglías se duplicó y comenzaron a destruir las placas β-amiloides.

Vikaas Sohal, de la Universidad de California, afirma: «Si las oscilaciones gamma forman parte del software del cerebro, este estudio sugiere que controlar el software puede modificar el hardware» (Yong, 2016).

Un estudio piloto que utilizaba luz para estimular el hipocampo de cinco pacientes que presentaban el deterioro cognitivo propio del alzhéimer descubrió que los síntomas mejoraban (Saltmarche, Naeser, Ho, Hamblin y Lim, 2017). Nuevas versiones de esta tecnología combinan la estimulación con frecuencias de 10 Hz (alfa) y 40 Hz (gamma) (Lim, 2014, 2017).

Gamma está asociada con muchos otros cambios beneficiosos en nuestro organismo. Una frecuencia de 75 Hz es epigenética y activa los genes que producen proteínas antiinflamatorias en el cuerpo (De Girolamo *et al.*, 2013). En el extremo inferior del espectro de gamma, una frecuencia de 50 Hz origina un incremento de la producción de células madre, las células «en blanco» que se convierten en células musculares, óseas, capilares u otras células especializadas que se requieran (Ardeshirylajimi y Soleimani, 2015). La frecuencia de 60 Hz regula la expresión de los genes del estrés que codifican hormonas del estrés como el cortisol. La misma frecuencia también activa un gen clave llamado Myc que a su vez regula alrededor del 15 % de los otros genes del organismo (Lin, Goodman y Shirley-Henderson, 1994).

Las ondas beta de alta frecuencia, típicas de una conciencia estresada, en realidad suprimen la síntesis del ADN. En un experimento se expusieron células óseas a una frecuencia beta de 25 Hz y el resultado fue una inhibición del crecimiento; en cambio, las frecuencias gamma de 75 Hz o más, lo incrementaron. Se alcanzó un pico con una frecuencia de 125 Hz, en la que se produjo un porcentaje de crecimiento tres veces mayor que con la frecuencia beta (Ying, Hong, Zhicheng, Xiauwei y Guoping, 2000).

Estos estudios son orientativos más que definitivos, ya que, en muchos de ellos, las frecuencias fueron producidas por dispositivos externos como generadores de campo electromagnético pulsado (PEMF, por sus siglas en inglés). Otros, como los que establecen una conexión entre las ondas cerebrales y los cambios celulares, demuestran una asociación entre ambos fenómenos más que una causalidad.

El panorama más amplio, sin embargo, es que nuestros cuerpos son sensibles a las frecuencias generadas por nuestros cerebros, desde las ondas más lentas de delta a las más rápidas de gamma, y que mediante la comprensión de estas conexiones podemos usar nuestras ondas cerebrales para sanar nuestras células.

Cambio en la mente = cambio en el campo = cambio en las células

El número y la variedad de cambios celulares asociados con las ondas cerebrales es considerable. Una vez sabemos que las ondas cerebrales que generamos están produciendo grandes cambios en nuestro cuerpo, momento a momento, ¿cómo podemos dirigir el proceso en la dirección de una salud óptima?

Diversos estudios muestran que multitud de prácticas espirituales modifican las ondas cerebrales. El *mindfulness* aporta un sinfín de cambios beneficiosos en las ondas cerebrales. Un metaanálisis que incluyó 56 artículos y a un total de 1 715 participantes detectó un incremento de las ondas alfa y theta (Lomas, Ivtzan y Fu, 2015). Otra investigación muestra que la coherencia cardiaca produce ondas alfa y gamma incluso mientras reduce las bandas beta relacionadas con la ansiedad (Kim, Rhee y Kang, 2013). Por otro lado, practicar *mindfulness* durante tres meses contribuye al crecimiento de los telómeros (Jacobs *et al.*, 2011).

Mis propias investigaciones realizadas en los cursos avanzados de Joe Dispenza muestran que miles de personas son capaces de aumentar sus niveles de delta y gamma de forma rutinaria (Church,

Yang, Fannin y Blickheuser, 2016). También he monitorizado a meditadores conectados a un electroencefalógrafo en mis talleres de ecomeditación y he observado un incremento de ondas cerebrales gamma, alfa, theta y delta, mientras que la dispersión mental característica de beta desaparece.

La experta en EEG Laura Eichman comentó lo que había observado en una participante de un curso: «Los cambios que vi en las ondas cerebrales de Stephanie eran las típicas de las personas a las que monitorizamos ese día. Al cabo de diez minutos de práctica de ecomeditación, la gente se sintoniza con la energía de su corazón y la envía para que se conecte con otra persona. Vi un enorme incremento de la amplitud de delta y poco después de gamma. Las ondas gamma más altas estaban relacionadas con las delta más bajas.

»Había ajustado la lectura a una configuración estándar de 10 milivoltios, que es suficiente para medir la actividad habitual del cerebro. Pero el cerebro de Stephanie estaba produciendo tantas ondas delta que tuve que subirla a 20 milivoltios, pero tampoco eso era suficiente, de modo que tuve que ir aumentando a 30 y 40 milivoltios para poder registrar su actividad cerebral.

»Esta conexión entre las bandas de alta y baja frecuencia —delta y gamma— la hemos visto unas pocas veces en sanadores y videntes. Después pregunté a Stephanie por su experiencia y coincidía con el mapa de su cerebro. Habló de un "conocimiento interno" y de estar llena de luz».

La ecomeditación combina el *tapping*, el *mindfulness*, la coherencia cardiaca y la neurorretroalimentación en una combinación simple y elegante que integra los beneficios de todos estos métodos. Todos ellos son formas con las que podemos cambiar los campos energéticos en los que están reproduciéndose nuestras células.

Si te ofreciera una píldora que pudiera incrementar los niveles de células madre en circulación, alargar los telómeros, disipar las placas β-amiloides en el cerebro, mejorar los niveles de memoria y atención, potenciar la serotonina, reparar el ADN, regular la inflamación, potenciar el sistema inmunitario, regenerar las células cu-

La píldora mágica para aumentar la felicidad y el bienestar.

táneas, óseas, cartilaginosas y musculares, incrementar los niveles de GH para la reparación celular y mejorar las conexiones neuronales en el cerebro, ¿cuánto estarías dispuesto a pagar?

Pues bien, aunque es algo que no tiene precio, puedes conseguirlo gratis. La ecomeditación está disponible de forma gratuita en Internet desde hace más de una década y la han aprendido miles de personas en todo el mundo. Es irónico que lo que tal vez sea el mayor avance médico de nuestra generación esté disponible gratuitamente para todo el mundo, rico o pobre.

Todas las ondas cerebrales beneficiosas están a nuestra disposición siguiendo unas sencillas instrucciones. Al hacer esta elección, nuestros campos cambian y las 810 000 células que está creando nuestro cuerpo cada segundo se bañan en ondas procedentes de nuestro propio cerebro que promueven la salud.

La receta para la onda cerebral ideal

Existe un número infinito de estados cerebrales, siendo uno de ellos el producido por tu función mental habitual; se trata de la forma en que tu cerebro procesa la información. Te resulta familiar porque son amplitudes establecidas en las que el cerebro funciona normalmente: estás acostumbrado a una cierta amplitud de beta en relación con theta, alfa y delta.

Tu proporción personal de ondas cerebrales es como una receta. Tu combinación habitual es como la comida que consumes más a menudo: estás familiarizado con el olor, el sabor, la textura del plato y apenas notas que los estás comiendo.

Un estado cumbre es diferente. Es como una comida gourmet con ondas cerebrales exquisitas como ingredientes. Cuando añades más delta, te sientes uno con el universo; cuando añades más theta, experimentas una oleada de sanación; cuando aumentas la amplitud de alfa, tu mente consciente y subconsciente comienzan a comunicarse entre sí.

Tal vez tu receta persona habitual (expresada en µV o microvoltios) sea la siguiente:

- Beta: 20.
- Alfa: 25.
- Theta: 30.
- Delta: 100.

Esta suele ser una combinación bastante normal. No hay nada malo en ella y normalmente la mayor parte de los cerebros de la gente está dentro de ese rango.

Cuando tienes una experiencia cumbre, sin embargo, las cifras cambian. La receta que experimenta tu cerebro cuando accedes a un estado elevado es diferente. Alfa sube de 25 a 60 µV, las ondas beta relacionadas con las preocupaciones se reducen de 20 a 5 µV. Theta y delta aumentan a 50 y 200 µV, respectivamente. Vives una profunda experiencia interna de conexión con el campo infinito y te sientes uno con todos los seres. Este estado podría desencadenarlo alguna de las siguientes circunstancias:

- El primer día de primavera.
- Una película inspiradora.
- Tu canción favorita.
- Un bebé cogiéndote el dedo.
- Un masaje podal.
- Un momento tierno con un amigo.
- Una conversación inspiradora.
- Correr durante un kilómetro y pico.
- Recibir un aplauso tras una intervención.
- La taza de café perfecta.
- Un nuevo libro de tu autor favorito.
- Acabar una tarea que tenías pendiente desde hace tiempo.
- Contemplar el espacio vacío después de haber tirado trastos.
- La sonrisa de una persona desconocida.
- Meter un balón en la canasta.
- Presenciar el nacimiento de un cachorro.
- Un atardecer perfecto.
- Enamorarte.
- Un paseo por la playa.

De forma accidental y debido a estímulos externos has experimentado una nueva receta cerebral y te sientes divinamente. Si en ese momento de experiencia cumbre te conectaras a un electroencefalógrafo, esa receta sería algo parecido a esto:

- Beta: 5.
- Alfa: 60.
- Theta: 50.
- Delta: 200.

Fíjate en la diferencia entre esas cifras y las de tu receta cotidiana. La beta alta relacionada con el estrés ha desaparecido, mientras que alfa, theta y delta se han disparado. Tienes una proporción de ondas completamente diferente, ya que el cerebro procesa la información de una manera nueva.

Cuando probamos un poco de una receta gourmet, el paladar se asombra de su exquisito sabor y saboreamos cada bocado; se trata de una receta poco familiar y exótica. Del mismo modo, no estamos acostumbrados a la proporción de ondas cerebrales que experimentamos en un estado cumbre: se trata de algo especial.

Podríamos describirlo de diversas maneras: estar en la zona, vivir un estado trascendente, elevado o alterado, sentir enamoramiento o euforia, canalizar un ser descarnado, recibir la visita de un ángel, estar tocando el cielo, experimentar un momento mágico, tener una experiencia cumbre o ver un guía espiritual; pero cualquiera que sea la etiqueta que le pongamos, reconocemos que se trata de una experiencia especial. Estamos probando una receta que es mucho más deliciosa que nuestra comida habitual. Al no

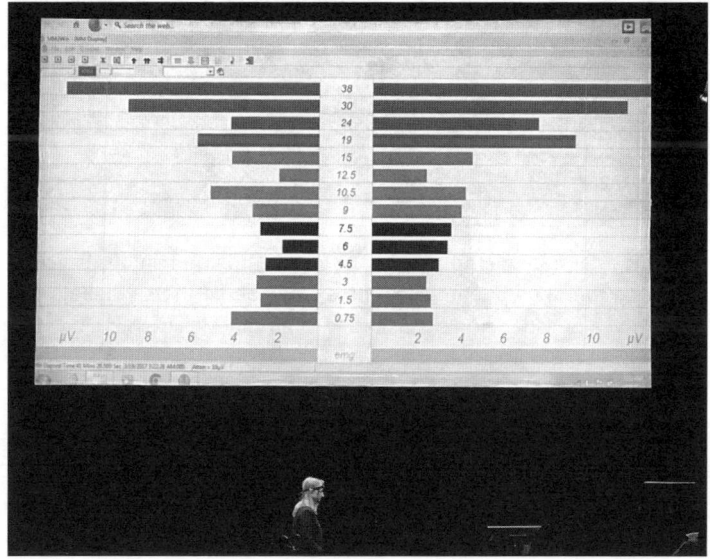

La receta habitual de ondas cerebrales de este participante del taller presenta un gran cantidad de ondas beta inducidas por el temor, pocas theta y delta, y solo un pequeño puente alfa.

parecernos propia de nosotros, podríamos pensar que se trata de una visita divina o de una personalidad separada de la nuestra.

Sin embargo, es tu cerebro el que ha creado esa receta, aunque sea por un instante, y el cerebro que crea esa proporción particular de ondas cerebrales es capaz de reproducirla: puede entrenarse para este fin.

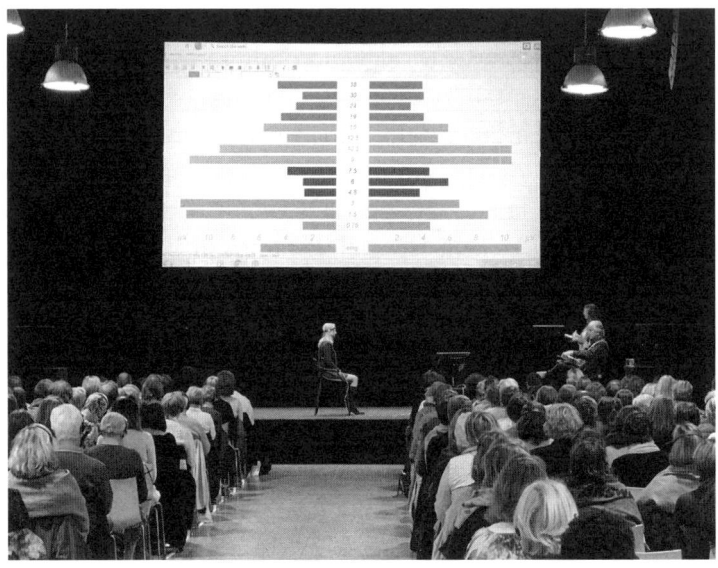

Después del tratamiento puede observarse una gran intensificación que forma un puente alfa, una expansión de theta y delta, y la desaparición de las grandes amplitudes de beta.

Cuando conectamos a un participante a un electroencefalógrafo por primera vez durante los cursos, podemos apreciar las combinaciones de ondas cerebrales que representan sus recetas personales. A menudo se encuentran estresados y ansiosos, con una gran cantidad de ondas beta de alta frecuencia. Tienen poca actividad alfa, theta o delta. Para ellos es normal ese estado separado de su inconsciente y del universo, sin un puente alfa.

Pero, después del tratamiento, el modo en que su cerebro procesa la información cambia completamente. Han probado una nueva receta y les gusta. Tienen un gran puente alfa que conecta su mente consciente e inconsciente. Están en contacto con la frecuencia sanadora de theta y la frecuencia trascendente de delta.

Si podemos persuadirlos de practicar este estado de forma regular, con sus cerebros disfrutando de la deliciosa receta de sus nuevas ondas, comienzan a acostumbrarse a sentirse bien y esa sensación de bienestar se convierte en su nueva normalidad. Con el tiempo, esa receta gourmet se convierte en su menú cotidiano y su cuerpo se baña en los campos sanadores todos los días.

He aquí un ejemplo de un participante de un curso que vivió una experiencia transformadora cuando su cerebro accedió a este estado elevado.

ESCUCHAR EL ROMPER DE LAS OLAS DESDE LA DISTANTE ORILLA

Harold, un oficial de alto rango de Naciones Unidas, se encontraba en medio de una crisis profunda: tres meses antes se había desmayado en plena negociación por el secuestro de unos rehenes. Sus médicos le advirtieron de que estaba estresado y, aunque no encontraron nada en su cuerpo de 52 años, le recomendaron descansar y aprender a meditar. Ya se había recuperado por completo con la excepción de la audición, que se había visto seriamente afectada desde aquel episodio del desmayo. Las pruebas indicaban que había perdido el 80 % de audición en su oído izquierdo.

Así pues, decidió asistir a una formación de fin de semana que yo estaba impartiendo en el Instituto Esalen en Big Sur (California). Harold llevaba asistiendo a diversos cursos en este Instituto desde hacía quince años y la combinación de masajes, bañera de hidromasaje, alimentos de la huerta y vistas oceánicas solía rejuvenecerlo.

Cuando lo conocí me impresionó por su inteligencia, su humor y su expansiva visión del mundo. Estaba felizmente casado desde hacía tiempo, había escrito un libro superventas, tenía un exitoso hijo, prestigio profesional y todas las necesidades materiales cubiertas, pero le atormentaba la idea de que había dado un giro equivocado en algún momento de su vida. Quería hacer una sesión de *coaching* para decidir si retirarse anticipadamente de su estresante trabajo y desarrollar un plan de salud sólido.

Harold se presentó voluntario para hacer una demostración de *coaching* delante de todo el grupo, con la intención de que le ayudara a crear los cambios que deseaba.

Antes de empezar utilizamos un conjunto de pruebas para valorar el grado de bienestar de los participantes. Las pruebas incluyen valoraciones psicológicas de depresión, ansiedad, dolor, felicidad y trastorno por estrés postraumático (TEPT). También establecimos el perfil psicológico de Harold. Las pruebas incluían el nivel de cortisol (la principal hormona del estrés), la inmunoglobulina secretora A (SIgA), un marcador inmunológico clave, y el ritmo cardiaco en reposo. Conectamos a Harold a un electroencefalógrafo durante la sesión para monitorizar sus ondas cerebrales.

Delante del grupo, Harold describió su temor a envejecer, enfermar y dejar de ser alguien relevante. Contó lo mucho que le había impactado perder el conocimiento abruptamente durante la negociación del secuestro: «De pronto me caí al suelo»; aunque había aceptado la pérdida de audición, le preocupaba que fuera el comienzo de un deterioro físico progresivo.

Mientras trabajábamos juntos, Harold comenzó a relajarse y a sintonizar con sus emociones. El ritmo respiratorio se hizo más lento y sus músculos se relajaron. Las lecturas del EEG mostraban una intensificación de ondas theta y delta, frecuencias alfa expandidas y una reducción de beta, lo que indicaba que estaba saliendo de su mente dispersa y ansiosa, y armonizándose con su intuición y sus sensaciones corporales. Al ir cambiando su mente, sus funciones cerebrales también se transformaron.

> Nos enfocamos en sus miedos y decepciones e identificamos los objetivos que podría lograr si combinaba relajación con creatividad. La psicología energética le ayudó a resolver todas las emociones desbocadas que quedaban de su crisis de salud, mientras que el *coaching* le ayudó a clarificar las oportunidades que tenía por delante y los nuevos objetivos que podía marcarse.
> Finalmente, le pregunté:
> —¿Cómo está ahora ese 80 % de pérdida auditiva?
> Me miró sorprendido.
> —Ha desaparecido casi por completo, tal vez esté a un 15 %... —respondió.
> —¿Cómo sabes que se trataba de un 80 % de pérdida? —le pregunté.
> —Me lo dijo el médico —afirmó—; es un diagnóstico médico.
> —Vamos a trabajar en esa creencia —sugerí.
> Y nos centramos en creencias como «es un diagnóstico médico» y «si lo dice el médico, será verdad».
> Después de trabajar para cuestionar esas creencias, volví a preguntarle sobre su oído izquierdo. Cerró los ojos para concentrarse intensamente en su audición y, de pronto, los abrió como platos. Casi gritando exclamó: «¡Puedo oír las olas que rompen en la orilla! ¡Llevo viniendo quince años y nunca había oído el océano! ¡Ahora sí puedo!».

LA PRÁCTICA ACOSTUMBRA AL CEREBRO A UN ESTADO DE EQUILIBRIO

En mis retiros de ecomeditación enseñamos a la gente a alcanzar estos estados cumbre el primer día por la mañana. No es difícil si le ofreces al cuerpo la combinación correcta de señales. Al principio, los participantes tardan alrededor de cuatro minutos en conseguir la receta y, durante la sesión de la tarde, ya lo logran en 90 segundos.

Se sienten maravillosamente bien y creen que han llegado al cielo cada vez que cierran los ojos y empiezan a meditar y, sin embargo, ese estado cerebral es solo el principio. A continuación les enseñamos a evocar la receta mágica con los ojos abiertos, primero, en la sala de meditación, y, una vez alcanzan un estado estable de ecomeditación en ese lugar seguro, también en el exterior.

Caminan por la sendas o jardines aprendiendo a mantener ese estado. Regresan a la sala de meditación y vuelven a cerrar los ojos, aumentando la amplitud de alfa. Y de este modo, seguimos alternando dentro y fuera, ojos abiertos y ojos cerrados, una y otra vez.

Después del tercer día suelen ser capaces de mantener el nuevo estado con los ojos abiertos fuera de la sala. En esa fase hemos comenzado a instaurar una nueva normalidad. Una médica llamada Susan Albers lo describe de esta forma: «La mañana siguiente al curso fue la primera vez que conseguí meditar en mi vida y tengo 52 años. No suelo relajarme nunca y en ese momento sí lo estaba ¡qué revelación!».

Otra participante, Maaike Linnenkamp, comentó: «La ecomeditación hace que esté más calmada, más relajada y me aporta claridad mental. Me ha parecido una experiencia potente romper el proceso del pensamiento y deshacerme de los recuerdos desagradables en los que suelo pensar. Por primera vez en mi vida recordar situaciones negativas no me generó ansiedad. No me lo podía creer cuando se lo contaba más tarde a un amigo, y sigo sin sentir ansiedad. Estoy sumamente agradecida y pienso aplicar esta técnica de forma regular».

Susan, Maaike y sus amigos han aprendido a elaborar esa receta gourmet de ondas cerebrales y la han convertido en el alimento cotidiano de su cerebro. Lo han entrenado para que pueda cocinar ese suculento plato de forma regular. Al igual que resulta complicado volver a beber vino malo una vez has catado el bueno o volver a usar telas ásperas una vez has disfrutado de microfibras suaves o volver a usar tu móvil antiguo habiéndote acostumbrado a las prestaciones del último modelo, resulta duro volver a la receta cerebral anterior. Tu estado cerebral previo es ahora el extraño: has actualizado tu cerebro.

Participantes de un curso de ecomeditación en el Instituto Esalen de California.

LOS ESTADOS CEREBRALES COHERENTES REGULAN LA EXPRESIÓN GÉNICA

He participado en multitud de estudios, como investigador principal, que muestran el efecto de la sanación emocional tanto en los síntomas físicos como psicológicos. Mi último trabajo examina los efectos epigenéticos de la reducción del estrés. Pues bien, el número y la importancia de los genes afectados es increíble.

Después de que el primer grupo de veteranos estadounidenses regresara de Irak y Afganistán, algunos terapeutas me comentaron que estaban tratando a muchos clientes que padecían TEPT. La Dr. Linda Geronilla, una psicóloga clínica de la Escuela de Medicina de la Universidad de Marshall, me contó que, en unas pocas sesiones de *tapping* con los veteranos, los síntomas de TEPT, como pesadillas, recuerdos recurrentes e hipervigilancia, desaparecieron.

Linda y yo diseñamos un estudio para determinar si la EFT era efectiva en el tratamiento del TEPT. En nuestro estudio piloto participaron solamente siete veteranos, pero tuvo tanto éxito que conseguimos obtener una relevancia estadística (Church, Geronilla y Dinter, 2009). Cuando consigues una relevancia estadística (lo cual implica que existe solo una posibilidad entre 20 de que los resultados sean fruto del azar) con una muestra pequeña significa que el tratamiento es sumamente efectivo.

Así pues, junto con un grupo de colegas inicié un ensayo controlado aleatorizado a escala nacional en el que comparamos a un grupo de veteranos que estaba siguiendo un tratamiento convencional para el TEPT, generalmente en un hospital para veteranos, con otro grupo que recibía un tratamiento convencional además de EFT.

Aunque llevó varios años concluir el estudio, los resultados fueron los mismos: los síntomas del TEPT se reducían alrededor de un 60 % (Church *et al.*, 2013). Una vez se hubo publicado, Linda dirigió una reproducción del estudio con resultados casi idénticos (Geronilla, Minewiser, Mollon, McWilliams y Clond, 2016).

Dados los resultados, me preguntaba qué estaría sucediendo en los cuerpos de estos veteranos, especialmente en el ámbito del genoma. De este modo en 2009 inicié un estudio acerca de la expresión génica en los veteranos que recibían diez sesiones de EFT. Aunque el estudio duró seis años, finalmente mostró que seis genes del estrés se habían regulado, la inflamación se había reducido y la inmunidad se había reforzado (Church, Yount, Rachlin, Fox y Nelms, 2016).

La EFT produce cambios genéticos espectaculares

Mi amiga Beth Maharaj, una imaginativa psicoterapeuta, diseñó un estudio pionero para su tesis doctoral. Había descubierto un nuevo tipo de prueba genética. Aunque los ensayos clínicos anteriores requerían muestras de sangre de los veteranos, la nueva prueba estaba basada en la saliva. Los participantes solamente tenían que escupir en una taza y ello nos permitía medir la expresión de cientos o incluso miles de genes.

Beth realizó una sesión de placebo a cuatro sujetos durante una hora y, al cabo de una semana, una sesión de EFT también de una hora y comparó las muestras de saliva antes y después de cada sesión. Pues bien, descubrió que la EFT lograba la regulación de nada menos que 72 genes (Maharaj, 2016), cuyas funciones resultaron ser fascinantes. Entre ellas podemos citar:

- Supresión de tumores cancerosos.
- Protección contra la radiación ultravioleta.
- Reducción de la resistencia a la insulina asociada a la diabetes tipo 2.
- Inmunidad frente a las infecciones oportunistas.
- Actividad antiviral.
- Conectividad sináptica entre neuronas.
- Creación de glóbulos rojos y blancos.
- Mejora de la fertilidad masculina.
- Creación de sustancia blanca en el cerebro.
- Regulación del metabolismo.
- Incremento de la plasticidad neuronal.
- Fortalecimiento de las membranas celulares.
- Reducción del estrés oxidativo.

Estos cambios en la expresión génica fueron sustanciales y cuando Beth volvió a examinar a los participantes al día siguiente, persistían alrededor de la mitad de estos efectos: una gran recompensa por solo una hora de terapia.

La meditación regula los genes del cáncer

Inspirado por el ejemplo de Beth, mi amigo Joe Dispenza decidió examinar a los participantes de uno de sus talleres avanzados. Conseguí muestras de saliva de 30 personas y cuando obtuvimos los resultados del laboratorio observamos un incremento significativo de la expresión de los ocho genes durante los cuatro días de meditación.

Junto con un equipo de investigación examiné los datos de más de 100 EEG procedentes de otro curso de Joe. Descubrimos que, tras una práctica de cuatro días, la gente accedía a un estado meditativo un 18 % más rápido y que la proporción entre las ondas beta, relacionadas con la ansiedad, y las delta, relacionadas con la integración, había mejorado en un 62 % (Church, Yang *et al.*, 2016).

Cuando el cerebro de la gente se regulaba a través de las poderosas prácticas de meditación propuestas por Joe, los genes también cambiaban. Las funciones de los ocho genes en los que se detectaron cambios constituyen claros ejemplos de una transformación fisiológica. Están implicados en la neurogénesis, el desarrollo de nuevas hormonas como respuesta a nuevas experiencias y aprendizaje, y también se encargan de proteger al cuerpo frente a los elementos que causan envejecimiento celular.

Varios de estos genes regulan la reparación celular, incluyendo la capacidad de conducir a las células madre a los lugares del cuerpo donde pueden reparar tejido dañado o envejecido. Estos genes también intervienen en la construcción de estructuras celulares, especialmente el citoesqueleto, la estructura de moléculas rígidas que da forma a las células.

Tres de estos ocho genes ayudan a nuestro cuerpo a identificar y eliminar células cancerosas, lo que inhibe el desarrollo de tumores malignos. Sus nombres y funciones son las siguientes:

El **CHAC1** regula el equilibrio oxidativo en las células. El glutatión constituye un elemento clave en la reducción de los radicales libres y el CHAC1 contribuye al control de los niveles de glutatión en las células (Park, Grabińska, Guan y Sessa, 2016); pero el CHAC1 ejerce además otras funciones: también ayuda a la formación y el desarrollo óptimo de las células neuronales (Cantagrel *et al.*, 2010). Se cree que igualmente contribuye a la formación adecuada de las moléculas proteínicas que regulan la oxidación y la formación de neuronas.

El **CTGF** (factor de crecimiento del tejido conjuntivo) representa un papel importante en numerosos procesos biológicos (Hall-Glenn y Lyons, 2011) que van desde la curación de heridas al desarrollo de los huesos y la regeneración del cartílago y otros tejidos conjuntivos. El CTGF contribuye a que las células de repuesto se trasladen a los lugares donde se ha producido un daño o lesión en el cuerpo. Regula el desarrollo de nuevas células y la unión de unas células con otras durante el proceso de curación. La expresión reducida de este gen está asociada con el cáncer y con enfermedades autoinmunes como la fibromialgia.

El **TUFT1** ejerce una diversidad de funciones en la reparación celular y en la curación (Deutsch *et al.*, 2002). Ayuda a regular el funcionamiento de un tipo de células madre. Durante el desarrollo infantil de los dientes, el **TUFT1** inicia el proceso de mineralización del esmalte. También se cree que participa en la regulación de los niveles de oxígeno en las células y la diferenciación de las neuronas.

El **DIO2** es un componente importante para la función de numerosos tipos de tejido cerebral y endocrino (Salvatore, Tu, Harney y Larsen, 1996). Además de ser un gen prevalente en el tejido tiroideo, está altamente expresado en otros tejidos, sincronizando las células locales con la función tiroidea. Contribuye a regular el metabolismo al reducir la resistencia a la insulina, que a su vez disminuye el riesgo de enfermedades metabólicas (Akarsu *et al.*, 2016), al tiempo que representa un papel en el ansia y la adicción. Igualmente ayuda a regular el ánimo, especialmente la depresión.

El **C5orf66-AS1** es un gen asociado a la supresión de tumores (Wei *et al.*, 2015). Codifica un tipo de ARN que actúa identificando y eliminando células cancerosas del organismo.

El **KRT24** codifica la síntesis de una molécula proteínica que aporta a las células su estructura. También ayuda a estas moléculas a organizarse en grupos ordenados (Omary, Ku, Strnad y Hanada, 2009) y suprime ciertos tipos de células cancerosas como las implicadas en el cáncer colorrectal (Hong, Ho, Eu y Cheah, 2007).

El **ALS2CL** es un tipo de genes que suprime los tumores, especialmente los que contribuyen a un tipo de cáncer llamado carcinoma de célula escamosa, que afecta a la cabeza y el cuello (Lee *et al.*, 2010).

El **RND1** ayuda a las células que se encuentran en la fase de desarrollo a organizar las moléculas que les aportan una estructura rígida. El RND1 también cataliza el crecimiento de las partes de las células neuronales que establecen conexiones con otras neuronas. Asimismo, suprime ciertos tipos de células cancerosas como las que se encuentran en el cáncer de garganta y de mama (Xiang, Yi, Weiwei y Weiming, 2016).

Las nuevas tecnologías nos están permitiendo asomarnos al núcleo de nuestras células y al flujo de información de nuestro cerebro y conocer qué sucede durante una sesión de EFT, de meditación y de otras prácticas de reducción del estrés. Lo que estamos descubriendo es que los cambios que producen estas técnicas en el cuerpo están lejos de ser insignificantes. Está constatándose que los cambios en la mente originan cambios profundos en la materia de la que está formada nuestro cuerpo.

Bryce Rogow es un antiguo marine estadounidense que sirvió en cuatro despliegues militares en Irak. Estuvo presente en algunos de los combates más encarnizados, donde fue testigo de horrores y matanzas. Después de retirarse a causa del TEPT, inició una búsqueda de autocuración. He aquí su historia.

DE UNA ZONA DE COMBATE A LA PAZ INTERIOR

Por Bryce Rogow

Muchos de mis amigos afirman que soy una contradicción viviente: por un lado, un buscador espiritual —he practicado meditación en un monasterio zen en Japón, he aprendido medicina holística con los mejores sanadores del mundo y soy profesor de yoga— y, por otro lado, un veterano que ha participado en cuatro despliegues militares como médico con los marines de los Estados Unidos. Cuando salí del Ejército me diagnosticaron TEPT y, después de un tiempo de sentirme perdido y desesperado, me embarqué en un viaje de autodescubrimiento y sanación, con la intención de aprender las técnicas más efectivas para aplacar el fuego del malestar físico y mental.

Mi primer despliegue con un batallón de reconocimiento de los marines (la versión de las fuerzas especiales de los marines) me condujo a la segunda batalla de Faluya en noviembre de 2004, un ataque masivo a una ciudad, que se ha descrito como el combate urbano más intenso que han visto las Fuerzas Armadas estadounidenses desde la ciudad de Hue, en Vietnam.

Todos los que intervinimos en el despliegue llevamos con nosotros imágenes que permanecerán en nuestra mente para el resto de nuestras vidas y con las que tenemos que aprender a vivir.

En lo que a mí se refiere, la primera imagen de este tipo llegó cuando mataron a un amigo de mi unidad mientras desenterraba un IED (artefacto explosivo improvisado), una de las bombas caseras que los insurgentes enterraban en los campos y caminos.

Mi método para mantenerme cuerdo, además de volverme adicto a los calmantes, a los que tenía acceso como médico, era aceptar el hecho de que, en realidad, yo ya estaba muerto, y me recordaba constantemente que ya no importaba nada de lo que me ocurriera.

Cuando me despidieron con honores del Ejército en 2008 me sorprendía haber sobrevivido a la guerra. Esperaba sentir un enorme alivio al liberarme de la posibilidad de futuros despliegues, pero esa sensación no llegó nunca. Mientras caminaba o conducía por diversas ciudades de Estados Unidos sentía la misma tensión y temor que había experimentado en Irak.

Durante bastante tiempo fui enormemente dependiente del alcohol y, medicamentos como el clonazepan, recetado por bienintencionados psiquiatras del hospital para marines, sustancias extremadamente adictivas que te llevan a desarrollar conductas arriesgadas.

Después de dejar todo eso, me di cuenta de que necesitaba empezar a ayudarme a mí mismo y decidí aprender meditación con un auténtico maestro asiático, de modo que viajé a Japón para entrenarme en un monasterio tradicional zen llamado Sogenji, en la ciudad de Oka-

> yama. Pasarme horas en la posición de medio loto me recordaba a las «posiciones de estrés» que usábamos durante las técnicas de interrogatorio mejoradas, después de que se prohibiera el uso del «submarino».
> Me siento profundamente agradecido a Shodo Harada-Roshi, un verdadero maestro zen moderno, por ofrecerme esa experiencia. Sin embargo, después de marcharme del monasterio, me di cuenta de que no iba a poder mantener ese nivel de meditación por mi cuenta y de que necesitaba algún método más fácil y rápido, así como una mejor comprensión de mi mente y de mi cuerpo para hacer de la práctica meditativa una parte útil de mi vida.
> Me quedé muy sorprendido cuando un día buscando en Internet topé con un tal Dawson Church, que justamente ofrecía el programa que estaba buscando, una «meditación de meditaciones» que él llama ecomeditación.
> Cuando encontré la ecomeditación, simplemente leí las instrucciones de la página web y seguí los pasos sugeridos y, al cabo de dos minutos, me encontré activando múltiples recursos curativos y accediendo a un estado de profunda relajación y bienestar que anteriormente solo conseguía después de horas, si no de días y semanas, de meditación.

En efecto, Bryce se ha convertido en un apasionado defensor de la ecomeditación en el Departamento de Asuntos de los Veteranos en su firme creencia de que deberían facilitarse métodos simples y baratos de autoayuda para los veteranos de guerra.

Miles de personas han seguido los siete sencillos pasos propuestos en EcoMeditation.com y han vivido es misma experiencia de paz profunda e inmediata que tuvo Bryce. Al investigar los cambios físicos de estas personas descubrimos que se reducen sus niveles de cortisol y disminuye el ritmo cardiaco (Groesbeck *et al.*, 2016); también se incrementan los niveles de hormonas relacionadas con el sistema inmune y con la felicidad, mientras que la depresión, la ansiedad y el dolor disminuyen de forma significativa. La paz interior reduce el estrés y produce cambios beneficiosos en el cuerpo, incluso en el ámbito de la expresión génica.

Tu estado interior es tu realidad genética

Hoy en día está de moda realizarse pruebas genéticas. Numerosas personas son conocedoras de sus genes y de su predisposición a enfermedades específicas basada en su perfil genético. En mis talleres, la gente suele preguntarme: «Tengo el gen XYZ. ¿No significa eso que estoy destinado a contraer la enfermedad XYZ?»

Aunque a la gente le preocupan mucho los resultados de las pruebas genéticas, como hemos visto previamente, algunos genes cambian de forma espectacular con la práctica del *tapping* y la meditación.

Pero tus genes no determinan tanto tu destino como lo que haces con ellos. Si sometes tu cuerpo a grandes niveles de estrés durante largos períodos de tiempo, incrementas la expresión de genes relacionados con el cáncer.

Pero, si haces lo contrario y practicas *tapping* y meditación todos los días, te sentirás menos estresado y en consecuencia se modificará la expresión de tus genes. Cuando las 810 000 células que se forman cada segundo nacen en un campo energético de amor y bondad, su expresión génica está regulada por dicho campo.

La influencia que ejerce la mente en la materia no es una abstracta proposición metafísica, sino un hecho físico, tan material como nuestros cuerpos. Pensamiento a pensamiento, momento a momento, nuestras mentes están creando los campos energéticos en que se reproducen nuestras células. Los pensamientos positivos aportan a las células un entorno energético en el que pueden prosperar; los pensamientos que nutren nuestras células y las regeneran se convierten en un material molecular floreciente. La energía es epigenética y regula el proceso de la vida y la sanación. Cuando elevamos nuestra conciencia al infinito, generando la receta energética de la luminosidad en el cerebro, las células se adaptan al formato energético inspirado que les proporcionamos.

PON EN PRÁCTICA ESTAS IDEAS

Actividades que puedes practicar durante la semana:

- Practica el altruismo:

    Hoy sonríe a alguna persona que no conozcas.
    Da las gracias al personal que te atiende en las tiendas.
    Ten algún gesto amable con algún allegado.

- Envía una pequeña carta o correo electrónico a alguien a quien aprecies.
- Escucha el audio de ecomeditación en el móvil mientras caminas, corres o haces ejercicio.

Capítulo 5

El poder de la mente coherente

Estoy tumbado en una playa de Hawái. Es un día precioso, con un cielo despejado y una brisa ligera que riza el agua. Hay niños jugando a mi alrededor y veraneantes felices chapoteando en el agua; algunos bañistas hacen snorkel y observan la colonia de tortugas situadas en el arrecife próximo a la costa, otros surcan la bahía en kayak o practican paddle surf.

He venido a Hawái con la intención de terminar mi libro. El plazo de entrega se aproximaba peligrosamente y no había avanzado mucho en casa, dividido entre las exigencias de educar yo solo a mis dos hijos y dirigir un negocio que requiere mucha dedicación. Escapar a Hawái parecía una buena forma de darme el espacio para acabar el texto.

Después de haber trabajado toda la mañana decidí tomarme un descanso. Había estado trabajando con tesón en el ordenador, observando la feliz escena y la playa. Mi mente decía: «¡Estás en Hawái! ¿Por qué sigues aquí sentado encerrado en este oscuro apartamento en lugar de estar en la playa?».

Después de que esos pensamientos me acosaran durante horas, sucumbí a su lógica y me encaminé hacia la playa.

Ahora estoy tumbado en la cálida arena y mi mente comienza a parlotear de nuevo: «¿Qué haces en la playa? Has venido a Hawái a escribir un libro y, en lugar de eso, estás tumbado sin hacer nada».

«Es cierto», reflexiono; así pues, suspiro, enrollo la toalla y regreso al apartamento.

Ese es el doble vínculo en el que vivimos. Nuestro juez interno nos critica hagamos lo que hagamos. Cuando escribía en el apartamento, ese juez interno me atacaba por no estar disfrutando de la playa y, tan pronto como salía, comenzaba a fustigarme por no estar escribiendo: mal si escribía y mal si no escribía. Nada de lo que hiciera contentaba a mi crítico interno. Muchos de nosotros estamos atrapados en una rueda de hámster parecida de pensamientos negativos incesantes.

Los pensamientos negativos asedian la mente

Un estudio sobre personas psicológicamente estables descubrió que generaban alrededor de 4 000 pensamientos definidos cada día. Entre el 22 y el 31 % eran pensamientos no deseados e intrusivos, mientras que el 96 % eran pensamientos repetitivos acerca de las actividades diarias (Klinger, 1996). El Programa de Bienestar de la Clínica Cleveland afirma que el 95 % de los pensamientos son repetitivos, y el 80 % de ellos, negativos.

Hace dos mil años, Buda identificó la mente como la fuente del sufrimiento. En el Bhagavad Gita, Arjuna se lamenta: «La mente es inconstante ¡Oh, Krishna! Agitada, fuerte y obstinada». La mayoría de nosotros estamos atrapados en el ciclo de los pensamientos negativos sin saber cómo salir. ¿Pero por qué nuestro sofisticado cerebro ha evolucionado para funcionar de este modo?

El valor evolutivo del pensamiento negativo

Tanto el pensamiento repetitivo como el negativo tienen sentido desde la perspectiva de la biología evolutiva. El pensamiento repetitivo de nuestros ancestros lejanos se ocupaba de las tareas rutinarias en un segundo plano, mientras que los pensamientos negativos hipervigilantes constituían una ventaja para la supervivencia, pues los mantenía alerta ante las posibles amenazas del entorno.

El cerebro está diseñado para funcionar por defecto con ondas beta en condiciones de supervivencia. Beta constituye la onda típica del miedo y era precisamente el miedo lo que mantenía a nuestros antecesores con vida. Su grado de alerta hipervigilante y paranoide estaba en proporción directa con sus posibilidades de supervivencia. Despistarse un segundo podía costarles la vida al ser comidos por un tigre.

Esto es lo que sucede en el siguiente cuento de dos hermanas adolescentes que vivieron hace 100 000 años, a quienes llamaremos Hug y Gug:

Hug era la más feliz de las mujeres. Cada día acarreaba agua del arroyo hasta la aldea cantando de alegría y se detenía a oler las fragantes rosas amarillas y a escuchar las risas de los niños. Se quedaba maravillada al contemplar los matices grises y naranjas del sol naciente y se fijaba en los aspectos positivos de la gente.

En cambio, su hermana Gug era todo lo contrario. De carácter desconfiado y paranoico, siempre estaba fijándose en los aspectos negativos. Si le mostrabas una nube plateada, te señalaba las líneas oscuras. Veía problemas en todas partes y se fijaba en todas las imperfecciones de los aldeanos. Cuando acarreaba agua del arroyo hasta la aldea, todos la evitaban, excepto Hug, que veía lo bueno de todo el mundo y toleraba la compañía de su hermana.

Un día, un tigre que se ocultaba entre la hierba les tendió una emboscada. Gug, que siempre estaba atenta a las amenazas, vio al tigre medio segundo antes que Hug y echó a correr y a gritar una milésima de segundo antes de que Hug se percatara de la presencia del tigre y huyera también corriendo.

De este modo, el tigre devoró a Hug, que nunca llegó a la pubertad, y fue Gug la que se reprodujo pasando sus genes detectores de amenazas a la siguiente generación.

Pues bien, multiplica esto por 1 000 generaciones, cada una de ellas mejorando su habilidad de encontrar el lado negativo de todo; esta capacidad de percibir las amenazas del entorno ha sido refinada por la selección natural hasta convertirse en un arte del que participamos tú y yo. Incluso cuando nada marcha mal, el cerebro cavernícola que hemos heredado de Gug vigila diligentemente el horizonte en busca de peligros.

Nuestros ancestros lejanos podían cometer dos clases de errores: uno era pensar que no había ningún tigre escondido entre la hierba cuando sí lo había y el otro era pensar que había un tigre entre la hierba cuando no lo había (Hanson, 2013).

Nuestros cerebros evolucionaron hasta ser exquisitamente sensibles a las señales de peligro del entorno.

El segundo tipo de error no implica un castigo evolutivo inmediato. Estar atento a las amenazas y fijarse en los aspectos negativos de las cosas simplemente te hace ser una persona desdichada y gruñona como Grug, y también garantiza tu supervivencia.

En cambio, la fatal consecuencia del primer tipo de error es la muerte. El tigre acabará comiéndote si lo pierdes de vista siquiera un segundo. La gente como Hug, que no disponía de la capacidad de centrarse sin descanso en las amenazas, fue eliminada del acervo genético.

Si la Madre Naturaleza me hubiera observado en la playa de Hawái, me habría concedido estrellas de oro por disponer de una habilidad tan bien desarrollada de ver el lado negativo allí donde iba. Por desgracia, al cerebro cavernícola no le interesa mi felicidad, y ante cualquier elección, mi juez interno me hace trizas.

EL CERRAJERO QUE NO PODÍA DUPLICAR LLAVES

La cadena Home Depot es famosa por el delantal naranja de sus empleados. Un día fui a una de estas tiendas para hacerme un duplicado de llaves para mi vieja autocaravana, una Ford Econoline de 1983. El hombre que atendía la sección de cerrajería estaba en su puesto y le mostré la llave.

La cogió como si se tratara de un riñón infectado y movió la cabeza diciendo:

—No creo que trabajemos con este estilo de llave.

Comenté que la compañía Ford había fabricado cerca de tres millones de esos vehículos y que no eran precisamente raros. Me contestó dubitativamente:

—Es una llave de doble dentado.

Como si eso representara una dificultad insalvable.

—Me hiciste una copia de la misma llave la semana pasada —le recordé amablemente.

Insertó la llave en el lector láser y tras escanearla se encendió una luz roja.

—No —dijo con voz lastimera—, no trabajamos con este tipo.

—¿Podrías intentarlo de nuevo? —le supliqué.

Volvió a pulsar el botón de encendido, el láser volvió a escanear la llave, y esta vez apareció una luz verde.

—Estamos muy escasos de llaves vírgenes —dijo, moviendo la cabeza.

> —¿Podrías mirar? —le pregunté educadamente.
> Examinó sus existencias, encontró la llave virgen e hizo la copia. Todo con el aire de un hombre que ha sido derrotado por el mundo. Su superpoder incluso podía hacer que el láser no funcionara.
> Mi parte impaciente quería agarrarlo del hombro y animarlo, comprarle un ejemplar de *El poder del pensamiento positivo*, invitarlo a uno de mis talleres o darle una de mis emocionantes charlas introductorias.
> La parte compasiva de mí se puso en su lugar: ¿cómo sería vivir en una mente que ve dificultades donde no las hay?, ¿y en la que el pensamiento aniquila la más simple de las empresas antes de empezar siquiera?, ¿cómo es habitar una mente predispuesta al fracaso?

El cerebro cavernícola

Aunque nuestros ancestros dejaron la sabana hace miles de años, la mayoría de nosotros seguimos fijándonos más en lo negativo que en las cosas positivas.

Cuando nos levantamos por la mañana, el cerebro ha estado funcionado en los estados de sueño theta y delta. Emergemos en alfa y nos sentimos como en animación suspendida mientras el cerebro va despertándose poco a poco. Después beta empieza a hacer efecto y empezamos a pensar y a preocuparnos: entra en acción el mecanismo evolutivo que servía para identificar al tigre, y una procesión de tigres de papel atraviesa nuestra mente. Comenzamos a tener pensamientos como los siguientes:

¿Era hoy cuando tenía que entregar el informe?, ¿o era la semana que viene?

¿Qué puedo desayunar hoy?, ¿me engordará?

¿He escuchado roncar a mi marido esta noche?

¿Cómo se portarán hoy los niños?, ¿me complicarán la existencia?

No creo que los zapatos que pensaba ponerme peguen con la ropa.
¿Nos hemos quedado sin café?
Tengo que seguir de cerca las noticias de esa catástrofe de la que hablaron anoche.
¿Qué tiempo hace hoy?
Si Jane no me ha dejado un comentario en Facebook, voy a enfadarme mucho con ella.
¿Indicará Google Maps tráfico denso en el carril para vehículos de alta ocupación?

Una vez te despiertas, el cerebro comienza a exasperarte con múltiples preocupaciones: exactamente lo que nuestros cerebros aprendieron a hacer. Cuando Gug se despertaba tenía que estar alerta al entorno hostil que la rodeaba desde el momento en que abría los ojos. ¿Tal vez un tigre se había deslizado hasta la cueva mientras dormía? Lo cierto es que los neandertales que se despertaban cascarrabias, desconfiados y paranoicos, sobrevivieron. Su hermana, que vivía feliz, contenta y en paz, no advirtió

Existen dos preguntas básicas de supervivencia:
«¿Puedo comerlo?, ¿me comerá?».

esas señales sutiles que suponían una diferencia entre la vida y la muerte.

Hoy en día, sin depredadores, nada más despertarnos comenzamos a preocuparnos y aparecen los pensamientos en la mente. Las compuertas se abren y la mente se agita en un torrente de ansiedad; incluso antes de que hayamos salido de casa, ya nos obsesionan miles de preocupaciones.

El cerebro cavernícola pasa factura a nuestro cuerpo. En un estudio de ocho años de duración en el que participaron 68 222 adultos, que fue publicado en la *British Medical Journal*, los investigadores descubrieron que incluso una ansiedad leve incrementa en un 20 % el riesgo de muerte (Russ *et al.*, 2012). Esa capacidad que mantuvo con vida a nuestros antecesores —fijarse en los aspectos negativos y hacer caso omiso de lo positivo— está matándonos en la actualidad. Nuestra mente se ha convertido en una grave amenaza para la supervivencia. El cerebro cavernícola es una auténtica enfermedad mortal.

TRANSPORTAR A LA MUJER DURANTE UN DÍA

Existe una encantadora historia zen acerca de dos monjes célibes que habían emprendido un largo viaje. Una mañana llegaron a un arroyo que se había desbordado y en la orilla vieron a una mujer joven que no podía cruzarlo. El monje mayor la levantó para llevarla sobre el hombro y ambos monjes cruzaron a la otra orilla. Después de agradecer el amable gesto del monje, la mujer siguió su camino.

Los dos monjes anduvieron en silencio hasta el atardecer, pero había tensión en el ambiente y el dique de intensidad emocional del monje joven estalló finalmente:

—Nuestras reglas nos prohíben tocar a una mujer —dijo—, ¿cómo has podido hacer eso?

—Hijo —contestó el aludido—, la he cogido y dejado esta mañana. Tú llevas transportándola todo el día.

> El enojo y las cavilaciones del joven monje habían elevado sus niveles de estrés mucho después de que tuviera lugar el suceso. Eso es lo que hacemos cuando nos obsesionamos con el pasado o tememos el futuro. Por medio de un sistema diseñado por la Madre Naturaleza para cuando estamos realmente en peligro enviamos mensajes de estrés a nuestro cuerpo con nuestros pensamientos, obstaculizando nuestra capacidad de regeneración y curación.

Junto con la Dr. Audrey Brooks, una psicóloga investigadora de la Universidad de Arizona, realicé un estudio con trabajadores de la sanidad: quiroprácticos, enfermeras, psicoterapeutas y médicos o terapeutas alternativos. Medimos sus niveles de malestar psicológico antes y después de un curso de EFT de un día. Examinamos a los participantes durante cinco talleres y el estudio final incluyó a 216 personas (Church y Brooks, 2010).

Los profesionales de la sanidad hicieron *tapping* en grupos.

Descubrimos que los síntomas de ansiedad, depresión y otros problemas mentales se redujeron una media de un 45 % a lo largo del día; y, cuando hicimos un seguimiento al cabo de seis meses, quienes habían seguido practicando *tapping* presentaban los menores niveles de estrés.

Pero uno de nuestros hallazgos más sorprendentes fue justamente el grado de estrés de los profesionales de la sanidad. En la escala que usamos para el estudio, 60 representa una ansiedad y depresión tan extremas que se requiere un tratamiento; pues bien, al inicio, la puntuación media era 59, solo un punto menos del umbral diagnóstico de 60 ¡y esa era la media! Muchos de ellos estaban más estresados que sus pacientes: ser un profesional de la salud no quiere decir que puedas escapar del cerebro cavernícola.

EL REMOLINO DE LA DEPRESIÓN

Por Naomi Janzen, formadora de EFT Universe

Estuve deprimida durante 18 meses después de acabar una relación horrible. Aunque probé de todo para olvidar, no podía: me sentía atrapada en un círculo vicioso de rabia y dolor. Era arrastrada por un remolino de pensamientos y sentimientos negativos. Me exasperaba cuando leía folletos acerca de la depresión del tipo «¡Anímate!».

Disponía de una gran cantidad de herramientas: si había alguien capaz de animarse era yo, pero invariablemente me despertaba a las 3:11 de la mañana cuando estaba baja de defensas y no podía dejar de pensar en aquel hombre que me había herido, y el círculo vicioso continuaba. Estaba obsesionada con una justicia que sabía nunca obtendría. El remolino me arrastraba en un círculo de pensamientos repetitivos.

Si tienes un amigo que, quizá después de 20 años de una ruptura, sigue hablando de ello sin nada nuevo que aportar, ten compasión de él o ella: se encuentra atrapado en el bucle de la ira y la tristeza.

La EFT me rescató de ese remolino incesante y me dejó en tierra firme. ¡Ahora me dedico a ayudar a otras personas a salir de ahí!

Si bien el remolino descrito por Naomi Janzen —en el que los pensamientos negativos dan vueltas en la mente de forma interminable— constituye el mecanismo que mantuvo a nuestros ancestros con vida, es, cuando menos, inútil en la actualidad. Estos patrones nos roban la calma, disparan los niveles de cortisol y despojan a nuestro cuerpo de los recursos que necesita para la regeneración y la curación. Incluso gente sumamente inteligente, como Naomi, descubre, para su gran frustración, que no puede salir de ese torbellino. Se requiere una herramienta poderosa como la EFT para romper los patrones mentales repetitivos del cerebro cavernícola.

Hormonas del estrés de acción corta y larga

Cuando concluimos el estudio con los profesionales de la salud, me llamó la atención la rapidez con que la gente se liberaba del estrés con la EFT. Así pues, busqué un modo de medir esos cambios en el cuerpo y encontré el cortisol.

El cortisol es junto con la adrenalina (también llamada epinefrina) una de las principales hormonas del estrés. Puedes considerar la adrenalina como la hormona de lucha o huida de acción corta: cuando estamos estresados se pone en funcionamiento de forma inmediata, en menos de tres segundos, acelera el ritmo cardiaco, contrae los vasos sanguíneos y dilata los pulmones: eso da al cavernícola el impulso físico para escapar del peligro.

El cortisol, por su parte, es la hormona del estrés de acción larga. Asciende y desciende en una curvatura lenta y regular a lo largo del día. Sube abruptamente por la mañana espabilándonos y preparándonos para un día activo, se encuentra en su nivel más bajo alrededor de las 4 a. m., cuando estamos en sueño profundo, y alcanza su punto máximo a las 8 a. m.; más tarde, cuando empieza a debilitarse, entre las 8 y las 10 p. m., sentimos somnolencia.

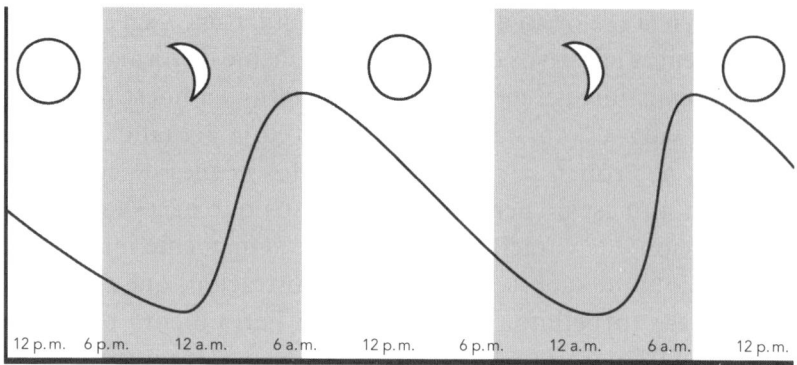

El ciclo del cortisol.

Al igual que la adrenalina, sin embargo, los niveles de cortisol se elevan en cuestión de segundos cuando estamos estresados. El estrés altera el ritmo diario lento y constante del cortisol. Cuando estás huyendo de un tigre, el cortisol y la adrenalina se incrementan, y, cuando estás preocupado, el cortisol aumenta igualmente.

Nuestro cuerpo está diseñado para prosperar con niveles normales de cortisol sintetizados a lo largo de la suave curvatura del ciclo del cortisol, pero no para manejar continuamente niveles elevados de esta hormona. El cortisol alto de forma crónica conduce a un daño corporal generalizado que incluye:

- Presión arterial alta.
- Muerte de neuronas en los centros de memoria del cerebro.
- Niveles elevados de azúcar en sangre.
- Afecciones cardiacas.
- Disminución de la reparación celular.
- Envejecimiento acelerado.
- Alzhéimer.
- Fatiga.
- Obesidad.
- Diabetes.

- Ralentización en la curación de heridas.
- Menor número de células madre.
- Reducción de la masa muscular.
- Aumento de las arrugas.
- Grasa alrededor de la cintura y las caderas.
- Osteoporosis.

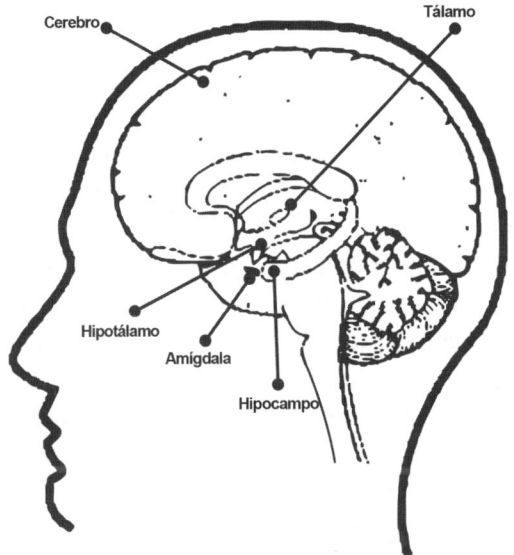

El cortisol destruye las neuronas del hipocampo, una estructura cerebral relacionada con las emociones.

Con el tiempo, los niveles elevados de cortisol alteran el metabolismo celular, de modo que penetra demasiado calcio en las células cerebrales y se producen radicales libres, las moléculas más perjudiciales en el organismo. Los radicales libres provocan una serie de enfermedades degenerativas y un envejecimiento acelerado (McMillan *et al.*, 2004). Además, el cortisol alto lleva a una disfunción en las mitocondrias, las «fábricas de energía» de las células (Joergensen *et al.*, 2011), por lo que nos sentimos cansados y nuestros niveles de energía caen en picado. El cortisol destruye las neuronas del hipocampo, que se encarga de la regulación emocional, la memoria y el aprendizaje (Sapolsky, Uno, Rebert y Finch, 1990). Esta hormona del estrés va acompañada de actividad beta de alta frecuencia, las ondas típicas del estrés y la ansiedad.

Niveles elevados de cortisol crónicos

De modo que cuando nos estresamos durante unos minutos, ¿estamos destrozando nuestro cuerpo? La respuesta es negativa. El cuerpo está diseñado para gestionar picos rápidos de estrés y retornar enseguida al estado normal. Al cabo de dos minutos de un suceso estresante, el cuerpo ya ha desmontado las moléculas de adrenalina de acción rápida que segregó en respuesta al peligro (Ward *et al.*, 1983). Por su parte, el cortisol tarda alrededor de 20 minutos en desaparecer (Nesse *et al.*, 1985). El cuerpo está diseñado para generar cortisol de inmediato como reacción a una amenaza objetiva y disiparlo rápidamente cuando la amenaza cesa.

Así pues, si las moléculas de cortisol y adrenalina se desvanecen tan pronto, ¿cómo pueden mantenerse niveles altos de forma continuada en el tiempo?

Debido a los *pensamientos*, especialmente los que desencadenan emociones intensas, que transmiten señales de negatividad a través de los circuitos neuronales en el cerebro.

Generamos una producción crónica de cortisol al dirigir nuestra atención a los factores ambientales que nos estresan. El pensamiento negativo conduce a una subida del cortisol, aunque no haya ningún tigre oculto entre la hierba; nuestro brillante cerebro es capaz de cavilar acerca de las malas experiencias del pasado y de las amenazas que se ciernen sobre nuestro futuro. Aunque nunca sucedió ni sucederá nada de eso, igualmente podemos centrarnos en ello, representarlo, contemplarlo, imaginarlo, hablar acerca de ello y ponernos catastrofistas.

El cuerpo no puede distinguir entre una amenaza real y una percibida. No tiene forma de saber que el peligro imaginario que evocamos por medio del pensamiento negativo no constituye una amenaza real para nuestra supervivencia. Simplemente con el pensamiento podemos elevar los niveles de estrés, con un efecto destructivo en nuestras células.

Resetear los niveles de las hormonas del estrés

Al presenciar cómo mis clientes suspiraban y se relajaban después de la sesiones de *tapping*, me pregunté qué estaría sucediendo en las hormonas del estrés de su cuerpo de forma invisible. Para responder a esta cuestión, diseñé un estudio con el fin de estudiar sus niveles de cortisol. Junto con algunos colegas del California Pacific Medical Center y de la Universidad de Arizona, realicé el primer estudio que examinaba enfermedades psicológicas, como la ansiedad y la depresión, antes y después de la EFT (Church, Yount y Brooks, 2012).

Se trataba de un estudio ambicioso que duró varios años. Se llevó a cabo en cinco clínicas de medicina integrativa de California y contó con la participación de 83 individuos. Se trataba de un ensayo triple ciego, un excelente ejemplo de prueba científica. Los resultados fueron provocadores y el estudio apareció en una prestigiosa publicación, la revista de psiquiatría arbitrada más antigua de Norteamérica.

Evaluamos la salud mental y el nivel de cortisol de los participantes antes y después de una sesión de terapia. Un grupo recibió la EFT, un segundo grupo, terapia hablada, y un tercer grupo simplemente descansó.

Los resultados fueron impactantes. Si bien los síntomas psicológicos, como la ansiedad y la depresión, disminuyeron con la terapia hablada y el reposo, se redujeron más del doble en el grupo de la EFT; asimismo, el cortisol disminuyó un 24 %, mostrando que la EFT estaba ejerciendo un efecto en el organismo.

> ## DESOLADO POR LA PÉRDIDA DEL AMOR DE SU VIDA
>
> Dean, uno de los participantes del estudio del cortisol, era un enfermero psiquiátrico de 58 años que había sido asignado al grupo de terapia hablada. Dado que sus niveles de malestar psicológico eran igualmente altos antes y después de la terapia, estaba preocupado por su bienestar.
>
> En la segunda sesión de tratamiento, en lugar de terapia hablada usamos la EFT. Trabajamos con un recuerdo de gran carga emocional para él: la ruptura con su novia. Me confesó que pensaba todos los días en ese suceso.
>
> Me contó que ese día llevó a su novia al aeropuerto y la dejó en el avión. Se le llenaban los ojos de lágrimas al recordar «con aturdido remordimiento» la imagen de ella bajando por la pasarela de acceso.
>
> Este incidente de adulto le recordó un episodio vivido en la infancia. Cuando tenía cinco años vio un anuncio en la televisión en el que promocionaban a Gina Lollobrigida como «la mujer más bella del mundo».
>
> Después de ver el anuncio, el pequeño Dean se fue al baño, se subió a una banqueta y se miró al espejo: llegó a la conclusión de que no era guapo y que nunca lo sería. Al describir ese recuerdo, experimentó un dolor agudo en el plexo solar, pero se sintió mucho mejor después de la sesión de *tapping*.
>
> Cuando el laboratorio envió los resultados de los niveles de cortisol de Dean al cabo de unos días, mostraban que habían bajado de 4,61 ng/ml a 2,42 ng/ml, es decir, un 48 %, después de la sesión de *tapping*. En cambio, después de la terapia hablada que había realizado previamente, los niveles habían subido de 2,16 ng/ml a 3,02 ng/ml, es decir, un 40 % (Church, 2013). Esto confirma otro estudio que revelaba que las terapias que implican al cuerpo suelen ser más efectivas que las que trabajan únicamente con la mente.

Más tarde tuve la oportunidad de averiguar qué estaba sucediendo en el cuerpo de los participantes en un taller residencial de cinco días de EFT. Este curso tuvo lugar en el Instituto Esalen de

California, un espacio en el que se desarrollaron por primera vez la terapia Gestalt, el *rolfing*, la psicología humanista y otros muchos enfoques vanguardistas.

Entrada principal del Instituto Esalen.

El equipo de investigación evaluó un extenso grupo de marcadores fisiológicos, así como de enfermedades psicológicas, tales como la ansiedad, la depresión y el TEPT (Bach *et al.*, 2016); y, como era de esperar, durante esa semana observamos mejorías notables en la salud mental de los asistentes.

Sin embargo, los cambios en los marcadores fisiológicos fueron extraordinarios. Los niveles de cortisol bajaron un 37 %; la inmunoglobulina secretora A, un marcador inmunológico, subió un 113 %. El ritmo cardiaco en reposo bajó un 8 % y la presión sanguínea se redujo un 6 %. Las cifras de la presión sanguínea, el cortisol y el ritmo cardiaco mostraban que los participantes estaban mucho menos estresados al final de la semana que al principio.

Si bien una hora de EFT había reducido el cortisol un 24 % en el estudio previo, cinco días de *tapping* originaron un efecto de reducción del estrés aún mayor. El dolor de los participantes se redujo un 57 %, mientras que la felicidad aumentó un 31 %. Cuando volvimos a evaluar los síntomas fisiológicos al cabo de seis meses, la mayor parte de las mejoras se mantenían. Esta estrecha relación entre salud física y mental es una constante en la investigación sobre la meditación, la EFT y otras técnicas de reducción del estrés.

En cada momento, los procesos corporales, como el estrés y la relajación, se sitúan en un punto de un continuo.

El *tapping* y la meditación reducen el estrés, que no funciona como una luz que enciendes o apagas, sino más bien como un regulador de intensidad que puede hacer la luz más brillante o más tenue. Cuando nos relajamos, disminuyen los niveles de cortisol y el ritmo de las ondas beta; por el contrario, cuando nos estresamos movemos la aguja en la dirección opuesta. La expresión génica, las hormonas, los estados cerebrales y el estrés funcionan en este tipo de secuencia. Cada emoción fuerte que experimentamos, ya sea positiva o negativa, mueve la aguja en una dirección o en otra.

Mente coherente = materia coherente

La mente cavernícola no es eficiente: inmersa en la confusión producida por las ondas beta y embriagada de cortisol resulta caótica. Diversos estudios imagenológicos muestran que los cuatro lóbulos cerebrales pierden la sincronía y que grupos de neuronas se disparan de forma caótica y desarmonizada. En la literatura científica, el término empleado para expresar la eficiencia es *coherencia*. Cuando el cerebro funciona con la máxima eficacia, un EEG muestra coherencia entre las regiones cerebrales y los grupos neuronales.

Cuando nuestra conciencia se altera a causa del estrés, el cerebro no es coherente como tampoco lo son las creaciones de la mente.

Pero, cuando nos liberamos del estrés, entrenamos a nuestra mente rebelde a mantener la calma y desterramos el pensamiento negativo de nuestra conciencia, nuestro cerebro se vuelve coherente. En estados sumamente coherentes nuestra mente es capaz de crear efectos asombrosos en el mundo físico.

El poder de la luz coherente

Los láseres emplean luz coherente, mientras que las fuentes lumínicas no láser, como los LED o las bombillas incandescentes, utilizan luz incoherente; expresado de otro modo, el láser funciona de tal forma que los rayos de luz permanecen paralelos entre sí en lugar de avanzar en direcciones aleatorias. Esta coherencia hace que el láser sea extraordinariamente potente. La luz de una bombilla incandescente de 60 W puede iluminar levemente objetos situados a una distancia de entre dos a cuatro metros, ya que solamente convierte en luz un 10 % de su energía y esa luz no es coherente.

Sin embargo, si organizas esos 60 W de luz en un láser coherente, será capaz de cortar el acero.

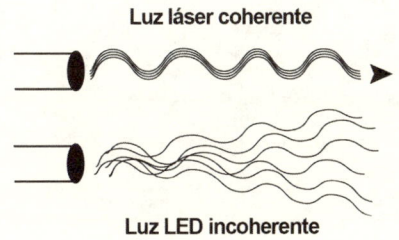

Luz coherente frente a luz no coherente.

Un puntero de láser corriente del tipo que suele usarse en conferencias, con una minúscula potencia de 5 mW, puede iluminar un punto a 20 km de distancia (Nakamura, 2013). Con una potencia un billón de veces mayor, los láseres científicos pueden incluso rebotar en la Luna y volver a reflejarse en la Tierra (Shelus *et al.*, 1994).

Pues bien, la coherencia mental es algo parecido. Cuando nuestras ondas mentales son coherentes, los pensamientos que producen son enfocados y eficientes. Podemos dirigir la atención a los problemas, centrarnos en ellos y resolverlos.

La niebla mental

Cuando nuestro cerebro no es coherente no podemos pensar adecuadamente; estamos aquejados por una «niebla mental» y nuestro confuso cerebro nos impide ver con claridad. Cuando es-

Láser usado para observaciones astronómicas en el Centro de Vuelo Espacial Goddard.

tamos alterados, los problemas parecen opacos, nos sentimos confundidos con facilidad y nuestras capacidades cognitivas caen en picado. El investigador del cerebro Joseph LeDoux llama a este estado «la hostil toma del poder de la conciencia por las emociones» (LeDoux, 2003). Diversos estudios del cerebro han descubierto que una frase o incluso una sola palabra puede provocar una reacción emocional en menos de un segundo (Davidson, 2003). Para cuando nos damos cuenta de que estamos estresados, nuestro cerebro ya ha respondido de forma reactiva. Podemos sentirnos abrumados por nuestras reacciones emocionales en solo una fracción de segundo, lo cual genera niebla mental y la incapacidad de pensar con claridad.

Cuando esto sucede, se reduce el acceso a las capacidades aprendidas y al pensamiento racional, y somos incapaces de ser objetivos y de considerar un problema de forma realista. El estrés puede producir una retirada de más de un 70 % de la sangre de los lóbulos frontales, los centros cognitivos del cerebro. Dado que la sangre se encarga de transportar el oxígeno, esto significa que el cerebro tampoco obtiene un suministro normal de oxígeno; cuando disminuye el flujo de sangre y de oxígeno en el cerebro como resultado del estrés no podemos pensar como es debido. El cavernícola no tiene que ser capaz de hacer largas divisiones mentalmente, solo tiene que ser capaz de escapar del tigre.

Cuando los pensamientos y las emociones desencadenan esa respuesta primitiva de supervivencia, el resultado es una descomunal reorganización de los recursos biológicos. La sangre deja la corteza prefrontal para dirigirse a los músculos y, de pronto, las capacidades propias de esta región —el cerebro pensante— dejan de estar disponibles; es como un ordenador que tiene una gran cantidad de información almacenada en el disco duro. Si lo desconectas, aunque esa información sigue ahí, ya no tienes acceso a ella, porque has suprimido la comunicación eléctrica.

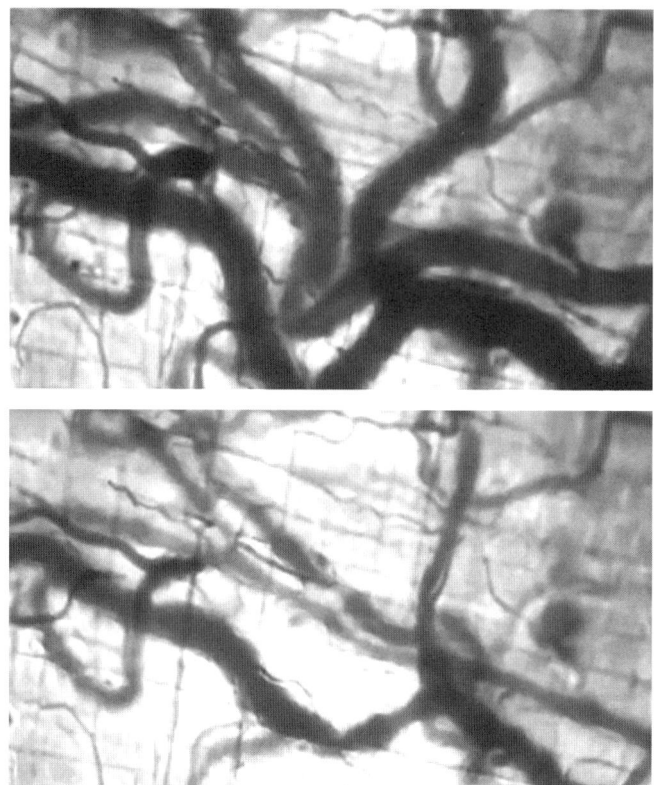

Capilares antes (arriba) y 14 segundos después (abajo) de una señal de estrés. Pueden llegar a contraerse más de un 70 %.

Cuando la corteza prefrontal no recibe suministro sanguíneo se comporta como un ordenador desconectado. Todos los recursos almacenados en esa parte del cerebro —las habilidades aprendidas en terapia, las soluciones brillantes que has leído en los libros, los métodos que has practicado en los cursos, las estrategias que has aprendido de expertos— no están disponibles para el cerebro cavernícola.

Sin embargo, una vez se restablece la coherencia, todos tus recursos vuelven a estar en línea. Al igual que el láser apuntando a la Luna, eres capaz de llevar a cabo planes inspirados a largo plazo, pensar en los problemas con claridad y concentrarte en tus metas; la imaginación se libera y la creatividad renace. Ese es el poder de la mente coherente.

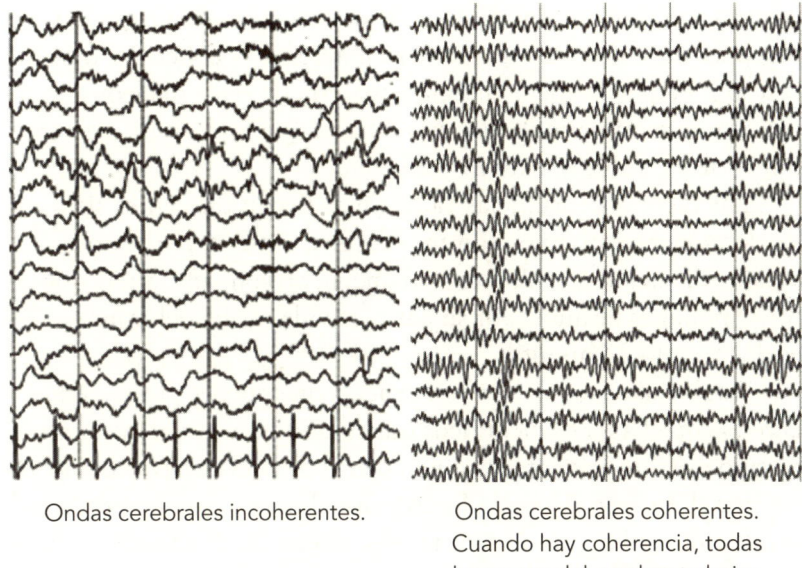

Ondas cerebrales incoherentes.

Ondas cerebrales coherentes. Cuando hay coherencia, todas las partes del cerebro trabajan juntas.

La mente coherente y las cuatro fuerzas de la física

Una mente coherente centra la atención, al igual que el láser centra la potencia lumínica. La gente que alcanza un elevado nivel de coherencia es capaz de hacer cosas extraordinarias. Estudios destacados han revelado que una mente coherente puede literalmente doblegar las fuerzas del universo material.

Existen cuatro fuerzas fundamentales en la física: la gravedad, el electromagnetismo, la fuerza nuclear fuerte y la fuerza nuclear débil.

La fuerza nuclear fuerte es la que mantiene a los átomos unidos. Los protones y neutrones del núcleo de un átomo contienen ingentes cantidades de energía y se requiere una fuerza enorme para cohesionarlos, de ahí el nombre de fuerza nuclear fuerte. Funciona a distancias muy cortas entre los componentes de un átomo.

La fuerza nuclear débil es responsable del decaimiento radiactivo; en este proceso, los núcleos de los átomos se desintegran al no disponer de suficiente energía para mantener la cohesión, un proceso por el que se libera energía y materia de estos núcleos inestables durante un período de tiempo hasta que forman un elemento diferente y estable que no es radiactivo.

Las distintas sustancias radiactivas tienen diferentes tiempos de decaimiento, algunos son muy largos, y otros, muy cortos. La vida media del uranio-238 es sumamente prolongada, alrededor de 3 500 millones de años; por su parte, la vida media del francio-233 es de tan solo 22 minutos.

Estas vidas medias son tan exactas que puedes poner en hora el reloj con ellas. Los científicos que necesitan medidas precisas de tiempo usan un reloj atómico y miden el tiempo en sus experimentos por el Tiempo Atómico Internacional, una escala que utiliza el resultado combinado de 400 relojes atómicos altamente precisos

Un reloj atómico de cesio construido en 2004 para un laboratorio suizo funciona con un margen de error de 1 segundo cada 30 millones de años.

situados en diversas partes del mundo. Un segundo se define como el período de tiempo transcurrido entre 9 192 631 770 oscilaciones de un átomo de cesio-133.

El americio-241 es un elemento radiactivo que suele usarse en investigación. Descubierto en 1944 y con una vida media de 432 años, es emisor de lo que se conoce como partículas alfa y se mantiene estable a temperatura ambiente. Se trata de un elemento seguro —su radiación alfa se propaga solamente 3 cm y casi cualquier objeto sólido puede detenerla—, y omnipresente en nuestros hogares, ya que alimenta la mayor parte de los detectores de humo. Si en el detector entran partículas de humo, estas son golpeadas por las partículas alfa y provocan una disminución o interrupción de la corriente, lo que hace sonar la alarma.

La fuerza nuclear débil no se ve afectada por el electromagnetismo ni por la gravedad. De hecho, es diez billones de billones más fuerte que la gravedad.

Dada la estabilidad de la radiación atómica, tan estable como para hacer funcionar los relojes atómicos, podrás imaginar que resulta extremadamente difícil de cambiar. Sin embargo, eso es exactamente lo que un grupo de investigadores ha tratado de conseguir usando el campo energético humano como el agente de cambio.

$QI = MC2$

Un maestro de qigong llamado Dr. Yan Xin proyecta *qi* o energía vital a sus pacientes. Un grupo de científicos del Instituto de Física de Alta Energía, que forma parte de la Academia China de las Ciencias, decidieron someter los poderes del Dr. Yan a una rigurosa prueba objetiva.

Le pidieron que alterara la velocidad de desintegración de un minúsculo disco de americio-241 de 2 mm situado en un recipiente de plexiglás. La velocidad de decaimiento de las sustancias radiactivas es inmune a las altas temperaturas, los ácidos fuertes, los campos electromagnéticos enormes o las presiones extremas. Durante las primeras ocho sesiones, el Dr. Yan proyectó energía *qi* al americio durante 20 minutos permaneciendo de pie cerca de este. Como grupo de control se utilizó un segundo disco de americio. Pues bien, fue capaz de cambiar la velocidad de desintegración de las partículas alfa radiactivas del disco objeto de estudio para dejarlo igual que el disco de control. Era capaz de ralentizar o acelerar la velocidad de decaimiento según se le requería (Yan *et al.*, 2002).

Durante las tres sesiones siguientes, los investigadores decidieron estudiar si el efecto disminuía con la distancia; para ello situaron al Dr. Yan a una distancia de entre 100 y 200 metros de la fuente de americio y no hubo diferencia alguna en los resultados.

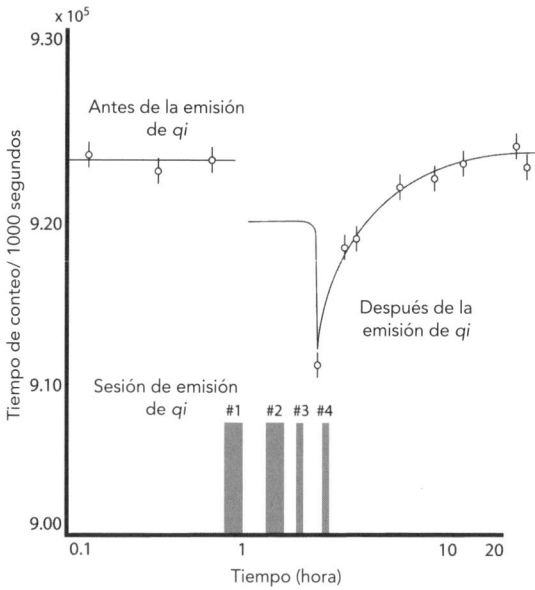

Lecturas del espectrómetro con el Dr. Yan Xin en la misma localización que la fuente de americio.

Después estudiaron si estar en una ciudad lejana debilitaba el efecto. Durante los cinco años siguientes le hicieron proyectar *qi* en el disco objeto de estudio desde distancias cada vez mayores, empezando con 1 500 km y hasta alcanzar una distancia de 2 200 km. Una serie de 39 ensayos adicionales demostraron que era capaz de producir el mismo efecto a distancia que permaneciendo en la misma habitación que el disco.

Estos 50 experimentos revelaron que el Dr. Yan podía reducir la velocidad de decaimiento radiactivo en un 11,3 % y elevarlo en un 9,5 % en el transcurso de los 20 minutos que duraban los experimentos. Normalmente el americio tiene una vida media de 432 años, un ritmo de desintegración de solo un 0,0006 % al día, de modo que el paso del tiempo no constituía una explicación de los resultados.

El físico nuclear Feng Lu, uno de los investigadores, señaló: «La investigación del Dr. Yan transformó la visión aceptada de la naturaleza del mundo. Los resultados de su investigación han demostrado que el potencial humano es mucho mayor [...] de lo que se creía».

En su libro *La curación energética*, el Dr. Bill Bengston describe sus pruebas empíricas con el sanador Bennett Mayrick (Bengston, 2010). En una ocasión, Bennet fue conectado a un aparato que medía la velocidad de decaimiento radiactivo. El técnico le pidió que se concentrara en hacer que se acelerara el proceso de degradación del material radiactivo. Benston cuenta que «El técnico gritó: "Algo va mal. Aquí dice que la desintegración está produciéndose más rápido de lo que creo posible". Ben respondió alegremente: "Entonces haré que vaya más despacio" y, a continuación el técnico estaba masculando algo de que el ritmo de desintegración se había reducido a la mitad».

Cuando Bengston preguntó a Ben cómo lo había logrado, este le contestó que para acelerar la degradación se había imaginado una nube que luego había disuelto mentalmente y para ralentizarla se había imaginado una roca helada.

MI MOMENTO EUREKA

En junio de 2017 desempaqueté con excitación mi propio contador Geiger. Durante los últimos meses había estado mandando correos electrónicos con copias de los experimentos de Bengston y Yan a varios colegas —con mucha más experiencia que yo—, animándolos a reproducir esos estudios, pero nadie parecía interesado en el asunto.

El equipo que se requería era simple y barato, solamente un contador Geiger y un detector de humo que contuviera un disco de americio-241.

La metodología era elemental: un sanador era capaz de ralentizar la velocidad de desintegración radiactiva o no lo era. Un contador Geiger puede medir la radiación en microsieverts, una unidad científica estándar, o en cuentas por minuto (CPM). CPM es el recuento del número de electrones liberados por un material radiactivo.

Coloqué el equipo en la mesa del comedor y averigüé cómo obtener una lectura básica. Descubrí que, en mi casa, el valor de referencia oscilaba entre 12 y 22 CPM, con una media de 18 CPM.

Después apoyé el contador Geiger encima de la fuente de radiación, un simple detector de humo doméstico. La lectura ascendió a una media de 60 CPM, aunque a unos pocos centímetros de la fuente la lectura era normal. El contador Geiger tiene que posicionarse muy cerca del detector de humo para medir la radiación, ya que este dispositivo está diseñado para una instalación segura en los hogares.

Llevé a cabo los siete pasos de la ecomeditación y, a continuación, visualicé la misma imagen que había usado Ben Mayrick, una roca helada, pero el contador no registró ningún cambio.

«Vale. Ya está —pensé— No ha funcionado. Se trata de una capacidad que solo unos pocos, como Ben o el Dr. Yan, poseen».

Pero decidí continuar meditando con las manos puestas a los lados del detector de humo. Envié energía a través de las manos como si estuviera con un cliente a quien mandaba energía.

De pronto, los números comenzaron a subir. Primero pasaron de 65, y luego, de 70. Al cabo de un tiempo de meditación, el contador indicaba más de 80 CPM.

Una vez concluida la meditación, las cifras descendieron de nuevo a 60 CPM. Pasados 10 minutos coloqué el contador Geiser a una distancia de unos 60 cm del detector de humo y las lecturas dieron de nuevo una media de 18 CPM como al principio.

El primer experimento, el 26 de junio de 2017.

Comencé a pasear por la casa con múltiples interrogantes bullendo en mi mente.

- ¿Obtendría el mismo resultado una segunda vez?
- ¿Por qué no fui capaz de bajar la lectura pero sí de subirla?
- ¿Podrían hacerlo otras personas? ¿Sería más visible el efecto con sanadores con un don innato que con gente corriente?
- ¿Cualquiera podría entrenarse para hacerlo?, ¿se trataría de una capacidad que podría enseñarse?, ¿mejoraría con la práctica?
- ¿Había mejorado el resultado mi creencia en la sanación energética?

- ¿Supondría el escepticismo un obstáculo a la hora de reproducirlo?
- ¿Qué fuerza había producido el cambio en los niveles de radiación?, ¿cómo podía examinarlo de un modo metodológicamente impecable?
- ¿Había ocurrido a causa de mi camiseta mágica? (Es una broma).

Estaba tan entusiasmado que no podía volver a mi despacho a hacer trabajo rutinario. Me metí en la venerable reliquia de mi coche, un Jensen Healey rojo de 1974, y conduje hasta el gimnasio para hacer algo de ejercicio, gritando y agitando los brazos de alegría. Cuando la vida nos regala esos momentos ¡merece la pena celebrarlos!

Ahora sabía que otras personas, aparte de Yan Xin y Ben Mayrick, podían provocar ese efecto. ¡El club de modificadores de radiactividad se había ampliado a tres!

Cuando mi mujer, Christine, volvió del trabajo, la senté en la mesa del comedor para ver si podíamos aumentar el número de miembros del club a cuatro personas.

Medimos la radiación del ambiente durante 10 minutos y el resultado fue una media de 17 CPM. Cuando coloqué el contador Geiser encima del detector de humo, una prueba de 10 minutos dio como resultado una media de 60 CPM. Cuando Christine puso las manos cerca de la fuente de radiación y meditó durante 10 minutos, el CPM bajó a 57 y cuando le pedí que visualizara el rostro de su nieta pequeña bajó de nuevo hasta 52.

Christine mantuvo la cifra de 52 CPM durante 10 minutos y, cuando le pedí que subiera el CPM utilizando la imagen que había usado Ben Mayrick, la cifra del contador aumentó unos segundos y luego bajó de nuevo. Aunque lo intentó con otras imágenes, no pudo incrementarla. Un hecho interesante: yo podía subirla pero no bajarla y ella lo contrario.

Una vez Christine hubo terminado, volví a comprobar el valor que marcaba el contador al cabo de 10 minutos y la media era 61 CPM. Después volví a alejarlo del detector de humo y, pasados otros 10 minutos, la cifra de radiación ambiental era 18 CPM. ¡Ahora ya había cuatro miembros oficiales del club… y quizá millones!

La quinta fuerza

La capacidad de alterar la velocidad de decaimiento radiactivo, un fenómeno relacionado con una de las cuatro fuerzas fundamentales de la física, genera diversos interrogantes: ¿si una de esas fuerzas puede ser alterada por otra fuerza diferente de las otras tres antes mencionadas, pueden modificarse igualmente estas últimas? ¿Pueden cambiarse la gravedad o el electromagnetismo, fuerzas mucho más débiles que las dos fuerzas nucleares?

El ya fallecido Dr. Joie Jones, profesor de Ciencias Radiológicas de la Universidad de California-Irvine, se asoció con el físico ruso Yuri Kronn para llevar a cabo un ingenioso experimento con el fin de determinar si el electromagnetismo admite modificaciones. Señalaron que se requiere una «quinta fuerza» para lograrlo, a la que llamaron «energía sutil» (Kronn y Jones, 2011).

Midieron la conductividad eléctrica de diversas sustancias a las que infundieron energía sutil de forma expresa y descubrieron que, en comparación con los grupos de control, el electromagnetismo se reducía en un 25 %.

Un experimento con una intención curativa midió los campos magnéticos alrededor de los sujetos a los que iba dirigida la sanación (Moga y Bengston, 2010). Se trataba de ratones a los que se había inyectado una sustancia cancerígena. El sanador les envió energía curativa localmente (con el sanador presente en la habitación) durante 30 minutos el primer día del estudio y después no localmente (con el sanador situado a distancia) durante 12 semanas. Los dispositivos de medición colocados en las jaulas de los ratones detectaron un incremento en el campo magnético a 20-30 Hz seguido por una reducción a 8-9 Hz y otra disminución a menos de 1 Hz. A continuación, se invirtió el efecto.

Tanto la sanación presencial como a distancia produjeron los mismos resultados. Los investigadores probaron más tarde diversas modalidades curativas y descubrieron cambios similares en el campo magnético durante sesiones de taichí y toque sanador.

También revisaron otros cinco estudios que midieron fenómenos parecidos (Moga y Bengston, 2010).

Este estudio sugiere que al menos dos de las cuatro leyes fundamentales de la física —el electromagnetismo y la fuerza nuclear débil— pueden ser alteradas por una mente coherente con la intención de sanar.

Kronn y Jones descubrieron que sus experimentos podían reproducirse de forma satisfactoria en ciertos laboratorios pero no en otros. No se explicaban la razón de este fenómeno y les llevó un tiempo averiguarla. Resultó que los laboratorios donde fracasaban eran aquellos en los que los experimentos se realizaban con animales muertos. Kronn desarrolló un protocolo energético llamado «tabla rasa» para esos laboratorios, después de lo cual pudieron reproducir los experimentos con éxito (Kamp, 2016).

Kronn sostiene que los científicos afectan aquello que están estudiando: «Tu propia energía distorsionará el patrón energético que estás registrando. Igualmente, si repites el experimento y no deseas que funcione, no funcionará; o cuando uno de mis colaboradores tiene un mal día no podemos evaluar con exactitud patrones energéticos» (Kamp, 2016).

Cuando Christine y yo estábamos cerca del contador Geiger en un estado de conciencia normal, no sucedía nada, pero, cuando meditábamos, la lectura cambiaba. Del mismo modo, Ben Mayrick empleó vívidas imágenes mentales, mientras que el Dr. Yan proyectó energía *qi* en la muestra de americio con la intención de acelerar o ralentizar el decaimiento radiactivo.

Cambiar la materia de este modo requiere un estado de mente coherente. Cuando las ondas mentales son incoherentes, con predominancia de ondas beta producidas por el estrés y niveles elevados de hormonas del estrés, como el cortisol y la adrenalina, afectando a las células, no estamos en un estado de flujo y nuestras intenciones no disponen de claridad ni de poder.

Pero, cuando nos relajamos y entramos en un estado meditativo con un amplio puente alfa conectando nuestra mente consciente con ondas theta y delta de gran amplitud, accedemos al poder de la mente coherente. En ese estado, nuestra intención ejerce una influencia en la materia.

La mente coherente y la inteción activa

Bajo la dirección del Dr. Rollin McCraty, el Instituto HeartMath en Boulder Creek (California) ha estudiado los efectos del ritmo cardiaco coherente durante más de dos décadas.

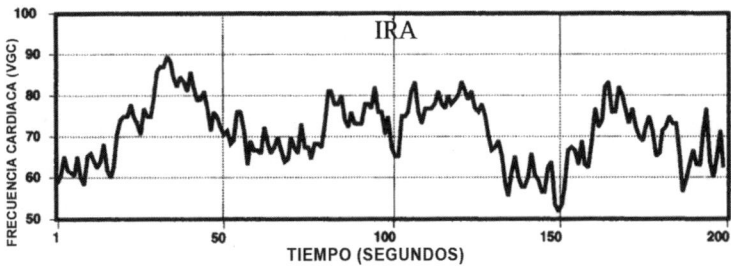

Lecturas de la variabilidad de la frecuencia cardiaca (VFC) de la ira (arriba) y el aprecio (abajo) (McCraty, Atkinson y Tomasino, 2003).

La coherencia cardiaca constituye un marcador confiable de la salud física global, asociado a efectos generalizados en todo el cuerpo. Reduce la secreción de cortisol y expande la amplitud de las ondas alfa en el cerebro. Además de aportar coherencia al cerebro y los sistemas circulatorio y digestivo, estimula el sistema inmunitario (McCraty, Atkinson y Tomasino, 2003).

McCraty escribe: «El paradigma científico actual radica en que toda la comunicación biológica tiene lugar en el ámbito químico/molecular a través de la acción de neuroquímicos que se unen con receptores específicos, de forma semejante a como unas llaves abren ciertas cerraduras. Sin embargo, en última instancia, la señal es transmitida al interior de la célula por una señal eléctrica débil.

»De estos hallazgos y otros relacionados ha surgido un nuevo paradigma de la comunicación energética que se produce en el organismo en los ámbitos atómico y cuántico, un paradigma compatible con numerosos fenómenos observados que no podrían explicarse adecuadamente dentro del marco de referencia del antiguo modelo químico/molecular. Las reacciones de "lucha o huida" ante las situaciones que constituyen una amenaza para la vida [...] son demasiado inmediatas y variadas para concordar con el modelo de comunicación de la llave y la cerradura. Sin embargo, sí son comprensibles dentro del marco de referencia de la física cuántica y un sistema de señalización electromagnético o energético interno y externo, que también podría explicar [...] los vínculos de comunicación energética entre las células, la gente y el entorno.

»Diversos ritmos cerebrales eléctricos, como alfa y beta, están sincronizados de forma natural con el ritmo del corazón y esta sincronización corazón-cerebro aumenta significativamente cuando un individuo se encuentra en un modo fisiológicamente coherente. Es probable que esta sincronización sea facilitada al menos en parte por interacciones de campos electromagnéticos. Esto es importante, ya que posiblemente la sincronización entre el corazón y el cerebro esté implicada en los procesos que dan lugar a la intuición, la creatividad y el rendimiento óptimo» (McCraty, Atkinson y Tomasino, 2003).

El cambio del ADN en un estado coherente

Un experimento llevado a cabo en el Instituto HeartMath utilizó ADN de placenta humana para examinar el efecto de la intención humana en un estado coherente. Esta prueba determina el grado de torsión de la estructura de doble hélice del ADN midiendo la absorción de luz ultravioleta de esta molécula.

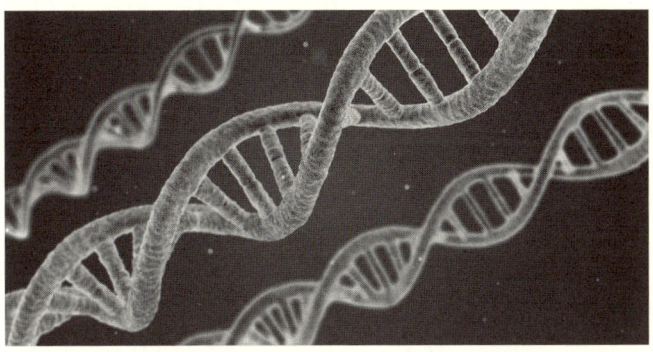

La molécula de ADN tiene una estructura de doble hélice y su grado de torsión puede medirse por su absorción de luz ultravioleta.

En el estudio, unos individuos entrenados en técnicas HeartMath generaron sentimientos de amor y aprecio con una intención específica de enrollar o desenrollar el ADN de una muestra experimental.

Los resultados fueron profundos. En algunos casos hubo un cambio de un 25 % en la conformación del ADN. Se produjeron efectos parecidos tanto cuando se pidió a los participantes que enrollaran más fuerte las hélices como cuando se les pidió que las desenrollaran.

Cuando estos participantes accedieron a un estado de coherencia sin albergar la intención de cambiar el ADN, este no se modificó más de lo que había hecho con el grupo de control, compuesto por habitantes no entrenados de la zona y estudiantes.

Cuando los participantes entrenados albergaron la intención de cambiar el ADN sin acceder a un estado coherente, el ADN tampoco cambió.

Con objeto de determinar hasta qué punto se trataba de un efecto específico y local, se prepararon tres frasquitos separados de ADN y se pidió a un voluntario con entrenamiento avanzado que enrollara más fuerte las espirales del ADN en dos de las muestras pero no en la tercera y esos fueron exactamente los resultados que se detectaron más tarde en el laboratorio: había cambios solamente en las dos muestras a las que el voluntario había dirigido su intención.

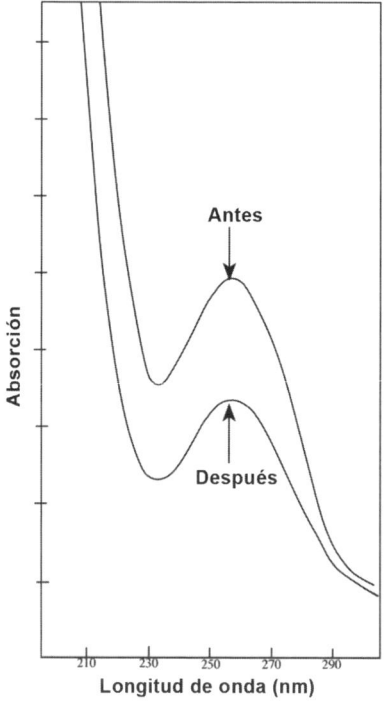

Absorción ultravioleta en el ADN antes y después de ser expuesto a la intención humana (McCraty, Atkinson y Tomasino, 2003).

Esto sugiere que los efectos no eran simplemente el resultado de un campo de energía amorfo, sino que se correlacionaban con la intención del sujeto.

Los investigadores especulaban sobre la posibilidad de que los resultados se debieran a la proximidad de las muestras a los corazones de los participantes, ya que el corazón genera un potente campo electromagnético. Así pues, llevaron a cabo una serie de experimentos similares con los participantes situados a una distancia de casi un kilómetro de las muestras de ADN. Pues bien, los efectos fueron los mismos. Cinco ensayos a distancia mostraron los mismos resultados, todos con niveles estadísticamente significativos.

Estos estudios demuestran que la molécula de ADN puede alterarse a través de la intencionalidad. Los participantes que mejor generaban un estado de coherencia cardiaca, también eran mejores a la hora de influir en el ADN con sus intenciones. Los participantes del grupo de control que no estaban entrenados en coherencia cardiaca no consiguieron ejercer ningún efecto, a pesar de la intensidad de sus intenciones. La unión de los factores intención y coherencia era necesaria para modificar las moléculas de ADN.

Los investigadores sugirieron que «existe una conexión energética entre las estructuras del vacío cuántico y las estructuras correspondientes en el plano físico» y que «esta conexión puede ser influida por la intencionalidad humana».

McCraty y sus colegas también especularon sobre la posibilidad de que las emociones positivas que afectan al ADN puedan representar un papel en fenómenos como las remisiones espontáneas, los efectos positivos de la fe en la salud y longevidad, y los beneficios de la oración.

Cuenta la leyenda que la fitoterapia y la acupuntura chinas constituyen una forma secundaria de curación. En las primeras páginas de la obra clásica de acupuntura *Canon de medicina interna del Emperador Amarillo*, el Emperador Amarillo afirma: «He oído que en la antigüedad había personas iluminadas que podían [...] aspirar la esencia de *qi*, meditar y unificar su cuerpo y espíritu».

En el pasado remoto, los acupuntores originales creían que la sanación tenía lugar por medio de la intención coherente y la energía, una creencia que también puede encontrarse en Occidente. El poeta romántico William Blake formuló la pregunta: «¿Acaso la firme creencia de que algo es una cosa hace que lo sea?». Y se contestaba a sí mismo: «En los años donde imperaba la imaginación, la firme creencia movía montañas» (Blake, 1968, p. 256).

Además de en el americio-241, el Dr. Yan también ha estudiado el efecto de la medicina tradicional china en las células vivas. La influencia de un estado de mente coherente en células cancerosas y células sanas durante cinco minutos hizo que el ADN de las células cancerosas se desintegrara, mientras que las células sanas no resultaron dañadas (Yan *et al.*, 2006). En otros estudios se detectaron efectos similares en células cancerosas colorrectales, de próstata y de mama.

El efecto de la energía sanadora generada por el ser humano se ha evaluado en una gran cantidad de estudios. Una revisión sistemática de 90 ensayos controlados aleatorizados de métodos curativos —principalmente qigong, toque sanador y reiki— descubrió que dos tercios de los ensayos de mayor calidad mostraban que las técnicas eran efectivas (Hammerschlag, Marx y Aickin, 2014).

Vale, sucede, pero ¿cómo?

En el ámbito científico suele observarse *que* algo está sucediendo antes de que entendamos *cómo* sucede. Los estudios acerca de la EFT mostraban *que* la ansiedad, la depresión y las fobias podían curarse una década antes de que revelaran *cómo* se producía la curación (reducción del cortisol, coherencia cerebral y expresión génica). La medicina sabía *que* la aspirina aliviaba el dolor un siglo antes de que entendiera *cómo* sucedía. *Que* la penicilina destruía las bacterias fue descubierto más de 30 años antes de que la ciencia comprendiera *cómo* lo hacía.

¿Cómo pueden las intenciones de una mente coherente afectar la materia?

Si bien consideramos que las realidades materiales son hechos, en el mundo cuántico, todas las posibilidades existen de forma simultánea y luego se condensan en probabilidades. Teóricamente, cualquiera de la cantidad infinita de posibilidades presentes en la onda de posibilidad puede convertirse en una realidad, pero solo una lo hace. Cuando esto ocurre se dice que ese campo de posibilidades infinitas ha «colapsado» y se ha transformado en una realidad particular.

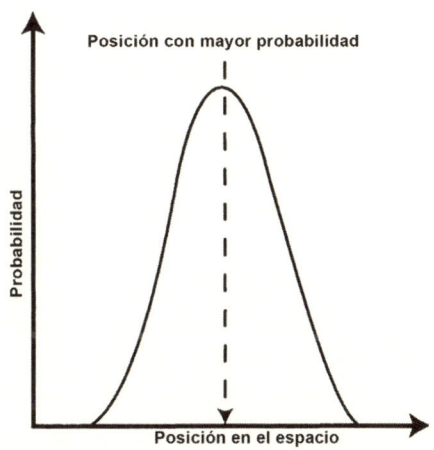

Distribución de la probabilidad cuántica.

Uno de los factores que determinan la dirección en la que colapsa esa cantidad de posibilidades infinitas es el acto de observar. En un universo cuántico, el observador influye en los fenómenos, el espacio y el tiempo; todas las posibilidades existen en el campo cuántico y el acto de observar las reduce a una sola probabilidad.

Esto se llama el efecto observador: cuando se observan las partículas subatómicas, ese infinito número de posibilidades colapsa en una sola probabilidad. Sin el observador, permanecen en un estado de posibilidad indeterminada; solo cuando son observadas se convierten en una probabilidad definida. El descubrimiento científico de que la observación es necesaria para crear hechos materiales tiene implicaciones profundas en nuestra comprensión del mundo material y del papel de la conciencia en su creación.

EL EFECTO OBSERVADOR

El efecto observador se mide en una demostración clásica de la física llamada el experimento de la doble rendija, el cual se ha repetido cientos de veces durante el pasado siglo. Demuestra el hecho de que la presencia de un observador cambia el resultado de lo observado.

Aunque supuestamente las partículas subatómicas como los electrones deberían actuar de acuerdo con las leyes establecidas de la física, no parece que esto suceda. El experimento de la doble rendija demuestra que el acto de observar una partícula afecta a su comportamiento.

Los electrones se lanzan contra una placa con dos rendijas verticales y se registra dónde impactan. Si se comportaran como partículas, veríamos dos áreas verticales de impacto en el otro lado. Sería como si por las rendijas tiraras pelotas de tenis cubiertas de pintura y produjeran dos salpicones verticales en la pared.

Pero los electrones no se comportan como pelotas de tenis, sino que forman un patrón de interferencia como si fueran ondas. Esto también sucede con fotones, con el agua y con el sonido.

¿Qué ocurre cuando lanzas un solo fotón a través de la rendija doble? Sigue formando un patrón de interferencia, como si viajara por ambas rendijas simultáneamente.

Sin embargo, si colocas un detector que observe el proceso cerca de las rendijas, los electrones se comportan como pelotas de tenis. Desaparece el patrón de interferencia propio de las ondas.

Si lanzas grandes partículas por las rendijas también se comportan como pelotas de tenis. Pero, en el nivel subatómico, los electrones y los fotones actúan como ondas a menos que sean observados, en cuyo caso se muestran tan predecibles como las pelotas de tenis. El acto de observar cambia completamente el resultado del experimento, transforma las ondas en partículas y la energía en materia.

Equipo del experimento de la doble rendija.

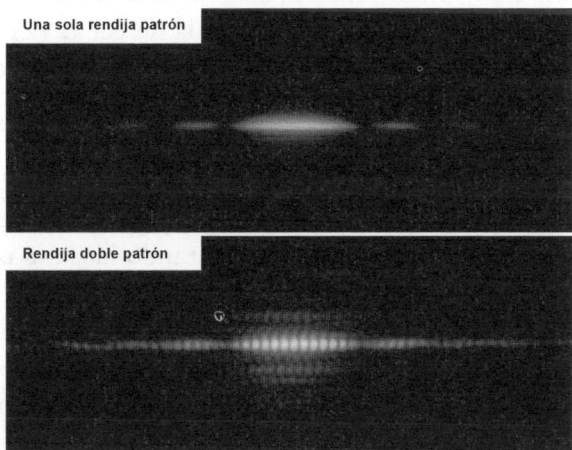

Patrones de interferencia. *Arriba:* una sola rendija produce la línea esperada.
Abajo: La doble rendija produce un patrón de onda en los electrones.

El experimento de la doble rendija muestra que las partículas subatómicas pueden combinar las características de una partícula y una onda y que la observación modifica su comportamiento. El físico ganador del Premio Nobel, Richard Feynman, lo describió como un «fenómeno que era imposible […] de explicar de una forma clásica y que contiene el corazón de la física cuántica. En realidad, contiene el misterio [de la física cuántica]» (Feynman, Leighton y Sands, 1965).

Los electrones y los fotones existen como ondas de posibilidad. El acto de observar provoca el colapso de la onda en una probabilidad. Tanto la intervención mecánica como la humana da lugar al efecto observador.

Entrelazamiento entre partículas distantes

Otro importante principio de la física cuántica es el fenómeno del entrelazamiento. Los físicos pueden producir un entrelazamiento al dirigir un láser sobre un cristal: los fotones de la luz y los electrones de la materia pueden entrelazarse. Cuando dos electrones se entrelazan, uno gira hacia la derecha, y el otro, hacia la izquierda. El acto de medir el giro determina la dirección de la rotación.

Cuando un par de electrones se ha entrelazado permanece así con independencia de la distancia. Si un físico en París mide un giro hacia la derecha de uno de los electrones, un colega en San Francisco podría observar a su pareja girando hacia la izquierda. El efecto persiste al margen de la distancia.

En un experimento clave, un grupo de investigadores de la Universidad de Tecnología de Delft comenzaron con dos electrones no entrelazados y cada uno de ellos se entrelazó con un fotón, después de lo cual ambos fotones se trasladaron a una tercera ubicación donde se entrelazaron entre sí. Esta acción provocó que sus parejas también se entrelazaran (Hensen *et al*., 2015).

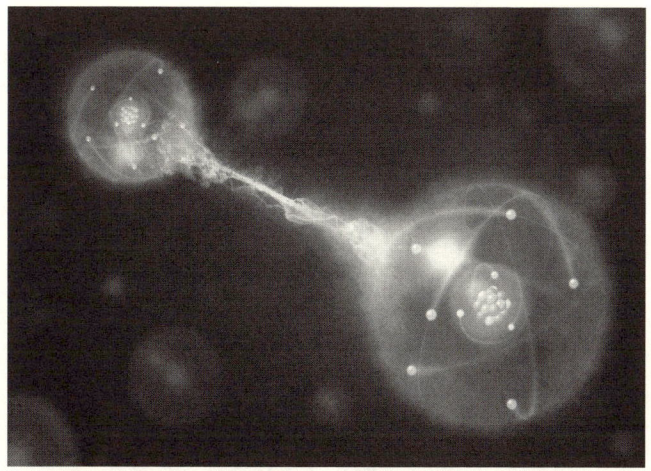

Entrelazamiento entre partículas atómicas distantes.

Un ingenioso estudio llevado a cabo por Dean Radin y Arnaud Delorme del Instituto de Ciencias Noéticas examinó el efecto de observación de la mente humana en comparación con la observación robótica. Realizaron el experimento de la doble rendija «observado» por un robot o por observadores humanos. Estos últimos participaron online en un total de 5738 sesiones durante dos años. El resultado del experimento mostró que la observación humana —mentes vivas reales— produce un efecto observador mayor que la observación mecánica (Radin, Michel y Delorme, 2016).

El efecto observador y las partículas entrelazadas

El efecto observador también aparece en las partículas entrelazadas. Un estudio utilizó fotones entrelazados, cada uno de los cuales tenía la posibilidad de estar en una posición horizontal o vertical. Si se los dejaba a su aire en su pequeño universo, ambos fotones permanecían en un estado indeterminado, pero, cuando en ese sistema cerrado entraba un observador que observaba un fotón, la onda de posibilidad colapsaba en una probabilidad y el fotón adoptaba una posición vertical u horizontal, y su pareja entrelazada respondía adoptando la posición contraria (Moreva *et al.*, 2014).

El físico Werner Heisenberg afirmó: «Lo que observamos no es la naturaleza en sí misma, sino la naturaleza expuesta a nuestro método de cuestionamiento» (1962).

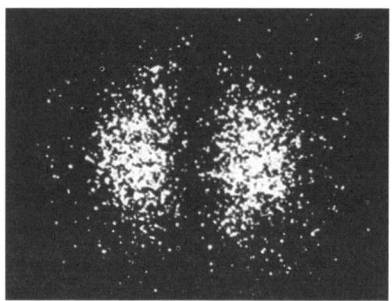 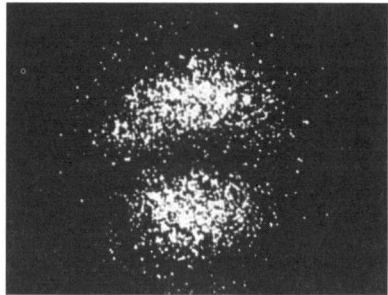

Los fotones entrelazados no adoptan polaridades opuestas hasta que no son observados (Fickler, Krenn, Lapkiewicz, Ramelow y Zeilinger, 2013).

«En la esfera de la posibilidad —afirma el físico cuántico Dr. Amit Goswami— el electrón no está separado de nosotros, de la conciencia. Es una posibilidad de la conciencia en sí misma, una posibilidad material. Cuando la conciencia colapsa la onda de posibilidad al escoger una de las posibles facetas del electrón, ese aspecto se hace real» (Goswami, 2004).

De modo que la mente científica, en vez de observar de forma imparcial hechos objetivos, en realidad influye en que una de las opciones del infinito océano de posibilidades cobre existencia como fenómeno. Goswami añade: «El agente que transforma la posibilidad en realidad es la conciencia. Es un hecho que cada vez que observamos un objeto vemos una realidad única y no el espectro completo de posibilidades. Así pues, la observación consciente es una condición suficiente para el colapso de la onda de posibilidad».

¿APORTA LA CIENCIA UNA EXPLICACIÓN OBJETIVA DE LOS FENÓMENOS MATERIALES?

Creemos que la ciencia explica de forma objetiva los fenómenos materiales. Cuando una científica anuncia que ha encontrado una molécula que destruye las células cancerosas y los resultados son publicados en una revista de prestigio, creemos que son ciertos. Cuando un equipo de investigadores estudia un fenómeno social como el contagio emocional y proporciona un análisis estadístico que demuestra el efecto aceptamos confiadamente que eso es así.

Pero ¿y si la ciencia estuviera influida por el efecto observador? ¿Y si los científicos realizaran hallazgos que esperan encontrar no solo en el ámbito de los electrones y fotones, sino también en el de las estrellas y galaxias? ¿Y si la mente de los científicos estuviera moldeando la materia que observan? ¿Y si la fuerza de sus creencias estuviera produciendo todo o parte de los efectos que observan? ¿Y si su grado de creencia determinara el resultado de sus experimentos?

Los sistemas de creencias permean y dan forma a todo el campo de la ciencia. Los científicos se proponen medir algo porque creen que existe algo mensurable. Si no creen en la existencia de algo, no lo buscan, por lo que no tienen modo de encontrarlo.

Un ejemplo de esto es la investigación de los estados espirituales de los pacientes de SIDA. Los primeros estudios sobre el SIDA se centraron en la enfermedad como un fenómeno biológico que debía abordarse en el ámbito material. Solo después de que se hubieran llevado a cabo cientos de estudios con ese planteamiento, un equipo de científicos incluyó un cuestionario que evaluaba el estado espiritual de los pacientes.

Para su asombro, descubrieron que las creencias que albergaban los pacientes sobre Dios y el universo influían en el avance de la enfermedad. La cantidad de virus presente en la sangre de quienes creían en un Dios justiciero se incrementó tres veces más rápido que en quienes creían en un Dios benevolente. Las creencias de los pacientes predecían si estos vivirían o morirían de forma más efectiva que factores como la depresión, la conducta arriesgada y las estrategias de afrontamiento (Ironson *et al.*, 2011).

Antes de este destacado estudio, no se conocía la importancia de las creencias espirituales, no porque no existiera, sino porque nadie había investigado sobre este aspecto.

Las creencias de los científicos moldean la realidad material de sus descubrimientos.

El efecto de la expectativa

En un influyente ensayo con animales realizado en la Universidad de Harvard, un grupo de investigadores estudió lo que se conoce como el efecto de la expectativa: si esperas que suceda algo, es más probable que percibas que está ocurriendo. El profesor Robert Rosenthal dio a sus estudiantes dos grupos de ratas de laboratorio y les dijo que uno de ellos había sido entrenado para ser extraordinariamente bueno en atravesar laberintos. Las ratas del

otro grupo habían sido entrenadas para ser torpes. En realidad, se había dividido a las ratas en dos grupos de forma aleatoria. Pues bien, los estudiantes llevaron a cabo sus pruebas y concluyeron que el grupo de las ratas excepcionalmente buenas en el laberinto superaban a las del otro grupo (Rosenthal y Fode, 1963). Después Rosenthal realizó un experimento parecido con profesores. Les contó que las pruebas realizadas mostraban que ciertos estudiantes harían grandes progresos durante ese año. En realidad, también esos alumnos habían sido seleccionados al azar. Pues bien, al final del año la clasificación IQ de los estudiantes designados era más alta que la del grupo de control (Rosenthal y Jacobson, 1963). La mente había transformado la materia: una creencia había obrado cambios significativos en el mundo material.

EL NOVATO CUYA IGNORANCIA PODÍA PRECIPITAR CRISTALES

Una estudiante de posgrado que supervisaba un laboratorio en el Instituto Tecnológico de Massachusetts me describió uno de los procedimientos que ella y sus compañeros debían aprender como parte del programa de estudios. Debían precipitar cristales de acetato de sodio de una solución supersaturada. Se trataba de una operación complicada que requería toda la atención de los químicos en ciernes. La mayoría tenía que repetirla varias veces y a veces tampoco así lo conseguía. Los estudiantes sabían que se trataba de un procedimiento difícil y una precipitación exitosa era similar a un rito de paso en el laboratorio.

Ese semestre un estudiante de primer año entró en el laboratorio como asistente. La primera vez que intentó el experimento logró precipitar los cristales de sodio de inmediato. La supervisora se extrañó mucho. Cuando ese estudiante volvió a intentarlo, el resultado fue el mismo. Ese principiante fue capaz de precipitar los cristales sin esfuerzo cada vez que lo intentó. «Tiene un don para esto», exclamó la supervi-

> sora con perplejidad teñida de envidia. Lo cierto es que era tan inexperto que aún no había absorbido la información sobre la dificultad que entrañaba el proceso.

Se supone que esa variabilidad de los resultados obtenidos entre científicos individuales no sucede en ciencias empíricas, como la física y la química. Supuestamente, las moléculas y los átomos se comportan de la misma forma en las mismas circunstancias todo el tiempo. En el paradigma científico estándar no hay espacio para que las intenciones, las creencias o los campos energéticos de los científicos ejerzan influencia en los resultados.

Sin embargo, los informes revelan que ciertos químicos son mejores que otros en hacer que los elementos respondan favorablemente y pueden ayudar con su intención a que se ajusten a lo esperado (Sheldrake, 2012). El físico Fred Alan Wolf considera que «las leyes del universo podrían ser simplemente las leyes de nuestra mente colectiva» (Wolf, 2001). Por su parte, el experto en neurociencia Robert Hoss afirma que «la materia sólida es solo una ilusión. En el nivel más fundamental podríamos parecer una sopa organizada de partículas subatómicas que aparecen y desaparecen dentro del campo energético infinito del universo» (Hoss, 2016).

Las ramas de la ciencia

Las diferentes ramas de la ciencia pueden clasificarse según la escala y el tipo de objeto de estudio. En primer lugar tenemos la física, que estudia la materia en sus niveles más fundamentales, como los átomos y las partículas subatómicas. Después viene la química, que estudia el modo en que esas partículas se unen en moléculas e interactúan unas con otras. Estas ciencias se conocen como ciencias físicas o ciencias «puras» o «duras», debido a que miden los hechos fríos, duros y objetivos de la materia física. Están basadas en las matemáticas, en lugar de en los impredecibles y blandos seres vivos.

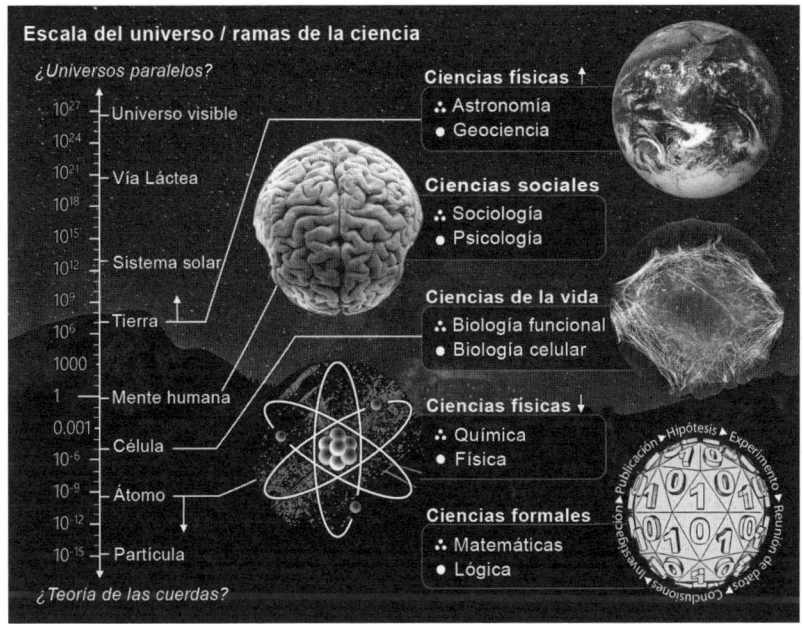

La escala del universo y las ramas de la ciencia con las ciencias físicas como base.

La biología y otras ciencias de la vida se basan en la física y la química para estudiar las células, los tejidos y los organismos vivos. Estos interactúan en complejos sistemas, a menudo inestables, que suelen evolucionar en direcciones impredecibles. La geología y la astronomía también estudian la materia sólida. La primera examina la composición del planeta, y la segunda, la estructura y el movimiento de las estrellas, las galaxias y el universo.

Después vienen las ciencias «blandas» de la mente. La psicología examina la conducta individual, mientras que la sociología estudia las interacciones entre grupos. Los integrantes de las ciencias duras suelen sentirse superiores a los de las blandas por estudiar la materia en lugar de la mente. El físico Ernest Rutherford —que descubrió en 1970 que el átomo era espacio vacío en su mayor parte y que las partículas subatómicas están unidas por campos electromagnéticos— tenía una baja opinión sobre otras ciencias y afirmaba con desprecio: «En la ciencia solo existe la física. Todo el resto es un mero coleccionismo de sellos».

La crisis de la reproducción de experimentos

Cuando publican sus artículos, los científicos han de incluir una sección de metodología que describa los procedimientos del experimento con suficiente claridad como para que otros científicos puedan llevarlo a cabo de nuevo en un intento de reproducir los hallazgos de ese estudio previo.

Cuando un descubrimiento publicado en un artículo presenta un resultado y otro equipo independiente obtiene ese mismo resultado, es probable que el efecto hallado en el primer estudio sea real. Por esta razón, la reproducción de estudios constituye un aspecto importante en el ámbito científico.

Hasta tal punto esto es así que, antes de aprobar un nuevo medicamento, la Administración de Alimentos y Medicamentos de los Estados Unidos (FDA, por sus siglas en inglés) exige que dos estudios demuestren la eficacia de esa sustancia. Cuando la Asociación Estadounidense de Psicología formuló sus estándares para las «terapias empíricamente validadas», se escogió seguir el mismo procedimiento y requerir la repetición de un estudio antes de declarar que una terapia posee una base empírica (Chambless y Hollon, 1998).

A principios del año 2000, la compañía Amgen, un gigante biotecnológico, se propuso reproducir algunos estudios importantes. La empresa invirtió millones de dólares en la investigación de la biología del cáncer basándose en estudios anteriores. Si los efectos obtenidos en estudios previos eran sólidos, la siguiente fase de desarrollo de los medicamentos contra el cáncer se construiría sobre terreno firme. Preguntaron a sus científicos qué estudios eran más importantes para esa tarea y se seleccionaron 53 estudios de referencia.

Pues bien, durante 10 años de trabajo, Agmen consiguió reproducir solamente 6 de los 53 estudios escogidos. Los investigadores lo calificaron como un «resultado impactante» (Begley y Ellis, 2012).

Unos meses después, la compañía Bayer, otro gigante farmacéutico, había publicado un análisis parecido. Esto llevó a un esfuerzo continuado para determinar cuántos estudios clave eran reproducibles. De cinco ensayos que se intentaron reproducir sobre la biología del cáncer solo dos tuvieron éxito (*eLife*, 2017). El epidemiólogo John Ioannidis, de la Universidad de Standford, resume la situación diciendo: «En síntesis, existe un problema de reproducibilidad» (Kaiser, 2017).

¿Y qué sucede en las ciencias blandas? Un grupo internacional de 270 investigadores se propusieron reproducir 100 estudios publicados en 2008 en tres prestigiosas revistas de psicología. Pues bien, solo consiguieron reproducir menos de la mitad (Open Science Collaboration, 2015).

La revista *Nature* realizó una encuesta a 1 576 investigadores para conocer sus experiencias con la reproducción de experimentos. El resultado fue que más de un 70 % había fallado al tratar de reproducir los hallazgos de la investigación de otro científico y más de la mitad ni siquiera había podido reproducir sus propios estudios (Baker, 2016).

«La crisis de la reproducibilidad» obedece a múltiples causas; son diversos los factores que obstaculizan una reproducción satisfactoria, entre ellos, una gestión poco sistemática del laboratorio, muestras demasiado pequeñas como para proporcionar un nivel elevado de poder estadístico y el uso de técnicas especializadas que son sumamente difíciles de reproducir.

La información selectiva representa un papel importante, ya que suelen comunicarse los resultados positivos, mientras que los negativos se barren debajo de la alfombra; a estos últimos se los llama estudios de cajón de archivador, porque, metafóricamente, se meten en el último cajón de un archivador para no volver a ver la luz del día. Un análisis de estudios de psicología estima que el 50 % nunca se publica (Cooper, DeNeve y Charlton, 1997).

Otro factor que contribuye a que los estudios sean difíciles de replicar es que las creencias influyen en los resultados. Los científicos albergan creencias, son humanos. No son intelectos divinos inmunes a la búsqueda de gloria, al egoísmo, a los celos y al chovinismo. Tienen caprichos, preferencias y necesidades. Necesitan estudios exitosos para obtener becas, trabajos y un puesto fijo. Se enamoran de su trabajo, el «efecto Pigmalión», inmortalizado en el musical *My Fair Lady*. Los científicos enfocan su trabajo con tantas suposiciones como las que alberga cualquier otro grupo demográfico.

Los científicos creen en lo que hacen y buscan los efectos que esperan encontrar. La fuerza de sus convicciones podría sesgar los

Se da por sentado que los experimentos de las ciencias duras, como la química y la física, son independientes del efecto observador, de modo que son ensayos a ciegas en menos de un 1 % de los casos.

resultados, un fenómeno denominado efecto de la expectativa. Con objeto de controlar esto, la mayor parte de la investigación médica se lleva a cabo por medio de controles ciegos. Los estadísticos que analizan dos grupos de datos no saben qué muestras proceden del grupo experimental o del grupo de control.

Esto no es aplicable a las ciencias duras, como la física y la química. Los estudios muestran que menos del 1 % de las investigaciones realizadas en estos campos son ensayos a ciegas (Sheldrake, 1999; Watt y Nagtegaal, 2004). Los investigadores que los llevan a cabo saben qué muestra es la experimental y sus creencias y expectativas podrían producir los efectos que observan en la materia. El efecto observador se ha medido en el nivel atómico y molecular en física, así como en el ámbito del estudio de las personas y las sociedades en las ciencias blandas.

Medir la fuerza de los sistemas de creencias de los científicos

¿Cuán poderosas son las creencias de los científicos? Daryl Bem, un psicólogo social de la Universidad de Cornell, llevó a cabo un interesante estudio sobre la precognición. En una serie de nueve experimentos que contaron con mil participantes descubrió un vínculo estadísticamente significativo que apoyaba la posibilidad de un conocimiento previo de sucesos futuros (Bem, 2011).

Pero los detractores de Bem estaban tan convencidos de la falsedad de las premoniciones que aplicaron un enfoque mucho más riguroso. Primero analizaron cada uno de los nueve experimentos por separado, en lugar de combinar los resultados a fin de proporcionar una recopilación de datos lo más amplia posible (Radin, 2011). Siempre resulta más complicado encontrar un efecto en un conjunto de datos reducido. Después emplearon una prueba estadística muy diferente a las que se usan normalmente en los estudios psicológicos (Wagenmakers, Wetzels, Borsboom y Van Der Maas, 2011).

El método que usaron requería la formulación de dos creencias previas acerca del fenómeno. La primera creencia era que la precognición era cierta, y la segunda, que era falsa. Establecieron un nivel de creencia de que la precognición no podía existir en 100 000 billones a 1 (Radin, 2011) y, como era de esperar, esto hizo que el efecto desapareciera.

El equipo de investigación de Bem utilizó el mismo método para analizar de nuevo sus propios datos. Descubrieron que, si albergabas una mínima creencia de que la precognición podría ser cierta, el resultado colectivo de sus nueve experimentos mostraba que existía. ¿Cómo de mínima? Solamente era necesario una creencia previa de que había 1 posibilidad entre 100 millones de que pudiera darse. (Bem, Utts y Johnson, 2011).

No era necesario creer de verdad en las premoniciones para identificar el efecto; incluso si eras un escéptico cuya mente admitía que su existencia era una posibilidad remota —1 posibilidad entre 100 millones—, el estudio validaba el fenómeno: «Si uno comienza con la posibilidad de que los efectos retrocausales podrían ser reales aun cuando esa posibilidad sea extremadamente pequeña, la fuerza de las pruebas disponibles cambiará sustancialmente su creencia en la [precognición]» (Radin, 2011).

La certeza inquebrantable

Un equipo independiente no tuvo éxito en reproducir el estudio de Bem (Ritchie, Wiseman y French, 2012). Esto condujo a un esfuerzo investigador a gran escala que implicó 90 experimentos en 33 laboratorios de 14 países. Esta vez Bem usó los métodos estadísticos poco convencionales de sus críticos así como las pruebas estándar de probabilidad y descubrió que ambos apoyaban la existencia de la precognición (Bem, Tressoldi, Rabeyron y Duggan, 2015).

La mayor parte de los escépticos no creen en los presentimientos.

El primer experimento de Bem y el análisis posterior de sus datos por sus detractores proporciona una comparación fascinante no intencionada de lo fuertes que pueden llegar a ser las creencias entre los científicos. Los detractores de Bem no podían tolerar una creencia de 1 posibilidad entre 100 millones y establecieron el asombroso umbral de 100 000 billones a 1 (Radin, 2011). Esa es la clase de certeza inquebrantable de la que estarían orgullosos la mayoría de los más curtidos fundamentalistas.

El estudio en la revista *Nature* que muestra que el 70 % de los científicos no tiene éxito en la reproducción de experimentos no hizo mella en la confianza de estos en la ciencia. Su creencia se mantuvo fuerte. La mayoría sigue publicando artículos. Son mucho más optimistas de lo que cabría esperar a tenor de los datos: «Un setenta y tres por ciento afirma que piensa que al menos la mitad de los artículos de su campo son confiables, con los físicos y los químicos generalmente mostrando el mayor grado de confianza» (Baker, 2016).

Lo que encontramos cuando examinamos el modo en que funciona la ciencia es que, para bien o para mal, está fuertemente influida por las creencias. El ideal del científico como un evaluador objetivo de hechos no coincide con la realidad. Los científicos son creyentes, especialmente en su propio trabajo. No pueden separar la mente de la materia.

De hecho, la ciencia no constituye una observación objetiva de la materia, sino una danza entre la conciencia interna o mente del científico y el mundo material. Si cambias la mente, la materia también cambia.

¿A QUÉ ESCALA FUNCIONAN EL ENTRELAZAMIENTO Y EL EFECTO OBSERVADOR?

Hasta principios del siglo XXI, la física creía que el entrelazamiento y el efecto observador ocurrían solamente en una microescala y eran propiedades del mundo subatómico, y para las estructuras más grandes que los átomos se aplicaba la física newtoniana de la tradicional ley de causa y efecto. Debido a que el entrelazamiento requiere que se produzca una comunicación entre partículas más rápida que la velocidad de la luz, Einstein detestaba este fenómeno y lo llamó «acción fantasmagórica a distancia» (Born, 1971).

De modo que, durante un siglo, los físicos confinaron esa acción espeluznante a la esfera microscópica. De ninguna manera podía operar en elementos como células y organismos. En 2011, sin embargo, un grupo de investigadores consiguieron entrelazar millones de átomos de una vez (Lee *et al.*, 2011). En 2007 se descubrieron efectos cuánticos en el modo en que las bacterias usan la luz para la fotosíntesis. En 2010, este fenómeno se midió a temperatura ambiente y, en 2014, los investigadores descubrieron que esta coherencia cuántica en organismos vivos está organizada por campos electromagnéticos (Romero *et al.*, 2014).

En el ámbito humano diversas investigaciones han mostrado que el sentido del olfato es capaz de detectar moléculas basándose en su patrón energético cuántico y no solo en su forma (Gane *et al.*, 2013). En el cerebro humano los grupos de neuronas parecen tener su propia versión del entrelazamiento cuántico. Regiones neuronales que se encuentran a bastante distancia pueden dispararse en coherencia al mismo tiempo en un proceso llamado bloqueo de fase, posiblemente sincronizadas por la comunicación cuántica (Thiagarajan *et al.*, 2010).

Otro importante experimento que buscaba efectos cuánticos en el cerebro humano examinó a siete parejas de personas conectadas a un electroencefalógrafo. A un miembro de cada pareja lo encerraron en una habitación insonorizada y blindada frente a cualquier radiación electromagnética conocida. A intervalos irregulares —cien veces durante el experimento— se estimuló brevemente el cerebro del miembro de la pareja que permanecía fuera de la habitación. Cuando se compararon las muestras de ondas cerebrales de ambos grupos, se observó que el cerebro de las personas encerradas en la habitación blindada respondió a la estimulación

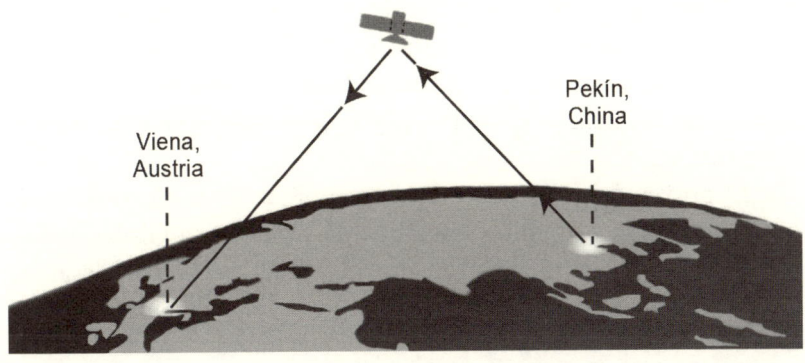

El sistema de teleportación QUESS utiliza el entrelazamiento de fotones para transmitir datos de forma segura.

del miembro de la pareja que permaneció fuera (Grinberg-Zylberbaum, Delaflor, Attie y Goswami, 1994).

En 2016, el Gobierno chino lanzó la misión Experimentos Cuánticos a Escala Espacial (QUESS, por sus siglas en inglés) —un experimento a escala planetaria—, con el objetivo de usar la coherencia cuántica a distancias de miles de kilómetros para proporcionar una transmisión de datos sumamente segura.

Cuando se transmiten datos por medio de cables de fibra óptica, estos se dispersan o se absorben. No es posible preservar el estado cuántico de los fotones a grandes distancias utilizando esta tecnología. El objetivo del proyecto chino es teleportar estados cuánticos usando pares de fotones entrelazados.

Los datos se encriptan mediante la polarización de una cadena de fotones que se transmiten por el espacio desde un satélite hacia un lugar lejano del planeta. Esto elimina la dispersión que tiene lugar cuando los datos se transmiten usando cables de fibra óptica y se produce una transmisión segura.

Los ciclos globales

El estudio de los efectos de los campos magnéticos de la Tierra, el Sol y los planetas en los seres humanos constituye una nueva y emocionante rama de la ciencia. Las interacciones entre estos campos globales y las formas de vida, y los efectos que los seres vivos ejercen en el campo planetario están solo empezando a conocerse.

El proyecto a mayor escala de recopilación de datos de estas interacciones se denomina Iniciativa de Coherencia Global (GCI, por sus siglas en inglés). Utiliza enormes magnetómetros, desarrollados recientemente, para medir los cambios en el campo magnético de la Tierra. Están situados por todo el mundo y miden «información biológicamente relevante que conecta todos los sistemas vivos» (McCraty y Deyhle, 2016).

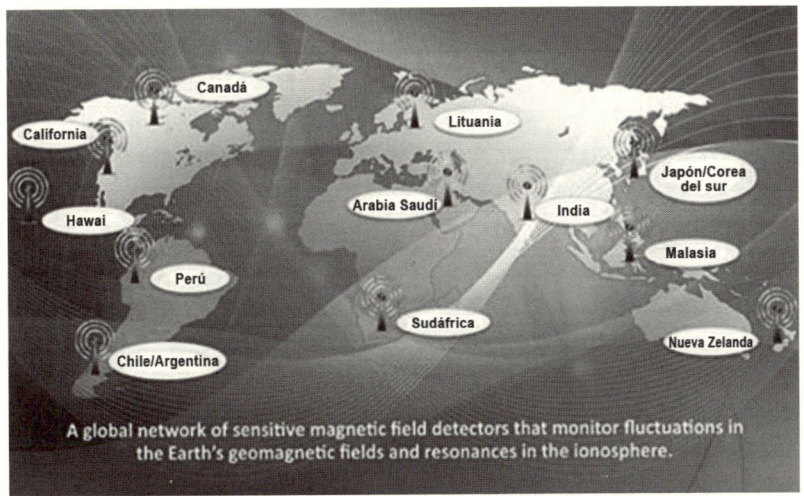

Los lugares de monitorización —seis operativos y seis propuestos— de la Iniciativa de Coherencia Global (GCI).

Los sensores GCI monitorizan los cambios producidos por las variaciones del campo magnético terrestre, las tormentas solares y las diferentes velocidades del viento solar. También examinan la hipótesis de que la conciencia colectiva humana influye en el campo de información y pretenden determinar si «una gran cantidad de gente, creando estados de cuidado, amor y compasión centrados en el corazón, generará un campo más coherente que pueda beneficiar a otros y contribuir a contrarrestar la discordancia e incoherencia planetaria».

El científico ruso Alexander Tchijevsky se fijó en un hecho asombroso cuando observaba las erupciones solares que tuvieron lugar a principios del siglo XX: estas coincidieron con las batallas más violentas de la Primera Guerra Mundial (Tchijevsky, 1971). Esto lo llevó a analizar períodos anteriores que iban desde 1749 a 1926. Se centró en sucesos históricos importantes que habían tenido lugar en 72 países, como el inicio de revoluciones sociales y guerras, y halló la misma relación en siglos pasados. Identificó una correlación de un 80 % entre la agitación social y la actividad solar.

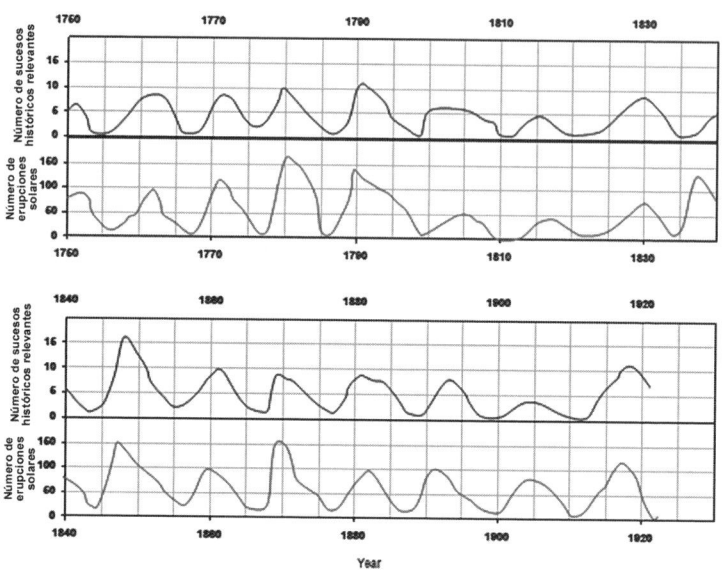

La línea superior representa los sucesos históricos, y la línea inferior, el número de erupciones solares que tuvieron lugar durante ese período.

Este efecto también actúa en la dirección opuesta. La actividad solar se ha relacionado con períodos de florecimiento cultural y evolución social positiva, con avances en las artes, la ciencia, la arquitectura y la justicia social (McCraty y Deyhle, 2016).

Cuando una persona se halla en un estado cardiaco coherente también irradia una señal coherente alrededor del cuerpo y, cuando esa persona entra en contacto con otros, esto produce un efecto en el campo del grupo (McCraty y Childre, 2010) y la gente de alrededor también accede a un estado coherente. Pues bien, el objetivo de la GCI es medir e influir en estas interacciones. Una gran cantidad de gente en un estado de coherencia podría ser capaz de impulsar cambios evolutivos positivos en la totalidad de la psicoesfera del planeta.

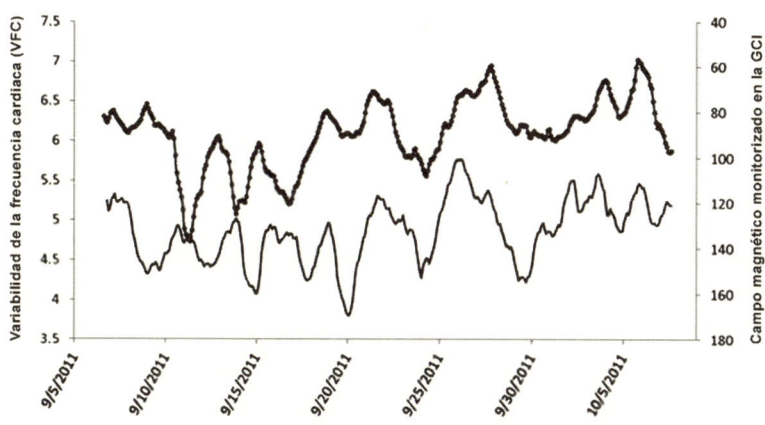

Variabilidad de la frecuencia cardiaca (VFC) de un participante y el campo magnético monitorizado en la GCI de California durante un período de 30 días.

Se espera que este proceso «acelere enormemente la cooperación, la colaboración, las técnicas innovadoras de resolución de problemas y el discernimiento intuitivo con objeto de abordar problemas sociales, medioambientales y económicos significativos. Esto será cada vez más evidente a medida que los países adopten una visión planetaria más coherente e inclusiva que será de vital importancia para tratar de forma relevante y exitosa la opresión social y económica, las guerras, la intolerancia cultural, el crimen y la indiferencia por el medioambiente» (McCraty y Deyhle, 2016).

Los cambios en la conciencia humana también pueden medirse usando generadores de números aleatorios (RNG, por sus siglas en inglés). Se trata de ordenadores que generan una secuencia continua de ceros y unos sin orden aparente. Dado que están diseñados para producir un resultado aleatorio, no deberían, en principio, hacer nada más. En los momentos de experiencias colectivas cumbre, sin embargo, las secuencias de dígitos que generan constantemente sí sufren modificaciones. En ocasiones se desvían tanto del azar que los resultados son estadísticamente significativos, lo cual implica que solamente hay 1 posibilidad entre 20 de que los resultados se deban al azar. Se ha observado que, cuando las multitudes se desbocan en grandes eventos deportivos, los RNG se desvían significativamente del funcionamiento estándar (Leskowitz, 2014).

MEDIR LOS CAMBIOS DE LA CONCIENCIA GLOBAL COLECTIVA

El Proyecto de Conciencia Global (GCP, por sus siglas en inglés) es un colectivo internacional formado por científicos e ingenieros. Recopila información de una red de ordenadores instalada en 70 lugares del mundo y la transmite a un ordenador central en la Universidad de Princeton (Nelson, 2015).

Cuando tienen lugar sucesos dramáticos que implican a un gran número de personas alrededor del mundo y la conciencia global se vuelve coherente, el comportamiento de los RNG cambia y se desvía de la aleatoriedad. Durante alrededor de dos décadas, el GCP ha estado rastreando estos cambios y ha descubierto una correlación con acontecimientos globales que influyen en la conciencia de muchas personas. Por ejemplo:

- 1998: los atentados a las embajadas de Estados Unidos en Kenia y Tanzania.
- 1999: el bombardeo aéreo de la OTAN sobre Yugoslavia en un intento de detener la masacre de serbios.
- 2000: la primera visita de un papa a Israel.
- 2000: la explosión del submarino ruso *Kursk*.
- 2003: una vigilia global con velas encendidas organizada por Desmond Tutu y varias organizaciones.
- 2004: la Convención Nacional Demócrata.
- 2004: la masacre de Beslán en la que murieron 150 rehenes, en Rusia.
- 2005: las elecciones en Irak.
- 2005: el terremoto en Cachemira, en Pakistán.

- 2006: el terremoto de magnitud 6,2 en Indonesia en el que murieron más de 3 000 personas.
- 2008: la elección de Barack Obama como presidente de los Estados Unidos.
- 2010: la aprobación de la reforma sanitaria Obamacare.
- 2010: el ataque israelí a una flotilla de activistas propalestinos en el que murieron nueve civiles.
- 2010: el rescate de 33 chilenos mineros después de pasar 18 días atrapados bajo tierra.
- 2011: la meditación global organizada por el grupo Nueva Realidad, integrado por «físicos y matemáticos que creen que nuestra propia conciencia define nuestra realidad».
- 2013: la meditación global organizada por el grupo Peace Portal Activations.
- 2013: la muerte de Nelson Mandela.
- 2015: el Día Internacional de la Paz.

El GCP calcula la probabilidad estadística de estos cambios y rastrea la posibilidad acumulativa de que estas correlaciones estén sucediendo por pura casualidad. La probabilidad es una entre un billón (Nelson, 2015).

Estas mediciones realizadas a gran escala muestran que la conciencia colectiva humana interactúa con el mundo material. Carl Jung creía que algunos elementos de la experiencia personal se originan en una conciencia mayor que comparte toda la humanidad a la que llamó conciencia colectiva. Este psiquiatra creía que «el inconsciente colectivo contiene toda la herencia espiritual de la evolución de la humanidad, que nace nuevamente en la estructura cerebral de cada individuo» (1952).

Proyectos científicos de gran escala, como el GCP y la GCI, nos permiten medir los efectos de la experiencia compartida y estamos descubriendo que lo que experimentamos de forma colectiva ejerce un efecto en el mundo material. La mente grupal está afectando a la materia de la psicoesfera en la que vivimos.

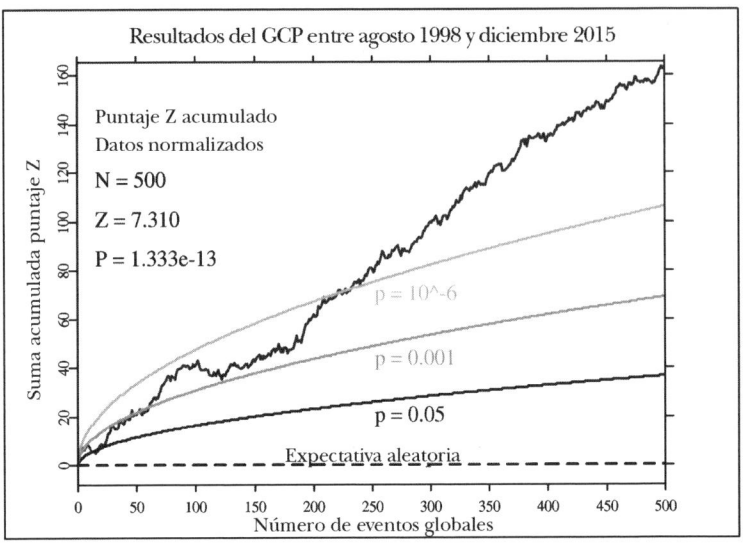

En este gráfico la posibilidad de que estas correlaciones sucedan por casualidad se indica con la línea de puntos de abajo. Las tres curvas suaves representan los niveles crecientes de relevancia estadística. El resultado final es la línea quebrada de arriba (Nelson, 2015).

La coherencia personal influye en la coherencia global

Cuando accedemos a una coherencia personal nos sentimos mucho mejor en los ámbitos físico, emocional y espiritual. Los niveles de cortisol disminuyen, mientras que los neurotransmisores serotonina y dopamina equilibran nuestro cerebro. Tenemos niveles altos de todas las ondas cerebrales que promueven la sanación y niveles bajos de ondas beta de alta frecuencia, asociadas a la ansiedad. Nos sentimos bien subjetivamente y esto se traslada a cambios objetivos en la biología de nuestras células: la mente se transforma en materia y el cerebro se inunda de endorfinas, inductoras de bienestar, de oxitocina, promotora de sentimientos de intimidad, y de anandamina, la molécula de la felicidad.

Asimismo, resonamos con las correspondientes frecuencias globales. No estamos viviendo nuestra vida como seres humanos aislados, sino como nodos resonantes que forman parte de un gran universo. Al incrementar nuestra coherencia personal añadimos nuestra parte a la suma de coherencia generada por las demás personas del planeta que resuenan en sincronía con esas energías.

De este modo, representamos un papel pequeño pero significativo y contribuimos al florecimiento del planeta. La siguiente historia de Joe Marana es un ejemplo de las sincronicidades que a veces unen sucesos personales y geológicos.

EL AMOR DE MI HERMANA DESDE EL MÁS ALLÁ

Por Joe Marana

Le había prestado a un amigo la colección de casetes del programa de audio de Wayne Dyer *Tus zonas mágicas*.

La colección constaba de seis casetes y cuando me los devolvió estaban todos rebobinados menos uno. Me molestó un poco y pensé: «¿Por qué no habrá rebobinado este?».

Después pensé: «Quizá haya un mensaje para mí»; de modo que fui hasta mi sofisticado equipo de sonido, con su elegante reproductor de casetes, metí la cinta y pulsé el botón de encendido.

Entonces escuché la voz de Wayne Dyer que decía: «¿Y si llevaras tres años sin saber de tu hermana y estuvieras pensando lo agradable que sería hablar con ella?».

Me quedé asombrado. Era el tercer aniversario de la muerte de mi hermana y la echaba mucho de menos.

Cuando me llegó el correo postal aquel día, había una carta de una mujer de Paraguay. Se llamaba Juanita López y padecía esclerosis múltiple. Yo solía mandarle algo de dinero varias veces al año y, a cambio, ella me enviaba una carta con una lista detallada de en qué se había gastado el dinero: zapatos para su sobrina, paja para el tejado, un purificador de agua…

> Abrí la carta. En la parte superior de la hoja, en mayúsculas y en una letra completamente diferente a la de Juanita decía: «Soy tu hermana eternamente, te recuerdo todos los días y te mando mi amor».
> Me derrumbé en el suelo y no pude dejar de llorar durante un largo rato.
> Después, le envié una carta por correo aéreo en la que le preguntaba: «¿Por qué has dicho eso?».
> Al día siguiente hubo un terremoto en Paraguay que mató a cuatro personas, entre las que se encontraba Juanita López, de modo que nunca obtuve respuesta.
> Le conté esta historia a un científico del Instituto de Ciencias Noéticas y me dijo que la explicación más probable era el entrelazamiento. La carta se había enviado antes de que yo recibiera el mensaje de Wayne Dyer, pero, de algún modo, la carta y el mensaje estaban conectados.

Para seguir con las sincronicidades, escuché la historia de Joe en un programa de radio mientras estaba aparcado fuera de un hotel, esperando a mi mujer, Christine, que se encontraba dentro pagando. Precisamente acababa de preparar la charla principal del congreso anual de... (cómo no)... el Instituto de Ciencias Noéticas.

Vidas entrelazadas

En la sanación a distancia y la comunicación no local podría intervenir el entrelazamiento. La gente que está cerrada en el ámbito emocional también lo está en el ámbito neurológico, con independencia de la distancia. Unos equipos de investigación de la Universidad de Bastyr en Seattle y de la Universidad de Washington examinaron las características del EEG de personas con un estrecho vínculo afectivo. Descubrieron que, cuando a un miembro de la pareja se le mostraba una imagen, el otro miembro, aunque estuviera lejos, desarrollaba de inmediato el mismo patrón de funcionamiento cerebral (Standish, Kozak, Johnson y Richards, 2004).

Un sanador que cure por medio de la fe podría considerarse en términos cuánticos como un observador que colapsa de forma rutinaria posibilidades espaciotemporales en la probabilidad de sanar. Una oración constituye una intención que también podría colapsar las múltiples posibilidades presentes en la onda de posibilidad en la dirección de una cierta probabilidad.

En el libro *El experimento de la intención*, una obra acerca de experimentos internacionales que evalúan el efecto de la intención humana en la materia física, Lynne McTaggart afirma que el efecto observador implica que la «la conciencia viva es crucial en la transformación del desordenado mundo cuántico en algo parecido a la realidad cotidiana» y que «la realidad no es algo fijo, sino algo fluido y cambiante, y, por lo tanto, abierto a otras influencias» (McTaggart, 2007)[5]. Según Bill Bengston: «Esto sugiere que la conciencia humana, individual y colectiva, produce lo que llamamos "realidad"» (Bengston, 2010).

El científico Robert Hoss, un experto de los fenómenos extrasensoriales, como las experiencias cercanas a la muerte y los sueños premonitorios, formula una provocadora pregunta: ¿si es solamente el acto de observar lo que transforma las ondas de energía en partículas de materia que forman el mundo que nos rodea, *quién o qué es ese observador?* ¿Quién es el gran observador que está catalizando la creación de toda la materia en el mundo físico? Hoss cree que se trata de la conciencia: la gran conciencia no local del propio universo; esto es, el propio universo es conciencia que está constantemente creando materia desde tiempos inmemoriales (Hoss, 2016).

Esta visión tiene un apoyo creciente por parte de los científicos. Gregory Matloff es un experimentado físico de la New York

---

[5] McTaggart Lynne: *El experimento de la intención*. Málaga: Sirio, 2008. (N. de la T.)

City College of Technology. Este científico señala que nuestras mentes individuales locales podrían estar unidas a la mente no local del cosmos a través de un «campo de protoconciencia» que se extiende por todo el espacio. En este modelo, las mentes de las estrellas podrían estar controlando sus viajes orbitales a través de la materia. Todo el universo sería consciente de sí mismo. Su punto de vista es compartido por otros muchos científicos (Powell, 2017).

Cuando nosotros, los seres humanos, aflojamos la fijación de nuestra mente local sobre la realidad local y alineamos nuestra conciencia local con la conciencia no local del universo, establecemos un estado de coherencia de la mente local con la mente no local. En este estado coherente lo que creamos con la mente local es un reflejo de la mente no local. Dejamos de estar limitados por nuestro antiguo pensamiento condicionado, por lo que dejamos de crear la misma realidad cotidiana a partir de las experiencias del pasado.

En lugar de eso, pensamos con originalidad y vemos posibilidades que no veíamos cuando estábamos atrapados en la mente local. Exploramos el potencial que hallamos en la conciencia expansiva de la mente no local para nuestra vida. Percibimos formas de cambiar el mundo que simplemente no vemos cuando estamos atascados en un campo de realidad personal no coherente. El efecto observador demuestra que la realidad es plástica. Al llevar el poder de la mente coherente a nuestra experiencia, nuestra percepción crea sucesos extraordinarios.

En mi propia vida me estanco con facilidad en la visión convencional de que «los hechos son hechos» y de que el mundo exterior es de la forma que es. Para corregir esta tendencia suelo encuadrar mis experiencias, buenas o malas, de una manera que apoye mis objetivos. Cuando actúo conscientemente utilizo mi mente para crear y mantener un «campo de realidad» que sea congruente con mis deseos.

MANTENER EL CAMPO DE REALIDAD

Con 45 años cambió mi trayectoria profesional. Hacía unos pocos años que había dejado el mundo editorial y había comprado un pequeño hotel. Me dedicaba a criar a mis dos hijos y llevaba una vida semirretirada.

También me aburría muchísimo y me sentía separado del mundo de la sanación y de las ideas de las que participaba como editor.

Para volver a incorporarme a ese círculo, decidí publicar una antología llamada *The Heart of Healing*, la repetición de una exitosa antología que había publicado en los años ochenta.

Envié cartas de invitación a 30 de los autores más conocidos en el ámbito de la sanación, como Larry Dossey, Deepak Chopra, Donna Eden, Bernie Siegel y Christiane Northrup.

Dentro de cada carta había una postal azul con sello. Pedí a cada uno de ellos que rellenaran una casilla diciendo sí o no y escribieran una frase en la que explicaran sus motivos.

Durante el mes siguiente, todos los días me acercaba ansioso al buzón esperando la llegada de las postales azules. La primera la envió Bernie Siegel ¡con un sí! Volví a mi despacho y le conté a mi asistente lo aliviado que me sentía de que al menos una persona, Bernie, no se hubiera olvidado de mí después de quince años.

Después llegó una postal de Larry Dossey con un no.

Regresé a mi despacho corriendo y agité la postal sobre la cabeza con entusiasmo. Al ver el no, mi asistente me miró con una expresión desconcertada.

«¡Acabo de iniciar un diálogo con Larry Dossey!», exclamé.

Así es cómo gestioné cada negativa que me llegó. Esa postal azul no representó una puerta cerrada, sino el comienzo de una conversación. Mantuve el campo de realidad de una antología exitosa incluso cuando se presentaban señales de lo contrario.

Al final, casi todas las personas que dijeron no inicialmente aparecieron en la antología, que llegó a ganar un premio como el mejor libro de salud del año. Y en cuanto a Larry, se ha convertido en un amigo y me envió una de las primeras recomendaciones para este libro.

Cultivar la mente coherente

Podemos volver a capacitar a nuestra dispersa y caótica mente para que funcione de forma coherente. Los EEG muestran que esto produce una intensificación de gamma, lo cual indica un aumento de la creatividad, así como una organización de todas las regiones del cerebro. Cuando a lo anterior añadimos la sincronización con la mente no local del universo, nuestras intenciones tienen el poder enfocado de un láser.

Como Christine y yo descubrimos con el contador Geiser, la capacidad de usar la intención para afectar a la materia molecular no es una facultad sobrehumana, sino algo que una mente entrenada y coherente puede lograr con facilidad. El entrelazamiento y los experimentos de la doble rendija demuestran que la conciencia influye en el mundo material que nos rodea.

El profesor William Tiller, de la Universidad de Stanford, nos recuerda la diferencia que existe entre la luz incoherente de una bombilla incandescente y el poder de una luz organizada en la forma de un láser. Afirma: «Así como en el ejemplo de la bombilla, en nuestro interior existe un vasto potencial no utilizado; aunque los ingredientes básicos están presentes, son relativamente incoherentes entre sí. Nuestra tarea consiste en transformar esos ingredientes, en gran parte incoherentes, en un sistema completamente coherente» (Tiller, 1997).

Piensa de forma intencionada. Utiliza este extraordinario don de la conciencia para dirigir tus pensamientos en lugar de ser empujado por la realidad. Incluso las circunstancias adversas pueden impulsarnos hacia la grandeza si hemos dominado nuestra mente y la hemos llenado de amor y propósito, en lugar de temor y dudas.

Una mente coherente tiene el poder del láser, que es capaz de cortar el acero. La conciencia que tiene acceso a una realidad elevada organiza las vías neuronales y produce coherencia en las ondas cerebrales, así como en el corazón y en todos los sistemas del organismo. Reconfigura nuestras redes neuronales y, en este estado, somos capaces de actuar en niveles que trascienden lo conocido por las leyes físicas.

También nos unimos de forma natural con otras personas y nos alineamos con grandes campos de energía de resonancia positiva. Las sincronicidades se vuelven la norma en lugar de la excepción. Como el filósofo C. S. Lewis exclamó: «Los milagros están volviendo a contar con letra pequeña la misma historia que está escrita por todo el mundo en letras demasiado grandes para la capacidad visual de algunos de nosotros» (Lewis, 1970).

El cultivo de la mente coherente comienza con la alineación de nuestra conciencia con los campos de amor y creatividad que se encuentran en la mente no local. Esta es la razón por la que meditar a primera hora de la mañana, cuando el cerebro está en una fase alfa antes de que haga aparición beta, resulta tan efectivo. Tratar de aquietar la mente después de que se han abierto las compuertas del pensamiento es bastante duro, pero ampliar la fase alfa en la que has estado durante el sueño nocturno resulta mucho más sencillo.

Cuando me levanto por la mañana trato de alargar esa conexión alfa todo lo posible, de modo que lo primero que hago es meditar, lo cual me permite iniciar la jornada con una mente coherente en lugar de con la predominancia del cerebro cavernícola. Estos estados mentales positivos tienen efectos profundos en la salud y la longevidad. La tasa de mortalidad de las personas optimistas es la mitad de la de las pesimistas y reducir los niveles de estrés puede aumentar en diez años tu esperanza de vida (Giltay, Geleijnse, Zitman, Hoekstra y Schouten, 2004; Diener y Chan, 2011).

Una mente sintonizada con lo infinito es un maravilloso lugar donde vivir. Impulsa la materia de nuestros cuerpos hacia la salud y el bienestar; libera nuestra creatividad; cambia nuestras relaciones familiares y sociales hacia un estado de amor, compasión y placer; resulta beneficioso para el mundo natural e influye en la psicoesfera de todo el planeta. Nuestras mentes, organizadas en un estado coherente, pueden iluminar la esfera de los milagros.

Pon en práctica estas ideas

Actividades que puedes practicar durante la semana:

- Continúa practicando la ecomeditación durante al menos 10 minutos por la mañana y por la tarde.
- Toca a tus familiares todos los días de forma intencionada. Puede ser por medio de:

    Un pellizco de ánimo en el hombro.
    Una palmadita en la espalda.
    Un abrazo más largo de lo normal.

Echa un vistazo a tus notas de las semanas previas en tu diario. ¿Percibes alguna sincronicidad? Márcalas con una S.

Capítulo 6

Abrirse a la sincronicidad

A Molokai se la suele considerar la isla más hawaiana. Aunque tiene alrededor de 420 km², no cuenta con ningún semáforo. Tiene dos gasolineras que sirven a los más de 7000 habitantes de la isla y un modesto supermercado. Los visitantes suelen alojarse en un establecimiento conocido como el Hotel Molokai, con «el» por delante ya que se trata del único hotel de la isla. Además, puedes comprar postales de fondo negro con la frase: «Vida nocturna de Molokai».

Visité esta isla por primera vez hace unos años con mi mujer, Christine. Teníamos diez días para relajarnos y queríamos conectar con los residentes y asistir a eventos locales. Por sincronicidades del destino, el día antes de volar desde Maui a Molokai habíamos conocido a un músico y chamán de allí llamado Eddie Tanaka, que nos ofreció enseñarnos la isla a su regreso, unos días después de nuestra llegada.

El primer día, después de conducir por la carretera marítima durante unos kilómetros, decidimos dar un paseo y tratar de encontrar alguna ruta de senderismo. Nos preparamos para salir, pero nos entretuvimos en el apartamento unos 45 minutos hasta que finalmente partimos a dar el paseo.

En el aparcamiento me fijé en el adhesivo de un coche que decía: «No cambies Molokai, deja que Molokai te cambie a ti». Lo fotografié con el móvil para compartirlo en la página de Facebook, llamada Love Bathing, donde Christine y yo registramos nuestros viajes.

La dueña del coche, que llegaba en ese momento, me vio sacando una foto del vehículo y entablamos una conversación. Se trataba de una contable jubilada llamada Joy que resultó ser un manantial de información. Nos dijo dónde se encontraban los senderos más cercanos y nos informó acerca de los cantos en grupo, que constituían un punto de encuentro comunitario. También nos facilitó las ubicaciones de los heiaus, templos hawaianos que nos encanta visitar a fin de impregnarnos de los campos energéticos de estos antiguos lugares de culto.

Un heiau, un antiguo templo, restaurado.

Resultó que Joy y su marido vivían en el apartamento situado debajo del nuestro. Conocía a Eddie y a menudo tocaba el ukelele con él. Nos habló de su inconfundible casa, con una fachada delantera coronada con cientos de botellas de cristal. Habíamos pasado por allí en coche esa misma mañana.

Joy nos invitó a unos cantos comunitarios que iban a celebrarse en el Hotel Molokai el día siguiente. Allí conocimos a sus amigos. La gente nos dio una calurosa acogida y, al final del evento, todo el mundo se dio la mano en un gran círculo y cantamos juntos «Hawái Aloha». Me llegó tanto al corazón que me pasé toda la canción llorando. Durante esos diez días disfrutamos charlando con Joy, Eddie y otros nuevos amigos.

Pero las sincronicidades habían comenzado mucho antes. El año anterior, la hija veinteañera de una amiga nuestra se tomó un año sabático para explorar el Caribe «buscando la isla perfecta». Ese plan me daba envidia y me imaginé haciendo lo mismo durante un año, pero, debido a mis compromisos de charlas y demás, y a la misión de mi vida de formar a gente en métodos de sanación avanzada, eso me resultaba imposible.

Así pues, un día, después de la meditación de la mañana, me di cuenta de lo siguiente: «No tienes que mover tu cuerpo aquí y allí en busca de la isla perfecta ¡el universo sabe lo que hace! Pre-

Kilómetros de playas de arena de Molokai en los que se incluye un arcoíris para completar la imagen.

gunta a tu guía interior». Formulé la pregunta, y una voz mansa y tenue susurró: «Considera Molokai». Llevaba visitando las islas hawaianas 20 años y nunca hasta entonces se me había ocurrido visitar Molokai. Eso llevó a la reserva de diez dias de vacaciones. Christine y yo pasamos unos días maravillosos. Molokai tiene kilómetros de playas de arena que suelen estar desiertas. A menudo nuestras huellas eran las únicas que podían verse en la arena. Durante nuestras caminatas descubrimos heiaus remotos, cubiertos de vegetación que permanecían invisibles hasta que no llegábamos hasta ellos. La magia estaba en el aire cada día.

Desde pequeño me han fascinado los arcoíris. Algunas veces he conducido durante kilómetros tratando juguetonamente de localizar el comienzo de uno particularmente vívido, pero nunca he encontrado el final de ninguno.

Una tarde, mientras conducíamos por una curva de la escarpada parte oeste de Molokai, justo después de un chaparrón, ahí estaba. El arcoíris acababa en la carretera, justo delante del coche, o, mejor dicho, uno de ellos, porque había dos más que finalizaban en el tórrido follaje del otro lado de la carretera: se me había otorgado más de lo que deseaba.

Nos fuimos de Molokai sintiéndonos amados, descansados y renovados. La mañana antes de nuestra partida acudimos a la última sesión de cantos en grupo en una vieja plantación de café, donde un porcentaje considerable de la población de la isla se había presentado para disfrutar del entretenimiento local. Me marché con los ojos bañados en lágrimas, como si hubiera encontrado un segundo hogar.

Ninguna de las conexiones que establecimos el primer día de nuestra estancia en la isla habrían tenido lugar a menos que:

- Hubiéramos decidido dar un paseo durante la primera mañana en la isla.
- Nos hubiéramos entretenido y hubiéramos salido con 45 minutos de retraso.

- Me hubiera parado a mirar un adhesivo y le sacara una foto.
- Joy pasara por allí en ese justo momento.

Ni siquiera habríamos ido a Molokai si yo no hubiera conectado con mi intuición.

Aunque todo esto podría haber sucedido por casualidad, lo cierto es que sincronicidades como estas nos suceden a Christine y a mí todo el tiempo. Desde que nos conocimos, tenemos un diario de la relación en el que registramos los sucesos y las epifanías de nuestra vida.

Hace algunos años nos impactó la cantidad de sincronicidades poco probables que nos sucedían y cómo las cosas en las que pensábamos se manifestaban como por arte de magia. Comenzamos a identificar con una S esos episodios para recordarnos mostrar agradecimiento por una vida feliz y armoniosa. Las anotaciones de nuestra estancia en Molokai contienen una S tras otra.

La forma que tiene Dios de mantener el anonimato

Nuestra generación no fue la primera en darse cuenta del fenómeno de la sincronicidad, sino que ha fascinado a los seres humanos durante milenios. Hace dos mil años, Hipócrates, el padre la medicina moderna, observó: «Hay un flujo común, una respiración común, todas las cosas están coordinadas. Todo el organismo y cada una de sus partes funcionan en conjunción con el mismo propósito [...] El gran principio se expande hasta el punto último y de ahí regresa al gran principio, a la única naturaleza, el ser y el no ser» (Jung, 1952). El emperador y filósofo romano Marco Aurelio creía que «todo está conectado en una red sagrada».

A principios del siglo XX, el gran psiquiatra suizo Carl Jung se interesó por el fenómeno de la sincronicidad. Lo definió como «una coincidencia relevante entre dos o más acontecimientos, en la que está implicado algo más que la probabilidad aleatoria» (Jung, 1952, p. 79).

Uno de sus ejemplos de sincronicidad más conocidos le ocurrió durante una sesión de terapia. Una mujer joven que era paciente de Jung y que no estaba progresando con la terapia le contó un sueño en el que había visto una joya en forma de escarabajo dorado. En la cosmología egipcia, los escarabajos simbolizan el renacimiento.

Mientras hablaban del sueño, Jung escuchó un golpeteo en la ventana y al abrir para ver qué pasaba encontró un escarabajo y se lo dio a la paciente como símbolo de su potencial para eliminar los obstáculos y renovar su vida. Jung escribió: «La sincronicidad revela las conexiones significativas entre los mundos subjetivo y objetivo».

Albert Einstein visitó a Jung con frecuencia durante el tiempo en que estaba desarrollando su teoría de la relatividad. Sus conversaciones sobre la relatividad del tiempo y el espacio representaron un papel en el desarrollo del concepto de sincronicidad de Jung. Einstein dijo bromeando: «La sincronicidad es la forma que tiene Dios de mantener el anonimato».

La sincronicidad y los sueños

Los sueños suelen ser precursores de sincronicidades. Jung analizaba los sueños de sus pacientes, prestando particular atención a los símbolos que contenían. Buscó las conexiones entre las imágenes oníricas y el estado de vigilia, como el escarabajo, y estas aparecían con sorprendente frecuencia.

Los sueños pueden cambiar el curso de nuestra vida. Suelen estar repletos de símbolos y sucesos que contienen vínculos sincrónicos con los retos que afrontamos en la vida diaria. Dotan de significado nuestras experiencias y pueden aportar información que trasciende la capacidad que tiene la mente durante el día.

Entre los sueños sincrónicos se encuentran los que aportan información sobre nuestro estado de salud; durante los sueños, la gente suele obtener un conocimiento sobre su cuerpo que trasciende el ámbito de la conciencia ordinaria.

El radiólogo Larry Burk ha estado recopilando y estudiando los sueños sobre el cáncer de mama durante años. Al analizar las historias de mujeres de todo el mundo ha descubierto que muchos de estos sueños constituyen experiencias transformadoras (Burk, 2015). Estos sueños presentan características comunes, entre las cuales cabe mencionar la percepción de que se trata de un sueño importante (94 % de los casos) y de que es más intenso y vívido que otros sueños (83 % de los casos), la sensación de un sentimiento de terror en la mayoría de las mujeres y la aparición de las palabra «cáncer» o «tumor» (44 % de los casos).

En más de la mitad de los casos que ha recopilado el Dr. Burk, las mujeres acudieron al médico después del sueño. Los sueños llevaban directamente a un diagnóstico y con frecuencia ponían de relieve la ubicación exacta de los tumores.

LOS ESCOMBROS ESCONDIDOS BAJO LA CORNISA

Wanda Burk fue una de las participantes del estudio del Dr. Burk. Esta mujer tuvo una serie de sueños acerca de un tumor y decidió hacerse un examen físico y una mamografía, pero ninguna de las dos pruebas reveló la existencia de cáncer. Su médico, el Dr. Barlyn, era un profesional de mente abierta dispuesto a tener en cuenta su historia. Así es como ella relata su historia:

«El Dr. Barlyn escuchó mi sueño y me pasó un rotulador diciendo: "Marca su localización en el pecho"; así pues, dibujé un punto en el lado inferior derecho del pecho izquierdo y le conté que en otro sueño había visto una cornisa bajo la cual se ocultaban "los escombros del sueño", es decir, el tumor. El Dr. Barlyn insertó la aguja de biopsia en el área designada y sintió resistencia, lo cual era señal de un problema. La biopsia proporcionó al Dr. Barlyn los detalles de un cáncer de mama extremadamente agresivo y rápido cuyas células se agrupaban de un modo que no era detectable en la mamografía».

Gracias a esto, Wanda pudo tratarse con éxito y compartir su historia con otras mujeres en el libro titulado *She Who Dreams* (Burch, 2003).

Sin embargo, una amiga del Dr. Burk no fue tan afortunada con el médico. Sonia Lee-Shield tuvo un sueño premonitorio y describió sus síntomas durante la consulta:

«Soñé que tenía cáncer y fui al médico por un bulto que me había salido y sensaciones de espasmo en el esternón, pero el médico determinó que se trataba de tejido sano y tampoco hizo caso de la sensación del esternón, un error terrible. Al cabo de un año, otro médico me diagnosticó cáncer de mama en estadio 3».

En esa fase avanzada, el tratamiento no tuvo éxito y Sonia falleció. La tragedia dio al Dr. Burk el impulso que necesitaba para difundir la importancia de los sueños premonitorios. También encontró casos en los que el diagnóstico de muchos otros tipos de cáncer —de piel, de pulmón, de cerebro, de próstata y de colon entre otros— era precedido por un sueño (Burk, 2015).

Los sueños están repletos de símbolos con un significado único para el soñador.

Los sueños de pacientes de cáncer, como Wanda y Sonia, demuestran la intrincada danza que tiene lugar entre la mente y la materia. La conciencia, comunicándose con la mente en los sueños, pone de relieve problemas corporales y no solo muestra la existencia de un problema, sino que además puede señalar su ubicación exacta. La conciencia es capaz de presentar niveles refinados de información que superan la capacidad de los más sofisticados escanógrafos e instrumentos disponibles en la medicina moderna.

Pero los sueños no solo nos advierten de un mal funcionamiento de nuestros cuerpos y nuestras vidas, también pueden desempeñar un papel en la curación. Existen numerosos testimonios de personas que han tenido sueños en los que curaban su cuerpo o facilitaban la sanación de otras personas. Los mensajes de los sueños eran confirmados por diagnósticos médicos posteriores. El siguiente relato describe el sueño que tuvo una terapeuta con una cliente, recogido en una provocadora colección de historias titulada *Dreams That Change Our Lives* (Hoss y Gongloff, 2017).

LA VIRGEN MARÍA Y LAS ESFERAS

Por Carol Warner

Tenía dos clientes que eran madre e hija, a esta última la llamaré Jennifer. Jennifer había sido víctima de un maltrato brutal y de abusos sexuales por parte de un familiar que había estado viviendo con ellas. No lo había contado antes porque el hombre la amenazaba repetidamente con matarla a ella y a su madre. Aunque años más tarde confesó los abusos y el hombre fue arrestado, el juez lo absolvió inexplicablemente y culpó a la madre de la situación.

Jennifer entró en una espiral descendente. Acabó teniendo una relación que reproducía sus años de maltrato, se metió en drogas, se escapó de casa, trabajó en un club de estriptis y fue violada de nuevo. Estaba cerrada emocionalmente y su madre sentía un enorme pesar.

Al cabo de un tiempo, la madre se fue a vivir a otra ciudad para iniciar un negocio, de modo que dejó de acudir a la consulta, pero un día me llamó contándome que Jennifer le había expresado su deseo de volver a casa diciendo que estaba preparada para empezar una nueva vida y «afrontar su pasado». La madre le puso como condición para su retorno a casa que asistiera a terapia y Jennifer le confesó que solo confiaba en mí ¡y yo vivía a tres horas en coche!

Dado que Jennifer había perdido el carné de conducir, su madre, en un gesto extraordinario, aceptó tomarse un día libre a la semana para traer a Jennifer a mi consulta. En nuestro primer encuentro pregunté a Jennifer si se había hecho una revisión ginecológica y la respuesta fue negativa, por lo que le insistí mucho en que se hiciera una revisión ginecológica exhaustiva.

Jennifer y su madre acudieron a nuestra siguiente cita con las caras largas y muy malas noticias: una biopsia había revelado varios focos de cáncer de ovario, un tipo de cáncer con muy mal pronóstico.

Impactada, Jennifer decidió recabar una segunda opinión y la ginecóloga que la atendió confirmó la enfermedad. Una segunda biopsia reveló igualmente la presencia de cáncer. El pronóstico era terminal. Su esperanza de vida era de seis meses y madre e hija estaban destrozadas.

Jennifer se quejaba: «Mi vida ha sido una mierda» y señalaba la ironía de que, ahora que estaba dispuesta a empezar de nuevo, iba a morirse. Su madre estaba desolada y se sentía impotente y desesperanzada. Yo también estaba perpleja y profundamente triste. Tenía una conexión sincera con ellas.

Esa noche incluí a Jennifer y su madre en mis oraciones y pedí a Dios que las ayudara. A mitad de la noche soñé lo siguiente:

María, la madre de Jesús, está descendiendo del cielo. Está luminosa, resplandeciente, rodeada de la más bella luz azul etérea imaginable. Al ir aproximándose hacia mí, veo que está vestida con un precioso hábito azul, quizá con motas doradas. Encarna una increíble aura de paz y amor. Al mirarla veo que tiene los brazos extendidos y de sus manos salen tres esferas brillantes de luz blanca y dorada. De algún modo, sé

> que cada una de esas esferas de luz se dirige a los tres focos cancerosos de los ovarios de Jennifer. Veo cómo las esferas rodean a cada uno de ellos, envolviéndolos por completo. Al presenciar esta increíble escena, me despierto con la absoluta certeza de que Jennifer se ha curado totalmente de su cáncer.
>
> Experimenté esta absoluta certeza tanto durante el sueño como al despertarme. Durante ese día pensé a menudo en el sueño y me entraron las dudas. No sabía si hablarle del sueño a Jennifer porque no quería darle falsas esperanzas. Al final, decidí compartirlo con ella, advirtiéndole que no sabía su significado; me parecía que no tenía derecho a ocultárselo al tratarse de una visita que le había hecho la Virgen.
>
> Cuando se lo conté, sus ojos se abrieron como platos y, a pesar de mis advertencias, me dijo que sabía que era verdad: María la había curado.
>
> Así pues, Jennifer volvió a la consulta del médico que le había detectado los focos; este se mostró incrédulo ante la evidencia de que al cabo de una semana no hubiera rastro de cáncer, pero dos biopsias seguidas confirmaron que el cáncer había desaparecido. Estábamos emocionadas e impresionadas por lo que había pasado y, quince años después, Jennifer sigue libre de cáncer.

No es de extrañar que los sueños representen un papel en la sanación. Los sueños más vívidos tienen lugar en la fase REM (movimientos oculares rápidos). En este estado, los ojos se mueven rápidamente, tal como harían al mirar las cosas en el estado de vigilia.

Theta es la onda cerebral dominante en el estado REM; este ritmo también se observa en el cerebro de los sanadores en el culmen de la experiencia curativa (Oschman, 2015). En los EEG, la ventana de frecuencia de la curación se corresponde con la del sueño: tanto en el sueño como en la sanación, el cerebro se halla en estado theta. El cerebro y la conciencia están compartiendo una experiencia que se expresa en la materia y en la mente.

La precognición y la flecha del tiempo

Otra experiencia anómala que se ha estudiado ampliamente es la precognición, la capacidad de presentir acontecimientos antes de que ocurran. Aunque existen más de cien estudios sobre precognición, Daryl Bem llevó a cabo una serie de experimentos decisivos.

Bem utilizó pruebas psicológicas estándar, como dar listas de palabras a los estudiantes y pedirles que memorizaran tantas como fuera posible. Después, se escogieron varias palabras de la lista al azar y se pidió a los estudiantes que las escribieran. Se comparó la memorización de las palabras escritas y las no escritas, y recordaban significativamente mejor las primeras.

Otro experimento mostraba dos cortinas en una pantalla de ordenador. En una serie de 36 ensayos se dijo a los estudiantes que detrás de una de las cortinas había una imagen erótica y se les pidió que adivinaran de cuál se trataba. Aunque la probabilidad de tener éxito al azar era de un 50 %, lograron un 53,1 % de éxito, una cifra significativamente mayor que la del azar.

Los meticulosos estudios de Bem se llevaron a cabo durante diez años y contó con una muestra grande de más de mil participantes. Sus resultados fueron reproducidos por un análisis de 101 estudios sobre la precognición realizado por Dean Radin, del Instituto de Ciencias Noéticas, que abarcaba un período de 75 años (Radin, 2011). Estos estudios se habían llevado a cabo en 25 laboratorios situados en diferentes países, incluyendo Estados Unidos, Italia, España, Holanda, Austria, Suecia, Inglaterra, Escocia, Irán, Japón y Australia. El análisis mostró que un 84 % de los estudios arrojaban resultados estadísticamente significativos.

Bem más tarde repitió su trabajo inicial a mayor escala (Bem, Tressoldi, Rabeyron y Duggan, 2015). Sus estudios produjeron una tormenta de críticas entre los escépticos, quienes simplemente no podían creer en la existencia de la precognición. Los seres humanos tienden a aferrarse firmemente a su visión del mundo con independencia de los hallazgos de la ciencia.

Sin embargo, la física cuántica no requiere que la flecha del tiempo se mueva solamente hacia delante: un gran número de ecuaciones funcionan en ambos sentidos. Einstein afirmó: «La distinción entre pasado, presente y futuro es solo una ilusión obstinadamente persistente» (según se cita en Calaprice, 2011).

Los ateos no son la excepción

Lo que ha venido a llamarse experiencias anómalas, como la precognición y las experiencias fuera del cuerpo, están lejos de ser poco frecuentes. En una encuesta realizada a universitarios estadounidenses, chinos y japoneses, muchos de ellos reconocieron haber vivido experiencias fuera de lo común, mientras que más de un 30 % afirmaba tenerlas con frecuencia (McClenon, 1993). Al menos un 59 % había experimentado un *déjà vu*, y muchos de ellos describieron experiencias fuera del cuerpo.

Ser religioso o creer en lo sobrenatural no era un requisito para estas experiencias: los ateos y los agnósticos también las vivían. Los investigadores analizaron si los creyentes eran más propensos a esta clase de experiencias y descubrieron que no. Incluso el famoso escéptico, editor de la revista *Skeptic*, Michael Shermer, describió un acontecimiento que tambaleó su sistema de creencias «hasta la médula» (Shermer, 2014).

LA RADIO ESTROPEDADA QUE EMITÍA MÚSICA DE AMOR

El 25 de junio de 2014 se celebró la boda de Michael Shermer y Jennifer Graf. Ella procedía de Colonia (Alemania) y se había criado con su madre y con su abuelo Walter.

> Tres meses antes de la boda, Graf envió sus cosas desde Alemania a la vivienda de Shermer en California, pero muchas de las cajas llegaron dañadas y se perdieron varios recuerdos familiares. Sin embargo, la radio Philips de 1978 del abuelo Walter sí llegó intacta y, cuando la sacaron de la caja, Shermer le puso pilas y la encendió para «devolverla a la vida después de décadas de mutismo».
> Todo fue en vano. Incluso la abrió para ver si había algún cable suelto, pero la radio no emitía ni siquiera interferencias.
> El día de su boda, Graff se sentía sola: su amado abuelo no estaba allí para llevarla al altar. Ella y Shermer se dirigieron a la parte posterior de la casa; en el dormitorio sonaba música.
> Miraron sus teléfonos y ordenadores para ver de dónde provenía el sonido e incluso abrieron la puerta por si procedía de alguna otra casa del vecindario.
> Entonces Graf abrió el cajón del escritorio de Shermer y descubrió que en la radio de su abuelo sonaba una canción de amor. La pareja se sentó en un silencio aturdido que solo fue interrumpido por las lágrimas de Graf. La hija de Shermer también escuchó la música.
> Al día siguiente, la radio se quedó muda y no volvió a funcionar.

La encuesta sobre experiencias anómalas reveló que incluso los estudiantes de ciencias duras eran propensos a ellas. La procedencia étnica no suponía una diferencia: esta clase de experiencias eran comunes en los estudiantes estadounidenses blancos y negros. Como observó Jung: «La sincronicidad está siempre presente para quienes tienen ojos para ver».

Jung sigue deleitándonos con las sincronicidades desde el más allá. Uno de los textos más exhaustivos sobre el tema es *Synchronicity: Nature and Psyche in an Interconnected Universe*, escrito por el destacado experto en Jung, Joseph Cambray (2009). David Rosen, editor del libro de Cambray, cuenta una sorprendente sincronicidad que tuvo lugar mientras trabajaba en ese proyecto:

Jung presenció cómo una culebra se comía un pez en la orilla del lago de Bollingen y más tarde hizo que tallaran esa imagen en una piedra de su jardín.

«En mi patio trasero tengo un jardín japonés con un estanque que contiene numerosos *koi*. Poco antes de que llegara Joseph Cambray [para entregar la trascripción de las conferencias que se convertirían en un libro sobre la sincronicidad] una serpiente atrapó uno de estos peces y se lo comió. Cuando vi la ilustración 1: "talla perteneciente a Jung de una culebra comiéndose un pez", me pregunté si se trataría de un ejemplo de sincronicidad [...] no había observado antes nada parecido ni volví a presenciarlo» (Cambray, 2009).

¿Qué puede explicar la sincronicidad?

Que las sincronicidades suceden es un hecho aceptado, pero *cómo* suceden es otra cuestión. ¿Qué podría estar coordinando procesos en dimensiones tan diferentes de la realidad? ¿Cómo puede un fenómeno biológico como la proliferación de las células cancerosas estar unido a un estado de conciencia como un sueño o una premonición?

Las células cancerosas son materia: constituyen unidades físicas dentro de cuerpos vivos; crecen y se dividen deprisa, exentas de las señales que hacen que las células normales se autodestruyan cuando son viejas o están dañadas. Las células cancerosas pierden las conexiones entre sus membranas, que permiten que se mantengan en su sitio, lo cual hace que estas células puedan separarse del tejido circundante y trasladarse a otras partes del cuerpo. En los cánceres de estadio 3 y 4, esas células defectuosas producen metástasis por todo el cuerpo. Se trata de materia que se ha vuelto loca, agrupaciones moleculares que avanzan hacia la autodestrucción.

Por su parte, los sueños son puramente mentales y completamente subjetivos, con un significado único para el soñador. Están repletos de imágenes que estimulan las emociones y los sentidos. Implican todo el espectro de la conciencia cuando dormimos. ¿Cómo puede una experiencia subjetiva como el sueño conectar con una realidad objetiva como la proliferación celular?

La sincronicidad une lo subjetivo y lo objetivo, conecta el mundo inmaterial de la mente y la energía con el mundo material de la materia y la forma. Los mundos de la mente y la materia resuenan juntos durante los acontecimientos sincrónicos.

La resonancia en los sistemas grandes y pequeños

Existen una gran cantidad de videos online que muestran péndulos que llegan a una coherencia resonante. En uno de ellos se muestran 64 metrónomos que son activados uno detrás de otro. Primero, todos funcionan de forma aleatoria e independiente.

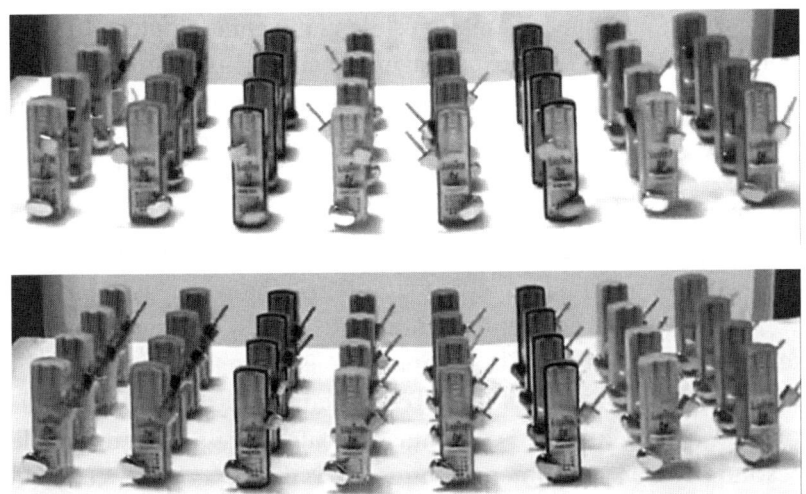

En la primera imagen, 32 metrónomos comienzan a funcionar de forma independiente. Al cabo de tres minutos, la resonancia genera coherencia y todos los metrónomos funcionan al unísono.

Después, de forma lenta pero segura, tiene lugar un cambio extraordinario: dos de ellos comienzan a funcionar en sincronicidad. Al cabo de un rato, un tercero se une a ellos. El cuarto se vuelve coherente más rápido que el tercero y, en cuestión de tres minutos, todos ellos están funcionando sincrónicamente.

Este tipo de resonancia fue descrita en 1665 por el físico holandés Christiaan Huygens. Ocho años antes había patentado el reloj de péndulo. Mientras se recuperaba de una enfermedad en la que tenía todo el tiempo del mundo para observar su entorno, incluyendo los dos relojes de péndulo de su habitación, se fijó en un fenómeno extraño: al margen de la posición en la que comenzaran los péndulos, poco a poco se sincronizaban para oscilar al unísono.

La resonancia es una propiedad de todos los sistemas, desde los diminutos hasta los infinitamente grandes. En el ámbito atómico encontramos moléculas de propiedades similares que resuenan juntas (Ho, 2008); en el ámbito celular, las células emplean la resonancia para comunicarse, propagarse y curarse (Oschman, 2015).

A mayor escala encontramos la resonancia operando en organismos, minúsculos como los virus y grandes como los seres humanos. Y a una escala aún mayor, encontramos resonancia en el ámbito planetario.

Ampliando el panorama también hallamos resonancia en «la música de las esferas», en el ámbito del sistema solar, las galaxias y el universo. Desde lo infinitamente pequeño a lo inimaginablemente grande, la resonancia es la canción que entona la materia.

No solo los sistemas similares resuenan juntos, sino que también resuenan con otros sistemas. Lo sumamente grande puede resonar con lo sumamente pequeño. Nuestro cuerpo humano puede sintonizarse con la resonancia de la Tierra, captada por la glándula pineal del cerebro, puesto que el 30 % de sus moléculas contienen metales y por eso es magnéticamente sensible (Oschman, 1997).

Las resonancias de líneas de campo

Nuestro planeta posee un campo electromagnético propio, como un gran imán. Tiene un polo norte y un polo sur, y las líneas de fuerza generadas por este enorme imán se propagan cientos de miles de kilómetros por el espacio.

Imagina que estas líneas son como las cuerdas de un instrumento como el violín. Cuando punteas una cuerda, esta resuena; del mismo modo, las líneas de campo de la Tierra resuenan cuando son pulsadas. El viento solar que pasa por el planeta a tres millones de kilómetros por hora está punteando constantemente esas cuerdas.

En las cuerdas geomagnéticas de la Tierra se tocan varias «notas» comunes. Algunas de ellas suenan todo el tiempo, como un coro constante, mientras que otras lo hacen de forma intermitente, como una cuerda que se pulsa esporádicamente. Por esta razón, las

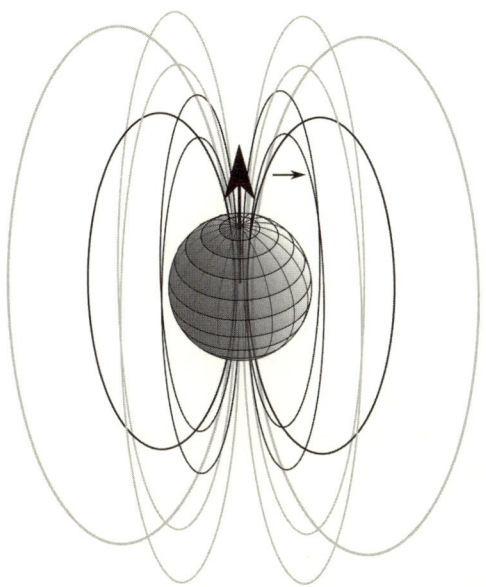

Las líneas de campo de la Tierra rodean el planeta.

resonancias de líneas de campo se dividen en pulsaciones continuas e irregulares (Jacobs, Kato, Matsushita y Troitskaya, 1964; Anderson, Engebretson, Rounds, Zanetti y Potemra, 1990).

Una de las pulsaciones geomagnéticas continuas más importantes que miden los científicos se encuentra en la ventana de frecuencia de entre 0,1 y 0,2 Hz. Otra se encuentra en un rango de entre 0,2 y 5 Hz. Las pulsaciones irregulares del rango de frecuencia más bajo oscilan entre 0,025 y 1 Hz.

Pues bien, la más baja de las frecuencias geomagnéticas continuas de la Tierra, 0,1 Hz, es exactamente la misma frecuencia del ritmo cardiaco en estado coherente. Si practicamos un método de relajación, como la técnica de coherencia rápida desarrollada en el Instituto HeartMath, el corazón comienza a latir de forma coherente. En ese estado, nuestro corazón humano toca la misma nota que la frecuencia más lenta del campo magnético terrestre (McCraty, 2017).

La frecuencia 0,1 Hz también es la frecuencia de los sistemas cardiovasculares humanos e igualmente la usan diversos animales e incluso células individuales para comunicarse con los sistemas que las rodean y armonizarlos, como los metrónomos del ejemplo, en alineación sincrónica.

Si alguna vez has tenido una guitarra o un violín en tu regazo mientras otra persona estaba tocando algún instrumento en la misma habitación, habrás percibido la vibración que produce la música; las cuerdas y la caja de resonancia de tu instrumento vibran en armonía con el instrumento que está sonando, incluso aunque nadie esté tocando sus cuerdas.

La resonancia sincroniza objetos afinados a frecuencias similares, incluso a distancia.

Ciertas frecuencias de las líneas de campo terrestres resuenan con exactamente las mismas frecuencias del cerebro y del corazón humanos. Mientras el planeta canta su coro, nuestro cuerpo y nuestra mente tararean la melodía y posiblemente incluso usen esa música constante para regular los procesos biológicos.

La resonancia Schumann

¿Alguna vez has soplado aire a través de la boca de una botella? Las ondas sonoras rebotan de un lado a otro propagándose en el aire y se produce un sonido sibilante de baja frecuencia. El tono que se consigue depende del volumen del recipiente.

Un físico alemán llamado Winfried Schumann empleó las matemáticas para postular que se produce un efecto parecido a escala global. En este caso, el volumen que determina la frecuencia no es el de una botella, sino el del espacio existente entre la superficie planetaria y el borde de la ionosfera.

La ionosfera constituye una burbuja de plasma que rodea la Tierra en la que rebotan las ondas magnéticas de baja frecuencia; el interior de la burbuja de plasma refleja las ondas al igual que un espejo.

De este modo funciona la radio. La señal emitida rebota contra el espejo de la ionosfera y es captada en una ubicación lejana por una persona con un receptor sintonizado a esa frecuencia. Cuando se introducen pulsos magnéticos en la cavidad existente entre la superficie terrestre y la parte superior de la burbuja de plasma, algunos se disipan y otros no. Solo las ondas resonantes se propagan de forma constante, como el silbido que oyes al soplar a través de la boca de una botella. Se trata de la resonancia Schumann.

Las ondas Schumann rebotan contra la burbuja de plasma que rodea el planeta.

En 1960, esta resonancia se midió de forma experimental años después de que Schumann predijese matemáticamente su existencia, detectándose un valor principal de 7,83 Hz con armónicos —múltiplos de la frecuencia fundamental— de 14,3, 20,8, 27,3 y 33,8 Hz.

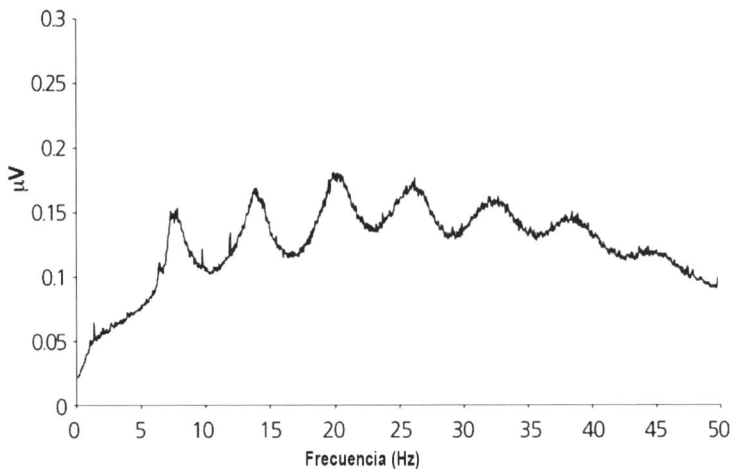

Registro de la resonancia Schumann por un sensor situado en Boulder Creek (California). Las frecuencias se corresponden con las ondas cerebrales humanas.

Estas frecuencias también están presentes en las oscilaciones que se producen en el cerebro al procesar información: 7,83 Hz se encuentra en el rango de theta, exactamente en la misma ventana de frecuencia registrada en las ondas cerebrales durante los momentos cumbre de sanación (Oschman, 2015; Bengston, 2010).

Por su parte, el primer armónico, 14,3 Hz, se encuentra en el rango de frecuencia de las ondas beta de baja frecuencia, típicas de las funciones automáticas del cuerpo. El tercer armónico, 27,3 Hz, coincide con el rango de frecuencia que usa nuestro cerebro cuando se concentra en una tarea y piensa detenidamente. El cuarto armónico, 33,8 Hz, está en el rango de frecuencia de las ondas gamma, que son generadas por el cerebro en los momentos de integración y visión profunda.

Resulta sorprendente que la resonancia principal de la envoltura de plasma de la Tierra y sus armónicos estén dentro de las ventanas de frecuencia de las principales ondas cerebrales humanas. Nuestros estados mentales, generados por los campos que produce el cerebro al procesar la información, resuenan con las frecuencias del planeta en que vivimos. Cuando aumentamos una onda concreta, como la subida de theta que acompaña a los tratamientos de sanación energética, incrementamos nuestra resonancia con esa señal de información planetaria. El planeta y el sanador están sincronizados en una intensa unión energética.

Cuerpos y cerebros sincronizados por las frecuencias de la Tierra

El Dr. Franz Halberg, de la Escuela Médica de la Universidad de Minesota, acuñó el término *ritmos circadianos* para describir los ciclos diarios del cuerpo (Halberg, Tong y Johnson, 1967). Hasta su muerte a finales de los noventa, siguió investigando en su laboratorio los siete días de la semana. En 2017, las investigaciones acerca de los mecanismos genéticos del reloj interno del cuerpo obtuvieron el Premio Nobel de Medicina

Halberg creía que la razón por la que el rango de frecuencia entre delta y gamma es dominante en el cerebro y en el cuerpo radica en que hemos evolucionado en el planeta Tierra, sincronizando las ondas cerebrales con las frecuencias terrestres. Diversos estudios llevados a cabo por el Centro de Cronobiología Halberg y por otros investigadores han encontrado una conexión entre las líneas de campo terrestres y la resonancia Schumann y los marcadores de la salud humana (Selmaoui y Touitou, 2003; Brown y Czeisler, 1992).

Las emociones, la conducta, la salud y la función cognitiva humanas están influidas por los campos solares y geomagnéticos (Halberg, Cornélissen, McCraty, Czaplicki y Al-Abdulgader, 2011). Se ha planteado la hipótesis de que el campo terrestre sea un «portador de información biológicamente relevante que conecta todos los sistemas vivos» (McCraty, 2015).

Rollin McCraty, director de investigación en el Instituto HeartMath, afirma: «Somos como pequeñas células en el gran cerebro de la Tierra que comparten información en un nivel sutil e invisible que existe entre todos los sistemas vivos, no solo humanos, sino también animales, vegetales, etc.» (McCraty, 2015). La información fluye por toda esta matriz viva del «cerebro de la Tierra», sincronizando la actividad de todas las formas de vida hasta el ámbito de las células y las moléculas.

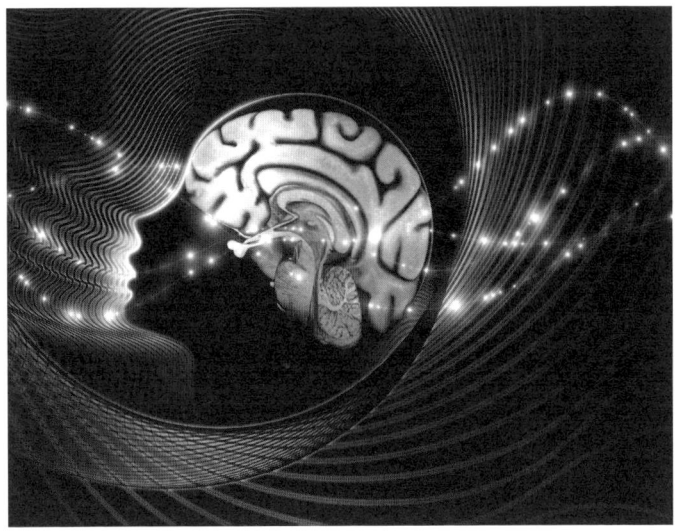

El cerebro humano está sintonizado con campos electromagnéticos.

El cerebro humano, un órgano electromagnético que vibra con impulsos y conexiones neuronales, es exquisitamente sensible a los campos electromagnéticos: «Se ha demostrado que los cambios que se producen en el campo magnético terrestre afectan al ritmo cardiaco humano y se han asociado con los siguientes cambios en la actividad del cerebro y el sistema nervioso: rendimiento deportivo, memoria y otras tareas, síntesis de nutrientes en plantas y algas, número de accidentes e infracciones de tráfico, mortalidad por infartos y derrames cerebrales, e incidencia de la depresión y el suicidio» (HeartMath Institute, s. f.).

Dada la prevalencia de estas frecuencias a escala planetaria y al hecho de que hemos evolucionado con ellas a lo largo de cientos de millones de años, no es de extrañar que nuestro cuerpo, nuestra mente, nuestro corazón y nuestras células estén sincronizados con ellas.

El modo en que se juntan sucesos improbables para producir sincronicidades

Un equipo de investigadores holandeses llevó a cabo una revisión sistemática de 175 estudios sobre los campos biológicos. Estos estudios sugerían que frecuencias cuánticas coherentes regulan los procesos de los organismos vivos. Descubrieron que los campos electromagnéticos influyen en los sistemas neuronales y la conciencia y podrían representar «un principio electromagnético universal subyacente en los efectos observados que mantienen la vida y también podrían contribuir decisivamente a la creación de un orden biológico en las primeras formas de vida y la conciencia cuántica» (Geesink y Meijer, 2016).

Los paralelismos entre la mecánica cuántica, los sistemas biológicos y la conciencia fueron establecidos por muchos de los fundadores del movimiento, como Albert Einstein, Erwin Schrödinger, Werner Heisenberg, Wolfgang Pauli, Niels Bohr y Eugene Wigner. Estos científicos de vanguardia no percibieron la energía, el espacio, el tiempo, la conciencia y la materia como entidades separadas, sino como elementos que interactúan en una vasta danza sincrónica.

Geesink y Meijer descubrieron que el campo electromagnético (EM) humano «se comunica de forma bidireccional con un campo EM global por medio de la resonancia [y] consta de una conciencia universal que experimenta las sensaciones, percepciones, pensamientos y emociones de todos los seres conscientes del universo» (2016, p. 106). Cuando conectamos todos los hallazgos científicos, la sincronicidad deja de ser un misterio.

Las frecuencias podrían funcionar como los resonadores que sincronizan los sucesos en todos los ámbitos, desde lo más pequeño a lo más grande. Aunque no podemos verlas, están presentes tanto en la mente como en la materia. Nadamos en ellas como un pez en el agua, inconscientes de la existencia de los campos fundamentales que moldean la conciencia y todo en el mundo material. Creo que la intercomunicación entre estos niveles de realidad proporciona una explicación científica plausible para la sincronicidad. La intercomunicación multidireccional en la emosfera, la psicoesfera y la magnestosfera permite que la información pase rápidamente por todos los niveles de realidad de la mente y la materia. Los campos nos unen constantemente, aunque no seamos conscientes de su existencia. Mediante este nexo de unión, los componentes insólitos de los sucesos anómalos se asocian para producir sincronicidades.

EL CHICO QUE VOLÓ POR LA PAZ

Los años ochenta fueron una época de gran tensión internacional. Los Estados Unidos y la Unión Soviética se lanzaban miradas desafiantes, pertrechados de un enorme arsenal de armas nucleares. En cuanto uno de ellos disparara primero, el resultado sería la destrucción mutua.

Ambos imperios libraban guerras subsidiarias en Asia y África. Sus aliados europeos (la OTAN para los Estados Unidos y el Pacto de Varsovia para la URSS) también tenían tensiones entre sí. Algunos Estados estaban divididos en dos, como la Alemania Oriental y Occidental. Si la Guerra Fría se calentaba, serían la primera línea de guerra.

Cualquier incidente tenía el potencial de hacer estallar el polvorín y los líderes de ambos países mantenían una línea de comunicación directa de una capital a otra para atajar el desastre.

En 1983, un avión de la aerolínea de Corea del Sur, vuelo KAL 007, fue abatido por un caza soviético MiG. Fallecieron los 269 pasajeros que iban a bordo.

Ronald Reagan era el presidente de Estados Unidos en aquel momento. Por su parte, la Unión Soviética estaba cambiando, ya que habían muerto dos presidentes de la línea dura, Yuri Andrópov y Konstantín Chernenko. Mijaíl Gorbachov, el hombre más joven que accedía a la presidencia, tomó posesión de su cargo en 1985.

En 1986, Reagan y Gorbachov se reunieron en una cumbre que tuvo lugar en Reikjiavik (Islandia), con el objetivo de reducir el número de cabezas nucleares de ambas potencias, pero las negociaciones fracasaron en el último minuto.

Un adolescente de Alemania Occidental llamado Matthias Rust estaba siguiendo de cerca las conversaciones «porque era un conflicto en el que todos sabíamos que seríamos golpeados los primeros» (Dowling, 2017). Con solos 18 años, Rust había aprendido a pilotar la venerable avioneta Cessna 172, diseñada a principios de los cincuenta usando una tecnología anterior a la Segunda Guerra Mundial, por ejemplo, un motor refrigerado con aire y alas por encima del fuselaje.

Sumamente afectado por el fracaso de las conversaciones de paz, Rust ideó un plan para construir un «puente de paz» metafórico entre Oriente y Occidente. Alquiló una Cessna durante tres meses sin contarle a nadie sus planes y despegó desde el campo de aviación de Uetersen, cerca de Hamburgo, el 13 de mayo de 1989.

Primero voló hasta Islandia y desde allí preparó la siguiente etapa de su viaje. Visitó Hofdi House, donde habían tenido lugar las negociaciones fallidas entre Gorbachov y Reagan y según sus propias palabras: «Me aportó la motivación para continuar».

Después voló hacia Noruega y Finlandia, el país más próximo a la Unión Soviética y el que poseía menor control fronterizo.

Antes de despegar de nuevo el 28 de mayo entregó un plan de vuelo a las autoridades competentes informando de que se dirigía a Estocolmo, Suecia, pero después de dejar atrás la zona de control de tráfico aéreo, apagó el transpondedor, el dispositivo que permite seguir la trayectoria de un avión, y se dirigió hacia la frontera soviética.

Pronto fue interceptado por un radar soviético en Latvia. Al aproximarse a la frontera entró por encima del sistema de defensa aéreo más sofisticado del mundo. Misiles y aviones de combate estaban listos para repeler a los agresores las veinticuatro horas del día. La flota incluía aviones extraordinarios, como los MIG-25, que podían volar a una velocidad que casi triplica la velocidad del sonido, y el caza más grande jamás construido, el Tu-128, que lanzaba misiles de cinco metros y era del tamaño de un bombardero de la Segunda Guerra Mundial.

Ese día se celebraba el Día de Guardias de Frontera, una fiesta nacional en la que la mayor parte de los guardias de la frontera tenían el día libre.

De todos modos, el radar detectó la avioneta de Rust y en seguida aparecieron aviones MiG para identificarlo visualmente, ya que el transpondedor no respondía. Los rusos informaron de que se trataba de un Yak-12, una aeronave soviética que se parecía al Cessna 172. Aunque las nubes ocultaron el paradero de Rust, la siguiente tanda de aviones MiG lo localizó nuevamente. Uno de los pilotos pasó muy cerca de Rust e informó a la central de que en realidad era una avioneta de Alemania Occidental. Los superiores del piloto ruso estaban convencidos de que este último se había equivocado: ¿cómo podía haber atravesado la frontera un avión de Alemania del Oeste?

Debido a la publicidad negativa del ataque al KAL 007, los comandantes soviéticos actuaron con cautela. Querían que la orden de disparar a Rust viniera del nivel más alto, en este caso del ministro de Defensa, Serguéi Sokolov.

Otros comandantes terrestres todavía creían que el avión de Rust era un Yak-12, y cerca de Moscú entró en una zona de control aéreo en la que entrenaban otros pilotos de Yak-12.

Para volar, Rust contaba con mapas genéricos que había adquirido en Alemania. Por la tarde divisó Moscú. Después de ver las cúpulas de bulbo de la catedral de San Basilio exploró el terreno para encontrar un lugar seguro de aterrizaje.

Encontró una zona despejada en el octavo carril del puente Bolshoy Moskvoretsky que conectaba la Plaza Roja con los distritos del sur de la ciudad. Normalmente, el puente era una ruta de tranvía, pero esa mañana se había extraído una parte de los cables para labores de mantenimiento y justo había suficiente espacio para aterrizar.

Una vez tocó suelo, los moscovitas rodearon la aeronave. Todo el mundo tenía una actitud amistosa. Un médico británico, Robin Stott, había decidido tomar un poco de aire y acababa de salir del hotel donde se alojaba para dar un paseo vespertino llevando consigo su videocámara. Al escuchar el ruido del motor del avión, apuntó el objetivo hacia el cielo a tiempo para grabar el aterrizaje y lo que ocurrió después. Llegaron agentes de la KGB que hablaban unos con otros sin saber qué hacer.

Al final detuvieron a Rust y llevaron la Cessna a un aeropuerto cercano para examinarla. Nadie podía creerse que un adolescente hubiera atravesado el sistema defensivo aéreo de la poderosa Unión Soviética. Después de pasar un año en la cárcel, Rust pudo regresar a Alemania Occidental.

La confusión militar que originó el vuelo de Rust dio a Mijaíl Gorbachov la excusa perfecta para librarse de los partidarios de la línea dura que se oponían a sus reformas, incluyendo a Sokolov. Las reformas de Gorbachov, como la revolución económica, llamada Perestroika, y la apertura social, conocida como glásnost, tomaron fuerza. La Unión Soviética se disolvió tres años más tarde.

La Cessna de Rust se exhibe en la actualidad en un museo alemán.

> Matthias Rust nunca hubiera imaginado cuáles serían los efectos de su acción en la conciencia de otras personas. Solamente siguió su visión e hizo una declaración personal tan espectacular que el mundo tomó nota. Nunca más volvió a pilotar un avión.

La historia de Rust es un ejemplo de cómo lo personal y lo global se conectan. Las historias globales suelen ponerse de manifiesto por historias personales. Al igual que el hombre que se puso delante de un tanque durante las protestas en la plaza de Tiananmén, en China, el mismo año del vuelo de Rust, las acciones individuales suelen destacar acontecimientos de gran trascendencia. Campos de una enorme información que implican a millones de personas pueden hacerse patentes a través de la lente de una sola persona.

Fíjate en cuántas sincronicidades tuvieron lugar en el viaje de Rust:

- La mayor parte de los hombres que normalmente protegían la frontera soviética tenían el día libre por el Día de Guardias de Frontera.
- Los primeros cazas soviéticos que vieron la avioneta de Rust lo tomaron por un avión de entrenamiento soviético.
- Las nubes bajas ocultaron a Rust la mayor parte del trayecto.
- Los mandos superiores no creyeron al piloto soviético que reconoció que se trataba de una aeronave de Alemania Occidental.
- Las autoridades soviéticas actuaron con prudencia debido a la publicidad negativa que había generado recientemente el derribo de un avión surcoreano.
- El ministro de defensa, Serguéi Sokolov, no estaba localizable porque se encontraba en una reunión de alto nivel.
- Los controladores de tierra creyeron que se trataba de una aeronave de entrenamiento con el transpondedor estropeado.

- Rust voló casualmente por encima de un área donde entrenaban aeronaves similares.
- Los cables del tranvía del puente en el que aterrizó se habían extraído esa misma mañana por razones de mantenimiento.
- El Dr. Robin Stott, un activista por la paz, decidió salir a dar un paseo justo antes del aterrizaje de Rust.
- Scott oyó el sonido del motor de la avioneta y consiguió enfocar la cámara en la dirección apropiada justo antes del aterrizaje.

En los momentos decisivos de la historia pueden abundar las sincronicidades. Se apilan un gran número de sucesos poco probables, uno encima de otro, que encaminan el futuro en una cierta dirección. Cuando leemos la descripción de grandes cambios sociales, políticos o militares, descubrimos que está acompañada de un sinnúmero de sucesos improbables sincrónicos.

Aunque percibimos que el mundo es estable, en realidad está cambiando deprisa. De las compañías que integraban la lista Fortune 500 de las empresas más grandes del mundo en 1950, solo se menciona a un 10 % en la actualidad. Incluso las organizaciones mejor estructuradas e informadas del mundo no suelen ser capaces de mantener sus posiciones mientras el cosmos se arremolina y cambia a su alrededor.

El orden espontáneamente sincrónico de la naturaleza

El matemático de la Universidad de Cornell Steven Strogatz afirma que la tendencia hacia un orden espontáneamente sincrónico es una característica principal de la naturaleza, desde el nivel subatómico hasta los confines más lejanos del universo (Strogatz, 2012). Desde las moléculas inanimadas a los complejos sistemas vivos, el orden espontáneo podría constituir una tendencia fundamental de la naturaleza.

Strogatz menciona ejemplos de sincronicidad de los bancos de peces, las bandadas de aves y los relojes internos del cuerpo humano. Incluso muestra cómo las ondas de movimiento se propagan a través de las bandadas de pájaros y los bancos de peces. No existe un líder, un plan maestro ni un superordenador coordinando estos millones de movimientos intrincados. La organización surge espontáneamente desde la propia bandada, manada o célula sincronizada por la naturaleza.

Las bandadas de aves se mueven en sincronía espontánea.

Strogatz señala que el orden espontáneo surge en todos los niveles del universo, desde lo más pequeño a lo más grande. Abarca desde la superconductividad en los elementos hasta los núcleos de las células individuales, las colas luminosas de las luciérnagas, el tejido que permite el latido cardiaco, los patrones de tráfico y los confines del cosmos. Los genes clock del cuerpo humano se sincronizan con el ciclo diurno del planeta e incluso con los cuerpos de otros seres humanos que se encuentran cerca.

El orden que surge de manera espontánea también resulta evidente en el funcionamiento de las células. Cada célula lleva a cabo alrededor de 100 000 procesos metabólicos por segundo. Grupos formados por millones de células, a veces situados en regiones lejanas del cuerpo, coordinan sus actividades y utilizan campos electromagnéticos para ello.

Los campos constituyen un método de coordinación mucho más eficaz que la comunicación química o mecánica. Cuando te acercas a tu coche que está cerrado, aunque puedes girar la llave en la cerradura para abrirlo siguiendo un enfoque mecánico, resulta mucho más rápido pulsar el botón del mando, que sería el enfoque electromagnético.

Pues bien, nuestros cuerpos se comunican por medio de campos de forma parecida.

Strogatz utiliza numerosos ejemplos de resonancia extraídos del comportamiento humano, incluyendo las modas, las multitudes inteligentes y el mercado financiero. Uno de estos ejemplos es la inesperada historia del puente del Milenio de Londres.

EL PUENTE DEL MILENIO

El puente del Milenio sobre el río Támesis estaba diseñado para ser una maravilla. Fue inaugurado el 10 de junio de 2000 y se trataba del primer puente que se construía en el venerable río desde hacía un siglo.

Los diseñadores del puente lo describían como «una pura expresión de una estructura de ingeniería» y comparaban sus líneas puras con una espada de luz. Los ingenieros lo llamaron «una afirmación absoluta de nuestras capacidades a principios del siglo XXI». En la ceremonia de apertura miles de espectadores entusiastas pululaban alrededor del puente.

Pero sucedió algo inesperado: el puente comenzó a oscilar de un lado a otro.

El bamboleo se volvió más pronunciado y los viandantes no sabían qué hacer. Empezaron a caminar a grandes zancadas para contrarrestar el movimiento del puente; como péndulos sincronizados, daban un paso a la izquierda y otro a la derecha.

El bamboleo aumentó y la gente salió de allí tan pronto como pudo. Después de esto, el puente se cerró de inmediato.

¿Por qué falló esta construcción después de que unas mentes brillantes hubieran hecho todo lo posible para que fuera perfecta?

Cuando los viandantes sintieron el primer pequeño balanceo, ajustaron el paso para compensarlo y esto los sincronizó de forma no intencionada, de modo que comenzaron a caminar juntos, lo cual incrementó el movimiento del puente.

En un ejemplo de lo que los científicos denominan sistemas emergentes, no hubo ningún plan ni líder guiando el tambaleo del puente del Milenio, sino que sucedió como una respuesta emergente a la resonancia.

Los problemas del puente se solucionaron pronto instalando amortiguadores para contrarrestar los movimientos y el puente volvió a abrirse. Pero el suceso constituye un ejemplo de cómo la resonancia puede provocar consecuencias inesperadas en sistemas complejos.

El puente del Milenio.

Jung, propiedades emergentes y autoorganización

Uno de los primeros científicos que estudió los sistemas autoorganizados fue el ganador del Premio Nobel Ilya Prigogine. Este científico exploró las formas en que puede emerger el orden del caos aparente. Su trabajo contribuyó a la fundación del Instituto Santa Fe, que se dedica al estudio de las teorías sobre la complejidad y el caos.

Una de las ramas de estudio del instituto examina sistemas que poseen características de autoorganización, también conocidas como propiedades emergentes. Se denominan *emergentes* porque no se originan dentro de los propios sistemas sino que son estimuladas por fuerzas externas. En el libro *Sistemas emergentes: o qué tienen en común hormigas, neuronas, ciudades y software*, el investigador Stephen Johnson escribe: «En estos sistemas los agentes de un nivel comienzan a mostrar un comportamiento propio de un nivel superior […] El movimiento que tiene lugar desde las reglas del nivel inferior a la sofisticación del nivel superior es lo que podemos llamar emergencia» (Johnson, 2002, p. 18).

Las estructuras emergentes poseen cinco características (Corning, 2002) que se enumeran a continuación:

- Novedad radical: desarrollan nuevas características de forma espontánea.
- Coherencia: se mantienen durante un período de tiempo.
- Orden holístico superior: funcionan como un todo.
- Proceso dinámico: evolucionan.
- Visibilidad: pueden percibirse.

Un ejemplo de emergencia es la evolución de vecindarios diferenciados en las grandes ciudades. Personas afines se juntan y organizan los negocios, los clubes sociales, los colegios y las instituciones religiosas que resultan más relevantes para ellos. El proceso es orgánico y de abajo arriba, resistiendo los sistemas de control verticales de las leyes territoriales y las comisiones de planificación.

Este tipo de «inteligencia emergente» se organiza de forma inconsciente en respuesta a los estímulos cambiantes. Los sistemas emergentes se adaptan y autoorganizan de nuevas formas al asimilar información y dar una respuesta. El físico Doyne Farmer afirmó: «Aunque no es magia, lo parece» (Corning, 2002).

Un programa de una serie de televisión dedicado al fenómeno de la emergencia emplea la analogía de un hormiguero: «Las hormigas no son gigantes mentales y no pueden ver la perspectiva completa de las cosas. Sin embargo, a partir de sus conductas sencillas —seguir el rastro de feromonas más fuerte o salvar a la reina a toda costa en caso de ataque—, surge un ejemplo clásico de emergencia: la colonia de hormigas. El hormiguero presenta una capacidad extraordinaria para explorar y explotar sus alrededores, es consciente de las fuentes de alimento, las inundaciones, los enemigos y otros fenómenos, y reacciona ante ellos en un área considerable. Aunque cada hormiga muere al cabo de unos días o meses, la colonia sobrevive durante años y su grado de estabilidad y organización aumenta con el tiempo» (Nova, 2007).

Las hormigas constituyen un ejemplo de conducta emergente.

El concepto junguiano de sincronicidad representa una aplicación de la idea de los sistemas autoorganizados a la psicología. La sincronicidad incorpora propiedades emergentes de la experiencia personal, el cerebro, los campos y el entorno (Hogenson, 2004). El investigador junguiano Joseph Cambray afirma: «Los fenómenos emergentes, especialmente en la esfera humana, pueden parecer a la conciencia individual ordinaria como coincidencias significativas aunque inexplicables […] Las sincronicidades pueden explorarse como una forma de emergencia del Ser y tienen un papel fundamental en el proceso de individuación o maduración psicológica» (Cambray, 2002).

Algunos miembros del Instituto Santa Fe señalan que los sistemas autoorganizados podrían ser tan importantes como la selección natural: «La vida y su evolución siempre ha dependido de la interacción entre el orden espontáneo y el trabajo de la selección [natural] en ese orden» (Kaufman, 1993).

En 1959, Jung escribió una carta a su amigo Erich Neumann en la que le comentaba lo siguiente: «En este caos azaroso probablemente actuaban fenómenos sincrónicos operando al mismo tiempo con y contra las leyes conocidas de la naturaleza para producir, en momentos arquetípicos, síntesis que nos parecían milagrosas […] Esto no solo presupone un significado latente y omnipresente que puede ser reconocido por la conciencia, sino también, durante esa época preconsciente, un proceso psicológico con el que coincide un suceso físico de forma significativa» (Jung, 1975).

Cambray concluye que «las coincidencias significativas constituyen análogos psicológicos que estimulan la evolución de la psique tanto personal como colectiva y organiza imágenes y experiencias en formas que no se habían imaginado previamente» (Cambray, 2009).

Las sincronicidades son parte del modo en que nos desarrollamos como personas, como sociedades y como especie.

LAS SINCRONICIDADES DEL 11 DE SEPTIEMBRE

Como la mayoría de la gente recuerdo bien dónde me encontraba el 11 de septiembre de 2001. Estaba viviendo en una casita en Guerneville (California), con mis dos hijos pequeños. Mi exmujer, sabiendo que no veía la televisión, me telefoneó y me dijo que la encendiera. Horrorizado, vi cómo el segundo jet impactaba contra la torre sur y ambas se desplomaban. Junto con otros millones de personas, en ese momento sentí como si el mundo que conocíamos también se desmoronara.

Se estimaba que la cifra de fallecidos superaba los 6000. Los periodistas calcularon el número de personas que estarían trabajando normalmente en las dos torres a las 8:46 a. m., cuando colisionó el primer jet, para llegar a esa cifra. La estimación oficial del Departamento de Policía de Nueva York, casi al cabo de dos semanas, después de que se hubiera asentado el polvo, era de 6659 muertos.

Sin embargo, con el paso de los meses, la historia siguió desarrollándose y los números fueron bajando. El número final de víctimas mortales fue de 2753, menos de la mitad de la estimación inicial. ¿Qué explica una disparidad tan enorme de cifras?

En parte se debió a que los esfuerzos de evacuación fueron bastante satisfactorios. La mayoría de quienes trabajaban por debajo de los puntos de impacto consiguieron escapar, pero había muchos más que debían estar en sus escritorios esa mañana y no estaban. ¿Dónde se encontraban?

Según un minucioso análisis de la cuestión realizado por *USA Today*: «Muchas compañías hicieron un recuento de los presentes después del ataque [...] y las comprobaciones en más de 50 pisos indican que los edificios estaban medio vacíos» (Cauchon, 2001). Pero ¿dónde estaba la gente que faltaba?

Existen numerosas razones que explican por qué tanta gente no acudió al Word Trade Center esa mañana. Algunos de los supervivientes cuentan haber sido advertidos por una intuición, un sueño o una precognición. Otros sufrieron retrasos inesperados debido a trenes abarrotados o problemas familiares.

Rebeka Javanshir-Wong es una de nuestras terapeutas de psicología energética. Su marido fue una de esas personas que estaban ausentes cuando se produjo el ataque. Esta es su historia:

«Mi marido, que trabajaba en la torre 2, también tuvo un día fuera de lo normal y fue a trabajar más tarde ese día. Se encontraba de camino a la oficina cuando los aviones se estrellaron.

»Su compañía había invitado a un curso de formación a dos jóvenes empleados de Malasia que habían llegado la noche anterior y, al ser la primera vez que viajaban a Estados Unidos, mi marido junto con otros colegas les habían llevado a cenar y los habían ayudado a instalarse en un apartamento que la compañía les había alquilado cerca de las Torres Gemelas. Como los visitantes estaban sufriendo los efectos del desfase horario, decidieron ir a trabajar un poco más tarde al día siguiente para que pudieran descansar».

Pues bien, ese retraso les salvó la vida.

Dado que las celebridades suelen hacer públicas sus agendas, sus idas y venidas resultan fáciles de rastrear. Existen numerosas historias de gente bien conocida que no estaba en el World Trade Center esa mañana como estaba previsto. Entre ellos podemos mencionar:

- Sarah Ferguson, duquesa de York, tenía programado estar en el piso 101 para un evento caritativo, pero se retrasó y a las 8:46 a. m., cuando se estrelló el primer avión, se encontraba dando una entrevista en el estudio de televisión de la NBC.
- El actor Mark Wahlberg iba a coger, junto con un grupo de amigos, el vuelo 11 de American Airlines, pero cambiaron de planes en el último minuto y cogieron un vuelo chárter.
- El actor y productor Seth McFarlane también había reservado el vuelo 11 de American Airlines, pero la agencia de viajes se equivocó en la hora de salida y llegó tarde.
- La actriz Julie Stoffer riñó con su novio y también perdió ese avión.
- Michael Lomonaco, el chef principal de Windows on the World, el restaurante situado en las últimas plantas de la torre norte, se

dirigía a su despacho media hora antes del primer impacto. Tenía una cita al mediodía para arreglarse las gafas en la óptica del centro comercial de la planta baja y decidió bajar para ver si podían atenderlo antes. Esto le salvó la vida.
- Larry Silverstein, arrendador del World Trade Center en ese momento, tenía consulta con el dermatólogo esa mañana. Aunque había decidido faltar a la cita e ir a trabajar, su mujer le convenció para que fuera al médico.
- El nadador olímpico Ian Thorpe se encontraba corriendo y había planeado acabar el recorrido en el mirador del World Trade Center, pero se dio cuenta de que se había olvidado la cámara y regresó al hotel. Cuando encendió la televisión vio la torre norte ardiendo.
- El director corporativo Jim Pierce tenía previsto asistir a una reunión en el piso 105 de la torre sur, pero la noche anterior los organizadores cayeron en la cuenta de que eran demasiadas personas para la sala de reuniones escogida, de modo que cambiaron el lugar de encuentro al Hotel Millenium situado en esa misma calle. Pierce se enteró más tarde que once de las doce personas que se encontraban en la sala de reuniones desechada por ellos murieron en la tragedia.
- Lara Lundstrom estaba patinando por una calle del Bajo Manhattan cuando se dio cuenta de que la conductora de un Mercedes plateado SUV que se había detenido en un semáforo era la actriz Gwyneth Paltrow. Lara se detuvo a hablar con ella durante unos minutos, por lo que perdió el tren y no pudo llegar a tiempo a su trabajo en el piso 77 de la torre sur.

A veces las pequeñas sincronicidades —la cámara olvidada, el desfase horario, el encuentro casual con una actriz, el arreglo de unas gafas— ejercen un efecto desproporcionado en nuestra vida. Sucesos importantes como el del 11S parecen producir numerosas sincronicidades, o tal vez las percibimos cuando un incidente global las resalta.

La sincronicidad en la ciencia

La sincronicidad, que parece ser misteriosa cuando la exploramos por primera vez, en realidad está sustentada por sólidas explicaciones científicas. El orden espontáneo surge en los sistemas vivos desde el átomo a la galaxia.

Nuestro cerebro está sintonizado con las mismas frecuencias del planeta en que vivimos. En estados alterados de conciencia, como los sueños, el trance, la meditación, la hipnosis y la epifanía, tenemos acceso al campo de información no local, que se extiende mucho más allá de nuestros sentidos locales.

Los campos impregnan el cosmos, incluyendo nuestro planeta y nuestro cuerpo. Cuando se establece una resonancia entre lo grande y lo pequeño, como entre la frecuencia de las ondas Schummann y la de las ondas cerebrales, lo grande y lo pequeño entran en una alineación coherente. Los cuerpos se sincronizan con los campos y se produce una intercomunicación entre ellos. La infor-

La psicoesfera.

mación fluye entre todos los niveles de realidad, incluyendo la mente y la materia, e impregna la emosfera, la psicoesfera y la magnetosfera. Así es como se unen las partes aparentemente misteriosas de los sucesos sincrónicos.

Los geniales científicos cuánticos de la primera parte del siglo XX eran conscientes de los extensos campos en los que operan nuestras mentes locales. Einstein afirmó: «Todo el mundo que esté seriamente implicado en la búsqueda de conocimiento científico se convence de que un espíritu muy superior al del hombre se pone de manifiesto en las leyes del universo» (según es citado en Calaprice, 2002).

Max Planck, uno de los padres de las física cuántica, señaló: «Toda materia se origina y existe solamente en virtud de una fuerza que hace vibrar las partículas de un átomo y mantiene unido el diminuto sistema solar que lo compone [...] Debemos asumir que detrás de esta fuerza existe una Mente consciente e inteligente. Esta Mente es la matriz de toda la materia» (según es traducido en Braden, 2008). Cuanto más ahondan los científicos en el funcionamiento de la materia, desde las partículas subatómicas al inmenso ámbito de las galaxias, más perciben la coordinación sincrónica que está presente en todo el conjunto.

El cerebro como transductor del campo universal

La visión de los escépticos y materialistas es que la mente está *en* el cerebro: «La mente es lo que hace el cerebro». Se cree que la mente es un epifenómeno del cerebro, una consecuencia de este. Según esta teoría, el cerebro, al ir evolucionando, aumentar de tamaño y volverse más complejo, dio lugar a la mente. Cuando suficientes neuronas se disparan juntas producen este artefacto llamado conciencia. Sir Francis Crick, el codescubridor de la estructura de doble hélice del ADN, resumió esta proposición con las palabras: «La actividad mental de una persona obedece al comportamiento de las células nerviosas, las células gliales y los átomos, iones y moléculas de las que se componen y que ejercen influencia en ellas» (Crick y Clark, 1994).

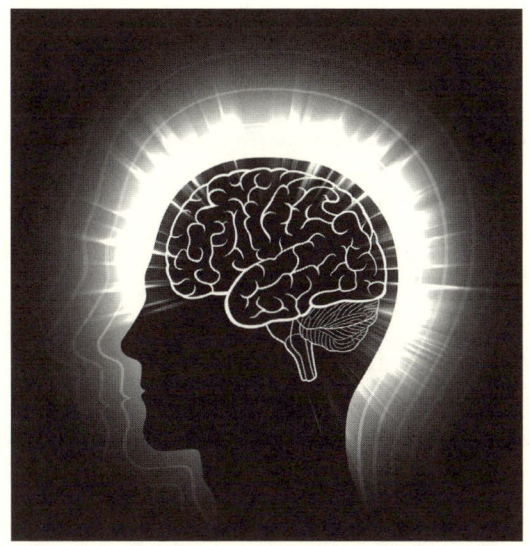

La teoría de que el complejo cerebro da lugar a la conciencia no está apoyada por la ciencia.

No existe ninguna prueba que apoye la teoría de que la conciencia habita dentro del cerebro. Una revisión del Cambridge Center for Behavioral Studies señala que «las teorías de la conciencia centradas en el cerebro parecen afrontar dificultades insuperables» (Tonneau, 2004). A pesar de la falta de pruebas, los escépticos materialistas aseguran que la ciencia acabará demostrándolo.

Sir John Eccles, un neurofisiólogo ganador del Premio Nobel, lo llama irónicamente «materialismo promisorio». Lo consideraba «una superstición sin base racional [...] una creencia religiosa de materialistas dogmáticos [...] que confunden su religión con su ciencia. Tiene todas las características de una profecía mesiánica» (según es citado en Dossey, 2009).

Existen, por otro lado, multitud de pruebas de que la conciencia existe fuera del cerebro. La mente no funciona como si estuviera confinada en el cerebro y se producen numerosas experiencias de conciencia no local que no pueden explicarse por una mente local atrapada en un cráneo humano.

La conciencia más allá de la limitación de los sentidos

En estados alterados, nuestra conciencia es capaz de trascender las limitaciones de los sentidos y obtener información que procede de más allá de nuestra mente local. En las últimas décadas se han publicado docenas de artículos científicos que estudian estados alterados, como las experiencias cercanas a la muerte (ECM) y las experiencias fuera del cuerpo (EFC) (Facco y Agrillo, 2012). Si bien los individuos que están clínicamente muertos pueden experimentar ECM, en el 37 % de los casos se trataba de personas que no estaban a punto de morir (Clark, 2012).

Estas experiencias tienen características comunes. La gente que las ha vivido hablan de sentir que han dejado el cuerpo físico; tienen un uso completo de los sentidos, que generalmente se acentúan enormemente; experimentan libertad de movimiento y una sensación de bienestar; pueden ver cosas que normalmente no serían visibles para ellas, como objetos encima de una vitrina del quirófano, los tejados de edificios cercanos o familiares que no están presentes en la habitación. Asimismo tal vez conozcan los pensamientos de los presentes en la habitación o cuenten detalles precisos de conversaciones que tuvieron lugar mientras estaban bajo los efectos de la anestesia general.

Cuando las personas regresan de estas experiencias, han sufrido una transformación: no sienten temor a la muerte y creen en un universo amoroso y compasivo, y tienen absoluta certeza de lo que han percibido.

Vivir una experiencia fuera del cuerpo o cercana a la muerte transforma a las personas.

El Dr. Mario Beauregard, autor de *Brain Wars*, cree que la función del cerebro es actuar como un filtro. La conciencia de cada persona existe en un estado omnisciente de percepción infinita que es característica de las ECM y de las EFC. Esa mente infinita es filtrada por el cerebro y convertida en una experiencia manejable con el propósito de existir en un cuerpo físico (Beauregard, 2012).

El Dr. Kenneth Ring y Sharon Cooper llevaron a cabo un estudio en el que examinaron las ECM de gente ciega de nacimiento (Ring y Cooper, 2008). Los resultados ofrecieron pruebas particularmente convincentes de la existencia de la conciencia más allá del cuerpo, ya que estas personas nunca habían sido capaces de ver. A diferencia de la gente con visión normal que vive ECM y describe objetos y personas que han visto previamente, la gente ciega no posee ese marco de referencia.

LA MUJER CIEGA QUE VIO

Durante las ECM, la gente ciega ha llegado a describir detalles de objetos que no había visto nunca. Vicki Umipeg —una mujer de 45 años que tenía deteriorado el nervio óptico de nacimiento por una sobredosis de oxígeno— vivió una de estas experiencias. Vicki contaba: «No puedo ver nada, ni siquiera en sueños, ni siquiera veo negro».

Después de un accidente de coche la llevaron a urgencias y se encontró con la conciencia flotando por encima del cuerpo: «Me encontré en el hospital, mirando lo que estaba pasando debajo y asustada al no haber "visto" nunca antes». Vicki estaba desorientada y tenía dificultad para reconocer que ese cuerpo que veía era el suyo: «Sabía que era mi cuerpo porque yo no estaba en él».

Más tarde, Vicki pudo describir al médico y a la enfermera que estaban tratando de reanimarla, así como reproducir sus palabras: «Repetían "No podemos hacerla volver". Me sentía sumamente desapegada del cuerpo y no entendía por qué estaban tan alterados. Ascendí a través del techo escuchando hermosos sonidos producidos por campanas de viento. Allí donde me encontraba podía ver árboles, pájaros y gente, todos de luz. Me sentía abrumada porque no podía imaginar cómo era la luz. Era como un lugar donde se hallaba todo el conocimiento. En ese instante fui enviada de vuelta a mi cuerpo en medio de un dolor insoportable».

Vicki pudo describir además detalles de objetos que nunca había visto, como las características de sus anillos: «Creo que llevaba el anillo de oro sencillo en el dedo anular derecho y el anillo de boda de mi padre en el siguiente dedo. Pero definitivamente vi mi anillo de boda [...] Fue el que más me impactó porque es bastante poco corriente y tiene un motivo floral». Vicki afirmó que esa experiencia fue «la única vez en que pude entender qué era la visión y la luz, por haberlo experimentado».

Hace 1300 años, *El libro tibetano de los muertos* describió estados de conciencia no local. En un lugar suspendido entre la vida y la muerte, llamado el estado bardo, el cuerpo es capaz de percibir el mundo sin la mediación de los sentidos. Puede atravesar objetos sólidos y viajar a cualquier lugar del cosmos de forma instantánea, del mismo modo que el estado de conciencia descrito por las personas que viven ECM y EFC.

La filosofía védica india sostiene que la gran conciencia universal no local se halla reflejada en cada uno de nosotros. Utiliza la analogía de cubos de agua en los que el sol se refleja. Aunque hay muchos cubos diferentes, en todos se refleja el mismo sol.

Se creía que los chamanes se movían entre los mundos local y no local.

Solo en tiempos recientes ha surgido la creencia de que la conciencia no local es un fenómeno «paranormal» o «psíquico» y la ciencia convencional descarta su estudio. Durante la mayor parte de los miles de años de la historia de la humanidad, la persona sagrada o chamán era un miembro especial de la tribu. Se creía que «viajaban entre los dos mundos» de la conciencia local y no local, y traían de vuelta sabiduría y sanación de esferas situadas más allá de la conciencia ordinaria (Eliade, 1964).

Los chamanes podían comunicarse con los animales y con seres que se hallan fuera de la percepción de la conciencia local y solían tener sueños y visiones que aportaban información proveniente del universo no local. Solo recientemente los estados alterados, como los experimentados en los sueños, el éxtasis místico, la unión con la naturaleza, así como las ECM y las EFC, han dejado de considerarse una parte normal de la experiencia humana.

Las ECM y las EFC pueden ser vivencias transformadoras. John es un hombre gay afroamericano con estudios superiores que tocó fondo tras habérsele diagnosticado SIDA. Sin embargo, mientras participaba en un estudio con pacientes de SIDA, pudo trascender la obsesión con su propia angustia al ayudar a un hombre blanco borracho que padecía un gran sufrimiento. Justo después de eso, vivió una EFC. Describe su experiencia del siguiente modo (Church, 2013).

NADIE TIENE EL MONOPOLIO DIVINO

Me sentía flotando sobre el cuerpo, y nunca me olvidaré de esto: mientras flotaba, miré hacia abajo y era como una ciruela pasa marchita, nada más que una ciruela pasa, como una piel vieja y seca. Y mi alma, mi espíritu, estaba por encima del cuerpo. Todo estaba muy separado. Me sentía como si estuviera en dimensiones diferentes, lo sentí en mi cuerpo como una ráfaga de viento. Recuerdo decirle a Dios: «¡Dios! No puedo morirme ahora porque no he cumplido mi misión» y, justo al decirlo, el espíritu y el cuerpo se unificaron, todo colisionó y sentí cómo esa ráfaga de viento y yo éramos la misma persona de nuevo.

Fue una experiencia transformadora. Antes de ser VIH positivo mi fe estaba basada en el miedo. Siempre quise sentir que pertenecía a algún sitio, que encajaba, que era amado. Lo que me ayudó a vencer el miedo a Dios y el temor al cambio fue darme cuenta de que nadie tenía

> el monopolio divino. Conseguí reemplazar un gran número de conductas destructivas por una especie de deseo divino. También creo que lo que cambió [fue] mi deseo de acercarme a Dios, de amarme y de abrazar realmente el amor incondicional.

Un estudio en pacientes de SIDA descubrió que quienes creían en un Dios amoroso o en un universo benevolente tenían resultados mucho mejores que quienes creían en un Dios justiciero (Ironson *et al.*, 2011). También reveló que al diagnóstico solía seguirle una crisis que llevaba a un avance espiritual.

¿Está la mente en el cerebro?

La mente está en el cerebro tanto como la imagen que ves en el ordenador está dentro de la pantalla.

Cuando enciendes la televisión y ves *Comedy Central*, el programa no está dentro de la pantalla. Desde luego, existe una estrecha correlación entre tu dispositivo y el programa. Si la pantalla tiene un raja, no mostrará el programa de forma adecuada, pero eso no significa que la existencia de *Comedy Central* dependa de la pantalla. El programa tiene una existencia independiente de la pantalla y de su grado de funcionalidad.

Numerosos expertos que han revisado los estudios sobre el cerebro y la mente han sugerido que el cerebro funciona de un modo similar (Kelly, 2011; Dossey, 2013). Es un transductor de la mente, de la misma forma que la pantalla es un transductor de la señal de la emisión. La mente y la conciencia son independientes de la pantalla.

Diversos estudios han revelado que la conciencia no se encuentra en el cerebro. El Dr. Bruce Greyson, que llevó a cabo un estudio de las ECM en una unidad de cardiología, concluye: «Ningún modelo fisiológico ni psicológico explica por sí mismo todas las características comunes de la ECM. El complejo proceso de percepción y claridad sensorial durante un período de muerte clínica aparente desafía el concepto de que la conciencia se localiza exclusivamente en el cerebro» (Greyson, 2003). La conciencia se extiende mucho más allá del yo local, y el cerebro es parecido a un receptor que la traduce a una experiencia cotidiana.

En el estado de vigilia, la conciencia está firmemente anclada en la realidad local. Cuando conduces para ir a trabajar, ves el partido de béisbol de tu hijo, sacas al perro o presentas la declaración de la renta, tu mente está centrada en la realidad local. Lo que percibes como «tú» está conduciendo, mirando el tráfico y fijándose en los otros vehículos. Si bien los campos no locales siguen presentes, tu mente no está sintonizada con ellos.

En los estados anómalos dejamos de estar limitados por la realidad local.

Durante estados alterados, como los sueños, el trance, la meditación, el éxtasis místico o la hipnosis, la conciencia no está atada a la realidad local. Perdemos la identificación con el cuerpo y el sentido del yo local. Al igual que las almas en el bardo, podemos movernos a lugares distantes del universo de forma instantánea, libres de las ataduras de la realidad local.

Algunos estados anómalos son experiencias cotidianas corrientes como los sueños nocturnos. Otros son experiencias trascendentes, como la unidad con la naturaleza que podemos experimentar durante un momento consciente en el bosque o mientras chapoteamos en el mar. En esos momentos nuestra sensación de un yo local desaparece y nos sentimos uno con todo lo que es. En un estado místico, los límites del yo local se disuelven y nos unificamos con el universo.

El cerebro como puente entre la realidad local y no local

El cerebro también es capaz de tender un puente entre la realidad local y no local. Además de proporcionar el ancla biológica por la que participamos en la mente no local, está procesando información del entorno constantemente.

Este flujo de información es bidireccional. Si estamos soñando despiertos, con la conciencia lejos del cuerpo, y un coche explota en las inmediaciones, nuestra atención vuelve de inmediato al presente. Si estamos en medio de un sueño nocturno, viajando más allá de los límites de la conciencia de vigilia, y olemos humo, el cerebro nos alerta del peligro y nos baja a tierra rápidamente.

El cerebro toma la información del mundo exterior y la transmite a la mente.

La capacidad del cerebro de implicarse con el mundo exterior e interpretarlo es vital para nuestro funcionamiento como seres humanos; pero, si dedicamos toda nuestra atención a lo externo y a los pensamientos locales que fluyen por nuestra mente, podemos perdernos los estados extáticos que están disponibles cuando estanos conectados con la mente no local. Una experiencia humana que solamente está centrada en la conciencia local y lo fenoménico se empobrece, al participar de una diminuta porción de la conciencia que tiene a su disposición.

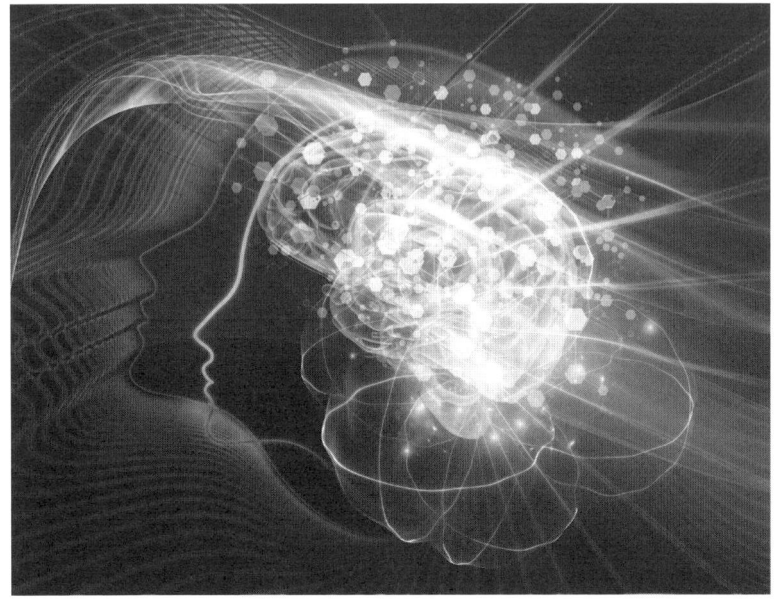

La mente tiende un puente entre la realidad local y no local.

Investigaciones recientes han demostrado que alrededor del planeta existen extensos campos electromagnéticos que influyen en la conciencia humana y son afectados por esta (McCraty y Deyle, 2016). El cerebro humano es un mediador biológico plausible entre los campos no locales a gran escala y la conciencia individual humana, el puente entre lo local y lo universal.

Elegir la señal con la que sintonizarnos

Podemos escoger la señal con la que sintonizamos nuestras mentes. Como un servicio de música en *streaming* con infinidad de plataformas, existen multitud de señales no locales para elegir en todo momento. Algunas de estas señales son permutaciones del miedo, mientras que otras lo son del amor. Podemos escoger sintonizar el transceptor de nuestra mente local con cualquiera de las infinitas variedades disponibles.

Podemos elegir experiencias mágicas, orientando nuestra conciencia a ellas de forma intencionada y, de esta forma, en lugar de ocurrirnos de forma esporádica, se convierten en el modo por defecto. Podemos decidir meditar al despertarnos por la mañana sin dejar la elección a si nos sentimos o no en sintonía con el cosmos ese día. Cuando estamos estresados, podemos hacer *tapping* para restablecer el equilibrio de nuestras emociones agitadas y mantener la capacidad de conectar con una perspectiva más amplia.

Podemos decidir visitar nuestro lugar preferido en la naturaleza o escuchar una pieza de música que nos deje en un estado de éxtasis. Podemos cambiar el canal de la televisión, apagar las noticias y sintonizarnos con las palabras y la energía de un profesor inspirador. Podemos tomar la decisión consciente de elevar nuestra atención desde la realidad local ordinaria hacia las sublimes señales no locales de la mente universal.

Al escoger estas prácticas usamos nuestra mente de forma expresa con objeto de inducir estados trascendentes, que, en lugar de ser un feliz accidente involuntario, se convierten en una mejora de nuestro estilo de vida que hemos instaurado deliberadamente.

EL BILLETE EN LA PLAYA

Estoy soñando que doy una charla. La sala está oscura, pero en esa oscuridad millones de personas escuchan atentamente la emisión en directo. Estoy haciendo una presentación con PowerPoint.

El siguiente escenario es una puerta con dos grandes postes de madera a cada lado. En medio cuelga un cartel amarillo con almenas en la parte superior. Dice: «El Universo Feliz».

Le digo a la audiencia que cada uno de ellos se merece vivir ahí. No hay nada que se lo impida, bueno, casi nada. Paso a la última diapositiva.

Se trata de una entrada que dice: «Se admite uno».

Les digo que tienen que pagar por esa entrada y el precio de la admisión es su sufrimiento: no pueden pasar si siguen aferrándose a un solo átomo de él. Tienen que dejar por completo cualquier atisbo de sufrimiento para comprar la entrada. Quien lo hace está dentro.

La entrada admite solamente una persona: no puedes llevar a tus seres queridos; ellos tienen que decidir comprarlo por ellos mismos. Cada uno ha de abandonar su sufrimiento para entrar y no puede hacerlo por otro.

Ese es el final del sueño. Me despierto con las imágenes labradas en mi mente.

Se trata del sueño que tuve el día que acabé este libro y cada parte del proceso de escritura estuvo repleta de sincronicidades.

Mi primera oración del nuevo año anterior había sido poder entrar en un estado meditativo rápidamente. Por lo general, me llevaba algo de tiempo deshacerme de la charla mental y quería poder sumergirme directamente en la meditación sin tener que pasar tanto tiempo aquietando la mente.

Al cabo de unas pocas semanas, esto comenzó a ocurrir: la alineación interna sucedía rápidamente.

Dos meses después me fui a dar una vuelta a la playa de San Diego aprovechando un descanso de un congreso en el que participaba. Me obsesionaba la idea de escribir un libro sobre las pruebas científicas que conectan la mente y la materia. Pero ya tenía el proyecto de otro libro a medio terminar: era demasiado trabajo y además no tenía editor. Había muchas más razones para aparcar el proyecto que para seguir adelante.

Era un día frío de invierno y mi mujer, Christine, había preferido quedarse en el coche. Paseé durante más de un kilómetro luchando con la idea del libro. Esquivé a niños, perros y cometas, de los que había un gran número a pesar del tiempo. Dado que me encontraba confuso, pedí al universo una señal clara.

No viví ninguna gran epifanía, de modo que inicié el regreso hacia el coche y de repente me fijé en algo en la línea de marea: se trataba de un billete de 10 dólares. Como no había nadie alrededor a quien pudiera pertenecer, lo cogí.

El billete en la playa.

Volví al coche y se lo enseñé a Christine. Como cualquier otro billete, decía: «En Dios confiamos».

Parecía un mensaje apropiado además de corriente. Pero ¿por qué un billete de 10 dólares en lugar de 1, 5 o 20?

Entonces me di cuenta de la asociación. En mi trabajo siempre uso una escala del 0 al 10. Si crees algo fuertemente, esa creencia es 10 sobre 10. El simbolismo parecía indicar que podía confiar en el universo para llevar adelante ese proyecto y que sería un *grand slam* de 10 sobre 10.

Al cabo de una semana, el boceto estaba listo. Dos semanas después, hablé con Reid Tracy, el presidente de la editorial Hay House, a quien le encantó la idea. Prefirió el título *Mente sobre materia* al mío inicial *Thoughts to Things* (de los pensamientos a las cosas), de modo que su opción se convirtió en el título del libro y la mía sirvió para titular el curso online asociado al libro.

Escribí una detallada propuesta y el día en que la envié me llegó un correo electrónico de Mike Dooley, otro autor de Hay House que manda mensajes diarios a sus suscriptores. El asunto decía: «Los pensamientos se convierten en cosas y los sueños se hacen realidad». Otra sincronicidad.

Conseguí sacar grupos de tres a cuatro días para escribir. Esos días ya estaba despierto a las 4 a. m., y meditaba durante una hora, alineando perfectamente la mente, después de lo cual me pasaba cerca de 15 horas leyendo y escribiendo de forma obsesiva.

Mi amigo David Feinstein me ofreció valiosas impresiones cuando había escrito los tres primeros capítulos. Una mañana después de la meditación sentí un fuerte impulso de darle las gracias y decidí telefonearle más tarde. Casi nunca uso el teléfono porque prefiero el correo electrónico y sé que él se pasa la mayor parte del año viajando y rara vez tiene el teléfono encendido, de modo que daba por sentado que me contestaría el contestador y podría dejarle un caluroso mensaje de aprecio.

Pero me quedé sorprendido cuando, en lugar de eso, David me cogió el teléfono. Me contó que había llegado de viaje el día anterior y acababa de encender el teléfono unos minutos antes de mi llamada. Aunque le apareció una llamada con número oculto y él no solía atenderlas, cogió de forma intuitiva. Otra sincronicidad.

Cuando escribía este capítulo estaba luchando por entender la resonancia Schumann. Ese mes, me había comprometido, sin darme cuenta, a hablar en dos congresos durante el mismo fin de semana, uno, en el Caribe, y otro, en California, en el lado opuesto del continente.

Tenía que organizarme para hablar en uno el sábado y volar a California el domingo temprano para participar en el otro.

El domingo por la tarde me encontraba en el panel de científicos de la segunda ponencia. Junto a mí estaba sentado el director de investigación de HeartMath, Rollin McCraty. Acababa de publicar un importante artículo sobre... Adivínalo. Además de la resonancia Schumann también me habló de las resonancias de líneas de campo de las que no había oído hablar nunca. Ambas se convirtieron en una parte sustancial del capítulo. ¡Un proceso repleto de sincronías!

Christine y yo visitamos a nuestros amigos Bob y Lynne Hoss en Arizona de camino a otro congreso. Bob es un experto en la neurociencia del sueño. Recientemente había sido el ponente principal en un congreso y había preparado una presentación sobre Carl Jung, el inconsciente colectivo y el experimento de la doble rendija. Su PowerPoint me ayudó a aclarar importantes lagunas. ¡De nuevo la sincronicidad!

Ese mismo día, Jack Canfield, John Gray y Rick Leskowitz me escribieron a la vez confirmándome que escribirían una recomendación del libro.

Concentración pacifista del 12 de junio de 1982.

> Cuando el editor me dio la fecha de publicación oficial, el 12 de junio, sentí un escalofrío por la espalda: ese día es sumamente significativo para mí. El 12 de junio de 1982 estuve junto con cientos de miles de personas en Central Park, en Nueva York, protestando contra el punto muerto en las negociaciones entre Estados Unidos y la Unión Soviética. Después de la concentración, el secretario de Estado, George Schultz, anunció en la televisión que la protesta no supondría ninguna diferencia en la política estadounidense.
>
> Pero, al cabo de unos meses, el presidente de los Estados Unidos, Ronald Reagan, dio un giro asombroso. El presidente de la línea más dura sorprendió al mundo proponiendo el START (Tratado de Reducción de Armas Estratégicas). Cada 12 de junio recuerdo el día en que, en un poderoso acto colectivo, decidimos no volar el planeta y a nosotros con él.
>
> Por último, el día antes de la entrega del libro fui a un supermercado cercano a comprar algo para desayunar. Cerca de la caja me fijé en el número especial de la revista *Time*, titulado «La ciencia de las emociones». Lo abrí al azar y vi el titular de un artículo sobre cómo la sincronicidad puede ser previsible y no simplemente algo casual. Pues bien, ese artículo me condujo a los cuatro últimos estudios que necesitaba para completar el capítulo dedicado a la sincronicidad.

Empiezo el día con una sintonización. Sé que, si comienzo resonando con los campos de temor y escasez que están presentes en la psicoesfera, estos absorberán mi intención. En lugar de eso, alineo deliberadamente mi mente con las posibilidades más elevadas para mí y el planeta.

Podemos escoger sintonizarnos con los campos de amor, paz y alegría. Al igual que sintonizamos un dial en la radio, podemos dejar que nuestro instrumento cerebral y corporal toque las melodías de belleza y asombro que resuenan a través del campo planetario. Cuando nos alineamos con estos campos, resuenan a través de nuestros mundos y nos conectan sincrónicamente con las mayores posibilidades de nuestro destino.

La atención construye el cerebro

La investigación sobre el cerebro de personas en estados espirituales elevados nos dice que procesan la información de forma muy distinta al modo habitual de un estado de conciencia ordinario. La proporción de ondas delta, beta, alfa, theta y gamma cambia espectacularmente, ya que el cerebro funciona de una manera completamente diferente. Cuando estos patrones de activación neuronal se cambian de forma regular, rápidamente comienzan a formar nuevas conexiones sinápticas. El volumen de diversas regiones cerebrales comienza a cambiar a medida que los tejidos cerebrales se reconfiguran para ajustarse a una mente que crea intencionadamente.

De este modo, el cerebro adquiere habilidad para transducir estas señales. Con más conexiones neuronales para transportar información, el cerebro mejora su capacidad de captar señales del campo universal. Se sintoniza mejor con las señales de ese campo, con una mayor proporción de circuitos neuronales que facilitan esa sincronía.

Un estudio llevado a cabo por investigadores de la Universidad de Zúrich comparó a personas que debían decidir el grado de generosidad que querían mostrar. Al inicio del experimento se prometió una suma de dinero a los 50 participantes. La mitad se comprometió a gastarse el dinero en ellos mismos, y la otra mitad, a compartirlo. Después a ambos grupos se les pidió que tomaran una serie de decisiones indicadoras de un comportamiento generoso.

Los investigadores usaron imágenes por resonancia magnética para medir la actividad cerebral durante y después del proceso de toma de decisiones. Descubrieron que los participantes que actuaban de forma más generosa tenían cambios mayores en las regiones del cerebro asociadas con la felicidad. Los investigadores se sorprendieron de que la mera intención de gastar el dinero para otra persona, antes de que ocurriera el acto generoso, era suficiente para provocar modificaciones en los patrones neuronales (Park *et al.*, 2017).

Entre las elecciones disponibles en cada momento,
¿hacia dónde dirigiremos nuestra conciencia?

Debemos decidir en cada momento hacia dónde dirigir nuestra conciencia. ¿Nos enfocaremos en el sufrimiento agonizante con el que los medios de comunicación tratan de atrapar nuestra atención? ¿O dirigiremos la atención al eterno ahora? ¿Nos quedaremos inmersos en los mezquinos dramas de la condición humana? ¿O alinearemos nuestros pensamientos con la sabiduría de la mente universal? Con cada elección que hacemos moldeamos nuestra mente. Si escoges lo segundo de forma constante durante meses y años, literalmente, estarás creando un cerebro en sincronía con la mente no local.

Sir John Eccles, ganador del Premio Nobel por su trabajo sobre las sinapsis neuronales del cerebro, afirma: «Hemos de reconocer que somos seres espirituales con almas que existen en un mundo espiritual, al tiempo que seres materiales con cuerpos y cerebros que existen en un mundo material» (Popper y Eccles, 2012). Cuando vivimos como si fuéramos seres espirituales con cuerpos físicos y orientamos nuestra conciencia de esa forma cada día, la materia que creamos con nuestras mentes es bien diferente.

Abrirse a la sincronicidad

¿La sincronicidad simplemente sucede o podemos estimularla? ¿Se trata de un fenómeno que aparece de forma aleatoria, por casualidad, o podemos adentrarnos en una realidad en la que la sincronicidad sea un fenómeno común?

En lugar de ser un accidente esporádico, según mi experiencia, la sincronicidad es un estado que puede cultivarse. Podemos sincronizar de forma intencionada nuestra mente local con la conciencia no local del universo en el que la coordinación espontánea de la naturaleza está siempre presente. Con la práctica, vivir de forma sincrónica y en armonía con los extensos patrones del universo se convierte en nuestro modo mental por defecto.

Desde que empecé a escribir esas S en mi diario cada vez que tuviera lugar una sincronicidad, parece que suceden con mayor frecuencia. Al observarlas, me sintonizo con ellas. Al igual que sucede cuando practicamos una nueva habilidad, estoy creando los circuitos neuronales que transportan ese tipo de información. Estoy usando el efecto observador de forma consciente, colapsando la onda de posibilidad en las probabilidades que deseo.

Eso no quiere decir que pueda crear por arte de magia cualquier cosa que quiera como un mago que saca un conejo del sombrero. Se trata de un proceso que influye en la realidad de forma sistemática en lugar de manifestar algo de la nada de repente. Cosiste en *usar* los principios de la naturaleza en lugar de desafiarlos.

Por ejemplo, quiero aprender francés para poder hablarlo durante mis frecuentes viajes a ese país. Colapsar la onda de posibilidad no quiere decir que pueda hablar francés de forma instantánea: necesito igualmente comprar un curso online, practicar la pronunciación y aprender el vocabulario.

Pero suceden cosas que apoyan mi propósito. Un amigo menciona un libro que contiene pegatinas de palabras francesas que se colocan en los objetos de la casa que designan: ver su nombre en francés todos los días aumenta el vocabulario rápidamente.

Las pegatinas con palabras en francés adornan objetos comunes de mi casa.

Después, comencé a fijarme en las correspondencias entre algunas palabras españolas que conozco y términos franceses nuevos. Conocí a un francés en un mercado de agricultores e intercambiamos algunas palabras en francés. Otro amigo me contó que puedes poner subtítulos en francés en las películas o verlas en francés con subtítulos en inglés. A veces mi mujer y yo, mientras comemos, tenemos a mano las tablets con una ventana de traducción abierta y practicamos una conversación sencilla y así sucesivamente. Una vez he decidido aprender francés, todo el universo parece conspirar para respaldar mi objetivo.

Pensamiento a pensamiento y neurona a neurona

Cultivas la sincronicidad mediante pensamientos que mantienes de forma constante. Tal vez estés haciendo la cena y descubras que no tienes pimienta blanca, un ingrediente imprescindible para la receta. La tienda más cercana está a más de tres kilómetros. Te subes al coche, dejas atrás la entrada, giras las veces necesarias, entras en la tienda y encuentras el pasillo donde tienen la pimienta blanca. No pasas de repente de estar en la cocina con necesidad de comprar pimienta blanca a encontrarte en el pasillo de las especias, sino que hay varios pasos en medio. Este es el modo en el que los pensamientos que se mantienen de forma constante producen cosas.

Unos investigadores de la Universidad de Nueva York descubrieron que los estudiantes románticos que creían que iban a conseguir una cita tenían bastantes más probabilidades de hacerlo. Por otro lado, los golfistas a quienes se les informaba de que estaban jugando con una bola con suerte obtenían mejores puntuaciones en la práctica de tiro. En los juegos de azar, los optimistas ganan más que los pesimistas. La gente que ve el lado positivo de las cosas y usa su mente para reformular los sucesos negativos desactiva la amígdala, la estructura de la región media del cerebro que procesa el miedo. Según el psicólogo Richard Wiseman, estas personas «esperan los mejores resultados y estas expectativas se convierten en profecías autocumplidas» (Rockwood, 2017). Tim Ferriss, autor de libros superventas, señala: «La gente más satisfecha y eficaz que conozco —creativos mundialmente conocidos, billonarios, expertos en diversas materias y otros— consideran que quizá un 25 % del viaje de su vida consiste en *encontrarse* a sí mismos y un 75 % en *crearse* a sí mismos» (Ferriss, 2017).

Durante quince años, un equipo dirigido por el Dr. Robert Gramling, de la Universidad de Rochester, encuestó a 2 816 adultos con edades comprendidas entre los 35 y los 75 años. Su estudio tenía como objetivo identificar a las personas que tenían riesgo de contraer afecciones cardiacas. Pues bien, los resultados mostraron que las creencias suponían una gran diferencia en su salud.

Quienes creían que tenían poco riesgo de padecer una enfermedad cardiaca presentaron solamente un tercio de incidencia de derrames cerebrales e infartos. El efecto se mantuvo incluso controlando variables como el nivel de colesterol, el tabaco, la hipertensión, la historia familiar y otros factores de riesgo (Gramling *et al.*, 2008). La creencia en los problemas cardiacos o el miedo a padecerlos se asoció con el riesgo de contraer enfermedades cardiovasculares. De esta forma, la mente se transforma en una realidad material. Pensamiento a pensamiento estamos activando vías neuronales. Cuando mantienes una creencia acerca de tu corazón y cultivas esa creencia año tras año, estás creando nuevas neuronas, neurona a neurona. No es que por tener un solo pensamiento sobre las enfermedades cardiacas vayas a morir de forma instantánea ni por tener un solo pensamiento positivo vayas a estar sano para siempre, como tampoco por necesitar pimienta blanca te encuentras en la tienda al instante. Hay pasos en medio, las creencias se mantienen, los pensamientos se convierten en cosas y las neuronas moldean la biología. Si mantienes un pensamiento de forma continuada, estarás creando las condiciones biológicas y ambientales para atraerlo.

Los campos mentales y el inconsciente colectivo

He notado que, por lo general, en mis talleres presenciales, la gente suele dominar sin esfuerzo un aspecto de la vida. Solemos trabajar con cinco áreas vitales:

- Trabajo (incluyendo trayectoria profesional y jubilación).
- Amor (incluyendo todas las relaciones cercanas).
- Dinero.
- Salud (incluyendo peso, dieta y ejercicio).
- Espiritualidad.

Normalmente la gente no tienen ningún problema en al menos una de estas áreas. Algunos, por ejemplo, dominan el ámbito de la trayectoria profesional y disfrutan de éxito rápido desde la adolescencia. Otros mantienen una práctica espiritual profunda y permanente entretejida en el telar de sus vidas. Algunas personas, como mi mujer, crean matrimonios fantásticos y relaciones maravillosas con la familia y los niños de forma automática.

Uno de mis amigos, Phil Town, es un maestro del dinero. Es uno de los gestores de fondos de inversión más exitosos en ese campo. Ha escrito dos libros superventas sobre cómo hacerte cargo de tu dinero. El dinero es su medio y habla, piensa y actúa en esta esfera de influencia sin ningún esfuerzo.

Otro amigo mío, Andrew Vidich, es un maestro espiritual. Lleva meditando todos los días de su vida desde la adolescencia. Se pasa meditando más de una hora todas las mañanas y sus ojos y su ser transmiten bondad y alegría. Se encuentra en el campo energético de la espiritualidad y la gente se siente transformada en su presencia sin necesidad de intercambiar ni una sola palabra. Cuando lees sus libros, *Light upon Light* y *Love is a Secret*, compartes el campo energético en el que mora y te sientes edificado.

Aunque seamos maestros naturales en una de estas áreas de la vida, tal vez no se nos dé bien alguna otra. Un amigo que fundó una exitosa empresa de desarrollo personal a finales de los ochenta se hizo multimillonario con veintitantos años. Es un hombre sano que ha disfrutado de todos los símbolos del éxito, pero, después de beberse dos vinos en un grupo de *mastermind*, me confesó lo desesperadamente infeliz que era en su vida amorosa: «Me he divorciado de mi tercera esposa —me contó desconsolado—. Tuve que vender mi avión privado para compensarla. Entiendo por qué se ha divorciado [...] soy un imbécil y he estropeado todas las relaciones que he tenido». Así pues, ser un maestro en un área de la vida no garantiza el éxito en otras.

Uno de los pioneros del uso de la acupresión en la sanación fue un psicólogo clínico llamado Roger Callahan, quien desarrolló un método denominado terapia del campo mental. El término *campo mental* es sorprendente. Callahan creía que tenemos patrones habituales de conciencia, a los que denominó campos mentales. Cuando participamos de un campo mental habitamos en la energía de ese campo y percibimos el mundo material a través de las lentes de ese campo.

Los campos mentales también pueden darse a gran escala, algo parecido al inconsciente colectivo junguiano. Jung creía que la mayor parte de nuestra conducta está dirigida por el inconsciente. La parte de la mente de la que somos conscientes es como la punta de un iceberg que sale a la superficie del mar: pensamos que eso es todo lo que hay, pero, en realidad, nuestra conducta está moldeada por los campos mentales colectivos subyacentes aunque no seamos conscientes de ellos.

El inconsciente colectivo es como un iceberg. Solamente somos conscientes de la punta, los procesos mentales conscientes por encima de la superficie. Debajo está el inconsciente colectivo que dirige la conducta.

Los tipos de energía del inconsciente colectivo pueden formar campos mentales, que pueden ser simples e inocuos, como el campo mental asociado a la afición del *patchwork*. En una ocasión acudí a un taller que tuvo lugar en un gran centro de congresos en el que se celebraban varios eventos, entre los que se encontraba una convención de *patchwork*.

Yo no sabía nada sobre el *pathchwork,* de modo que durante algunas comidas me senté en la mesa de entusiastas de este tipo de artesanía. Al sumergirme en su campo mental y resonar con su entusiasmo, el *patchwork* parecía la actividad más fascinante del mundo.

Quienes dominan una de estas áreas de la vida habitan ese campo mental particular. Si reúnes a dos inversores, comenzarán a compartir sus conocimientos sobre el tema al resonar juntos. Si reúnes a dos meditadores, reforzarán el campo mental de la meditación con su interacción.

Otros campos mentales no son tan benevolentes. Si pasas tiempo con drogodependientes o con alcohólicos, podrás sentir el campo mental que mantiene sus hábitos. Las personas con patrones similares resuenan juntas; esta es la razón por la que salir de la drogadicción no es posible si se mantiene la compañía de otros adictos: el campo mental al que se han acostumbrado los absorbe cuando están juntos.

Cuando te hallas en un estado mental temeroso, el miedo alimenta el miedo. El campo mental del temor busca estímulos externos a los que temer. La mente temerosa precipita probabilidades temerosas de la potencialidad infinita de la onda de posibilidad. Podrías pensar que los problemas están «ahí fuera», en tu entorno, causados por otras personas, corporaciones, el Gobierno o sucesos azarosos, pero, en realidad, estás habitando un campo mental que da forma al espacio material que te rodea. La mente puede producir una realidad física tanto de forma positiva como negativa. En la Biblia el anciano filósofo Job se lamenta: «Me ha sobrevenido todo aquello que temía».

Encarnar los campos de la maestría

Cuando estás en un taller de meditación con Andrew Vidich, la meditación te parece fácil. En su campo mental, al compartir su firme sintonización con el campo de la experiencia espiritual, se activan en ti frecuencias afines. Esas frecuencias resuenan con frecuencias similares en el campo local de Andrew y, a través de él, las mismas frecuencias del campo no local. Al conectarte mediante una poderosa resonancia con el campo producido por la meditación tomas parte de esa energía.

Viví una experiencia parecida en unos talleres dirigidos por Phil Town sobre el dinero. Cuando te encuentras en el campo de la pericia económica que genera Phil, sus explicaciones te parecen claras y sencillas. Incrementas tu comprensión sobre las acciones y los informes financieros al alinear tu conciencia con el campo de Phil. En una habitación con 200 personas sincronizadas en la misma frecuencia monetaria, alineas la mente y el cerebro en esa sintonía.

Resulta fácil meditar cuando resuenas con el campo local de un grupo de meditación.

Cuando acaba el taller de meditación o el seminario financiero muy pronto los conceptos se vuelven borrosos. Comienzas a olvidar lo que has aprendido y el estado alcanzado a menos que practiques. Cuando repites la sintonización con esa campo mental a través de lecturas, vídeos y aprendiendo más, mantienes la resonancia con ese campo. Pronto habrás creado los circuitos neuronales y estados cerebrales que son propios de ese campo mental. Habrás pasado de tocar el campo a encarnarlo: avanzas hacia su dominio.

Cuando usamos la mente de este modo, condicionamos la materia. Cuando hacemos una elección consciente para dominar un campo, activamos la resonancia con todos los componentes de ese campo, algunos locales y otros no locales, distantes en tiempo o espacio.

Nuestra intención, ocupando la conciencia, abre la puerta a la sincronicidad. Las oportunidades y las conexiones aparecen aparentemente de la nada, pero están generadas por nuestra participación en ese campo mental particular.

Como autor y facilitador, tengo la fortuna de pasar tiempo con numerosos líderes transformacionales. Individualmente generan campos de energía inspiradores y, cuando están juntos, el efecto se intensifica. Estar con ellos condiciona mi pensamiento y mi energía al crearse una resonancia. Rodearte de gente edificante es una de las mejores cosas que puedes hacer por tu salud física y mental.

La siguiente historia, contada por uno de estos líderes, constituye un extraordinario testimonio de manifestación. ¿Quién no ha soñado con manifestar un millón de dólares? Este tipo de aspiración podría parecernos fuera de nuestras posibilidades. Sin embargo, el filósofo alemán Goethe exclamó (1887):

> Aquello que puedas hacer o soñar, empréndelo.
> La audacia tiene genio, poder y magia.

MANIFESTAR UN MILLÓN DE DÓLARES

Por Raymond Aaron

Suelo organizar retiros transformacionales y, al comienzo de cada curso, hacemos un ejercicio en el que pedimos a los participantes que definan aquello que más les gustaría manifestar durante el transcurso del taller.

En este curso concreto, la gente escogió metas típicas como poder dormir de un tirón, tener un revelación sobre qué trayectoria profesional seguir o no tener conflictos conyugales durante el curso.

Pero un hombre dijo que quería un millón de dólares. Había fundado una compañía dedicada a la creación de una nueva tecnología en la vanguardia de la investigación médica para la obtención de células madre y su objetivo era disponer de libertad económica para perseguir sus sueños.

No lo dije en alto, pero pensé: «¡Guau! ¡Eso sí que es un objetivo ambicioso!».

Cuando le llegó el turno al siguiente participante decidió copiar a su compañero ¡y dijo que también él quería un millón de dólares!

Gemí internamente. ¡Dos personas que deseaban manifestar un millón de dólares durante el retiro! Parecía una tarea imposible.

Pero, al cabo de tres días, los dos hombres rebosaban entusiasmo y compartieron las noticias con el grupo: el segundo tenía un padre que era banquero de inversiones; pues bien, le había hablado a su progenitor acerca de la compañía del otro participante, habían tenido una reunión todos juntos y a su padre le había encantado el potencial de la empresa emergente. Al final, anunció al dueño de la compañía que iba a recaudar 100 millones para él ¡no 1 millón sino 100!

—Y a mí me corresponde un 1 % de comisión! —exclamó el segundo hombre—. ¡Justo un millón de dólares!

Sintonizar tu mente con el estado más elevado posible

La sincronicidad es mucho más de lo que parece. Aparentemente se trata de una serie de acontecimientos que se alinean misteriosamente para producir un resultado significativo. En realidad, la sincronicidad representa la coordinación de la totalidad de la vida, desde los límites no locales más lejanos del espacio al entorno más íntimo de nuestros pensamientos. Todos estamos sincronizados por campos resonantes y, al hacer elecciones con la mente, establecemos patrones de resonancia que se extienden al infinito.

Nuestros pensamientos son profundamente creativos. Una vez nos damos cuenta de esto, dirigimos nuestros pensamientos conscientemente; hacemos todo lo necesario para sintonizar el funcionamiento de nuestra mente con las posibilidades más elevadas. Usamos nuestro poder creativo de forma intencionada. Goethe dijo: «Todos tenemos ciertos poderes eléctricos y magnéticos en nuestro interior y ejercemos una fuerza atractiva y repulsiva» (según es citado en Jung, 1952). Comprender el poder creativo de nuestros pensamientos nos empodera para usarlos sabia y deliberadamente, sintonizándonos con el campo mental del amor, la bondad y la creatividad.

Cuando me despierto por la mañana, mi prioridad principal es la sintonización. Mi mente se arremolina y estoy disperso, a menudo centrado en los problemas y en los aspectos negativos de la nueva jornada. Fragmentos de malos sueños e imágenes perturbadoras que he visto en la televisión aparecen y desaparecen caprichosamente.

Si tuviera que empezar el día de ese modo, llevaría ese campo mental arremolinado, negativo y disperso a mi realidad material. Condicionaría mi mundo material con la energía de ese campo disfuncional.

De modo que lo primero que hago es sintonizar mis pensamientos con el estado más elevado posible. Aparto la inquietud y el estrés, y me siento a meditar tranquilamente. Sé bien cómo se siente mi cuerpo cuando me hallo en un estado de sintonía con el infinito, con mi cerebro produciendo grandes amplitudes de ondas alfa, theta y delta, y contacto con esa frecuencia. Una vez me he armonizado, disfruto de esa frecuencia durante un largo tiempo. Mis pensamientos escapan del remolino de confusión en el que me despierto.

Siento una oleada de felicidad y optimismo que es como la exuberancia de la primavera. Celebro ese sentimiento maravilloso y lo anclo en mi mente y mi cuerpo con *tapping*. Si dispongo de una zona de hierba cercana, salgo fuera, permanezco descalzo en el rocío de la mañana y me arraigo en las frecuencias de la Tierra. Tal vez escuche un audio inspirador para direccionar mis pensamientos. Si estoy en casa, miro mi panel de visión y afirmo mis metas. Anoto en mi diario intenciones positivas para el viaje de la vida que tengo por delante. Lleno mi mente de gratitud por las bendiciones de la vida. Saboreo la anticipación de las sincronicidades que aparecerán para deleitarme durante las horas siguientes.

Después, centrado e inspirado, comienzo la jornada.

Establecer cada día como prioridad principal la sintonización condiciona tu campo mental.

Haz esto durante un mes todos los días y tu vida empezará a cambiar. Utiliza tu mente de forma intencionada y la materia se transformará: atraerás la sincronicidad. Con independencia de que tu reto sea el dinero, la salud, el amor, el trabajo o la espiritualidad, descubrirás que te mueves rápidamente hacia un nuevo nivel de dominio cuando comienzas a usar tu mente para la creación consciente. Cuando te armonizas con esos campos energéticos, la realidad material hace lo mismo seguidamente. Las sincronicidades se agrupan a tu alrededor y vives una vida sintonizada con la música de las esferas.

A veces, justo en medio de un día corriente, la belleza de la vida me golpea como un chaparrón. Me detengo en seco, abrumado, con los ojos llenos de lágrimas, demasiado anonadado para poder absorberla por completo. Interrumpo lo que estoy haciendo y dejo que el sentimiento se expanda. Abro mi corazón para poder abrazar esa bendición en toda su extensión.

Saboreo esos momentos mientras expando la sensación del yo para contener toda la belleza y la perfección de la vida. Una vida vivida en sincronía consciente con el universo está bien vivida.

Pon en práctica estas ideas

Actividades que puedes practicar durante la semana:

- Al practicar la ecomeditación por la mañana y por la noche, alberga la intención de alinear tu vida con la sincronicidad.
- Fíjate en el fenómeno de la emergencia cuando aparezca en tu mundo personal. Podrás observarlo en:

    Las colonias de insectos.
    Las bandadas de pájaros.
    Los bancos de peces.

El fluir del tráfico en las ciudades.

- Escribe en tu diario tres o más sucesos sincrónicos importantes que hayan tenido lugar en tu vida.
- También anota brevemente algún fenómeno de emergencia que hayas presenciado en los últimos días.

Capítulo 7

Pensar desde más allá de la mente local

El Monumento Nacional de Muir Woods es uno de los lugares más maravillosos de California. Recibe el nombre del naturalista John Muir. Cuando tenía once años, su familia emigró a Estados Unidos desde Escocia y él se convirtió en un amante de la naturaleza con una pasión por viajar que le llevó por todo el continente. Justo antes de su 30 cumpleaños caminó desde Indianápolis hasta el golfo de México, una distancia de alrededor de 1 600 km.

Finalmente se instaló en California y escribió una serie de influyentes artículos recopilados en la obra *Studies in the Sierra*. Publicó diez libros en los que exponía su filosofía del naturalismo. Su libro *Our National Parks*, publicado en 1901, captó la atención del presidente Theodore Roosevelt, que hizo un viaje al valle de Yosemite para visitar a Muir en 1903. La vida de Muir se convirtió en un tributo a la conexión con la naturaleza.

El parque posee una naturaleza primitiva. Las secuoyas son los seres vivos más altos del planeta, alcanzan alturas de más de cien metros. Los árboles más antiguos eran plantones cuando Jesús caminó por la tierra hace 2 000 años, mientras que otros que siguen vivos en la actualidad tenían 1 000 años cuando Colón navegó por el Atlántico. Los ejemplares fósiles muestran que la especie existe desde hace más de 200 millones de años.

Las gigantes secuoyas tienen una poderosa presencia.

La tierra en la que se sitúa Muir Woods fue comprada en 1905 por los conservacionistas William y Elizabeth Kent. Creían que se trataba de un lugar sagrado y querían proteger las gigantes secuoyas de los madereros. Dado que se vieron obligados a pedir un préstamo para adquirir la propiedad, Elizabeth se sentía intranquila por la exposición financiera que ello suponía, pero William respondió: «Aunque perdamos todo el dinero habremos salvado estos árboles y habrá merecido la pena. ¿No crees?». En 1908, el presidente Theodore Roosevelt declaró el lugar Monumento Nacional de Muir Woods.

En la primavera histórica que siguió a la Segunda Guerra Mundial, los delegados de las principales naciones del mundo se reunieron en San Francisco para firmar la Carta de Naciones Unidas. Poco antes del inicio de la conferencia mundial murió el presidente Franklin D. Roosevelt. El 19 de mayo de 1945, los delegados celebraron una ceremonia en su honor en un lugar llamado Cathedral Grove en Muir Woods. En la actualidad, Muir Woods recibe alrededor de un millón de visitantes al año que admiran boquiabiertos árboles que existen desde antes de los primeros registros de presencia humana en el planeta.

Cuando el universo señala una inversión

Una tarde en que íbamos a visitar a unos amigos, Christine y yo pasamos por Muir Woods accidentalmente, ya que no habíamos tomado la salida en un cruce que había alrededor de un kilómetro y medio antes.

Era el fin de semana del Día de los Caídos en Guerra, el inicio oficial del verano en Estados Unidos, y miles de personas abarrotaban el parque. Había atasco en torno a la entrada, todos los aparcamientos estaban ocupados y se veían coches aparcados a los lados de la carretera a lo largo de más de un kilómetro. La gente caminaba por ambos lados de la estrecha calle en un flujo continuo de idas y venidas.

Hablamos de que, a pesar de lo mucho que nos apetecía visitar Muir Woods, sería mejor esperar a un día menos concurrido.

Disfrutamos de una agradable velada con nuestros amigos y decidimos quedarnos a pasar la noche. A la mañana siguiente partimos hacia nuestra casa. De repente, Christine exclamó: «¡Estamos muy cerca de Muir Woods, ¿por qué no vamos?». Así pues, cambiamos de dirección rápidamente y nos dirigimos hacia el parque.

Eran las 7:45 a. m. y el aparcamiento estaba casi vacío. Caminamos hacia Cathedral Grove, el corazón del bosque. Absorbimos la belleza de los árboles, el aire y los sonidos de los pájaros, las ardillas y el arroyo. Christine dijo: «Vamos a hacer un paseo meditativo», y seguimos andando en silencio.

Caminamos más de kilómetro y medio durante una hora dando la vuelta a Cathedral Grove, parándonos con frecuencia para admirar asombrados la grandeza de los árboles.

Los troncos de las secuoyas te hacen alzar la mirada.

No vimos ni una sola persona durante el trayecto y a la vuelta nos dirigimos a la entrada del parque, habiendo alimentado el alma, en conexión profunda con la naturaleza, sintiéndonos uno con el gran campo universal.

Cuando regresamos al coche ya se había iniciado el flujo de visitantes matinales. Habían llegado cuatro autobuses de los que manaban cientos de personas y tal era la aglomeración de gente que tuvimos que abrirnos paso entre el gentío.

Sin embargo, habíamos podido disfrutar del parque, todo para nosotros, deleitándonos en el espacio natural sagrado entre las dos invasiones. Solo siguiendo nuestra inspiración, sin un plan fijo, dejándonos fluir, pudimos cumplir nuestro deseo de visitar Muir Woods sin multitudes, durante el fin de semana más concurrido del año.

Estar en el flujo de la mente no local

La unión con el flujo universal permite el alineamiento con toda la sincronía, la gracia, la belleza y la sabiduría del universo. Cuando tú, como ser humano individual, una mente local, te alineas con la gran mente no local, la mente que está más allá de toda mente, la mente que da lugar a toda la conciencia; al fundirte con esa mente y ser uno con ella, tu mente individual local deja de funcionar como un fragmento aislado y separado, desconectado del todo por la ilusión de la separación.

En lugar de eso, te encuentras fluyendo con la mente no local y dejas de ser una conciencia local: eres la conciencia universal. De ser un agente pasivo has pasado a ser un agente activo.

Los horizontes de la creatividad se abren ante ti y la visión de las posibilidades inunda tu conciencia. Sabes que eres uno con la sabiduría universal, con el poder universal, con la inteligencia universal, con el amor universal. Desde ese estado de conciencia vives una vida de sabiduría, inteligencia y amor. Ya no pides amor ni necesitas amor ni suplicas amor porque eres amor. Ya no rezas para tener sabiduría porque eres la sabiduría. Ya no buscas la paz interior porque tu propia naturaleza es paz. En ese lugar tienes acceso a toda la sabiduría, la paz y el amor del universo.

Este es el estado trascendente que ha sido experimentado y descrito por los místicos a lo largo de los siglos; es el estado de flujo que los deportistas de élite experimentan en momentos de rendimiento máximo; es el estado al que acceden los artistas cuando crean su trabajo más inspirado; es el estado que habitan los niños de forma natural cuando se sumergen en el juego.

Se trata del estado en el que hemos de vivir nuestra vida todo el tiempo. Aunque se ha percibido como una excepción especial y esporádica a la rutina diaria, debería ser la forma en que empecemos y acabemos el día: cada día debería fluir en un despliegue de posibilidades sincrónicas.

Cuando los participantes de mis talleres cuentan la historia de su vida, me siento conmovido por su sufrimiento y, al mismo tiempo, me llama la atención la forma en que ese sufrimiento se acumula a lo largo de la vida. Estas personas no nacieron sufriendo. Cuando eran pequeños sabían reír, amar y jugar. Después tienen experiencias negativas y, poco a poco, pasan de un estado infantil espontáneamente alegre a un estado adulto preocupado, limitado y estresado.

La práctica del fluir

¿Cómo podemos invertir este proceso? Esta podría ser la pregunta más importante de nuestra vida. Podemos aprender a ser proactivos, y hacer aquellas cosas, tanto en la práctica como en nuestra conciencia, que nos pongan de nuevo en sincronía con el universo; podemos aprender a liberar nuestro sufrimiento y aprender a jugar de nuevo.

Podemos repetir los estados de conciencia que conocimos de niños y convertir nuestra vida adulta en un gozoso patio de recreo de posibilidades.

La forma de poner esto en práctica es sencilla.

Cuando te despiertes cada mañana, simplemente alinea tu conciencia con la frecuencia más elevada posible. Siéntate en silencio, lee las palabras que te resulten más inspiradoras y accede a un estado contemplativo. Antes de comenzar el día, antes de empezar a pensar o crear, alinéate. Alinéate con la frecuencia vibratoria más elevada posible que conozcas. Alinéate con el campo de energía más elevado del que seas consciente.

Emplea este don llamado conciencia para alinearte constantemente con ese campo energético más elevado posible al comienzo de la jornada. Al hacerlo, notarás un cambio en tu cuerpo. Sentirás una sensación física de estar cambiando de plano y acceder a un estado alterado de conciencia.

PENSAR DESDE MÁS ALLÁ DE LA MENTE LOCAL

El primer acto consciente del día consiste en alinearse con el campo universal no local.

La sensación física de estar alineado con el campo universal, de ser uno con la mente no local, es bastante diferente de la experiencia física generada por la ilusión de ser una mente local separada y desconectada del amor, la sabiduría, la genialidad y la perspectiva elevada de la gran inteligencia no local.

En este espacio creado por y para ti cada mañana, en unidad con el universo, los pensamientos que surjan en tu mente serán diferentes; las acciones que emprendas serán diferentes; las aspiraciones que tengas serán completamente diferentes; las expectativas que abrigues cambiarán; tus conjeturas no tendrán nada que ver con las de un estado de mente local aislada. Tu visión de la vida y la creación será expansiva y los campos de posibilidad que percibas serán infinitos. Tu propia identidad, quién eres como ser humano, se transformará por completo.

Vivir en sintonía con el campo universal

El sentido de identidad de un *tú* que vive en sintonía con el campo universal es totalmente diferente al de un *tú* que vive aislado en la mente local.

Al percibirte como uno con este universo sincronizado, comienzas el día con una sensación de ecuanimidad, poder, paz, alegría, amor y exuberancia. Te alineas con el genio creativo y moldeas el mundo exterior basándote en una sensación de visión elevada que parte del campo de realidad de esa mente universal.

Dejas de ser un individuo aislado topándose con este o ese problema o desafío. En lugar de eso, eres parte de una orquesta de movimiento sincronizado. Eres uno con el universo y con todos aquellos que también son uno con el universo. Al ser uno con el universo, eres uno con toda fuerza y fenómeno de la naturaleza que es igualmente uno con el universo. Al ser uno con el universo, danzas al son de los armónicos naturales de la creación.

Cuando estamos en resonancia con el campo universal, estamos sincronizados con todos aquellos que resuenan con ese campo.

La sinfonía resonante de todas las mentes

Cuando te alineas con el universo, tu mente individual se sincroniza automáticamente con todas las mentes sincronizadas con el universo, pero no con las mentes desarmonizadas que no han llevado a cabo esta conexión.

Si las amas y las bendices, gracias a tu sintonización, invitas a que esas mentes también se armonicen. No puedes ayudar a tus seres queridos desarmonizándote y accediendo al lugar de falta de armonía donde moran, solo puedes ayudarlos estando vibrantemente sintonizado con el ser universal. De este modo te conviertes en un faro que les da la bienvenida a la posibilidad de sumarse contigo a la danza de la sintonía.

Si lo hacen, estarán sintonizados contigo de forma natural y, si no lo hacen, los bendecirás en su camino. No necesitas persuadirlos o inducirlos a ello: se unirán a la danza cuando estén preparados. Déjalos ir; descubrirás que existen miles de personas, millones de personas, miles de millones de personas listas para danzar contigo en armonía con la vida.

Este es el deseo del universo para ti: que encuentres esta sintonía y permanezcas en ella; que empieces el día armonizándote con el campo universal; que comiences la jornada desechando la ilusión de que eres una entidad local en conflicto y aceptando la realidad de que eres uno con todo lo que es: eso es lo que el universo desea para ti.

Renunciar a la ilusión de localidad

El universo sabe que una vez abandonas la ilusión de que eres una entidad local aislada y abrazas la realidad de que eres uno con la mente universal, de pronto eres parte del fluir y danzas en sincronía con todo ser humano que forma parte de la danza universal. Tu vida fluye de forma fácil y orgánica; desaparece la tirantez y las interferencias que experimentas en el nivel de la mente local. Tu vida es fácil, feliz y naturalmente creativa. Te sientes uno con la realidad universal de la unidad. La clase de vida que creas desde esa perspectiva es radicalmente diferente de la que creas desde la perspectiva de un yo local aislado.

Nos movemos por la vida en alineamiento consciente con el campo universal.

Hacer esto día tras día y elegir alinearte cada mañana encauza tu vida en una trayectoria completamente nueva, rica en posibilidades, bañada en alegría y repleta de vitalidad y entusiasmo.

Te hallas en una encrucijada en este momento, en un punto de inflexión en el que puedes abrazar la realidad de que eres uno con un universo benevolente o continuar con la ilusión de que no lo eres. Estás afrontando esta decisión en este mismo momento: la tomas en cada instante.

La decisión más importante de tu vida

Esta es la decisión más importante que tomarás en toda tu vida: permanecer o no permanecer alineado. Al tomar esa decisión ahora y alinearte en el momento siguiente y el siguiente y el siguiente y el día siguiente, la semana siguiente, el mes siguiente, al tomar esa decisión un número infinito de veces, deja de ser una decisión para convertirse en un hecho; deja de ser una decisión y se convierte en una forma de vida. Al pasar a ser una forma de vida se convierte en el modo por defecto de tu conciencia y comienzas a construir el cableado neuronal que la ancla a la materia. La materia de tu cuerpo deja de ser el vehículo de tu mente local para ser el de la mente no local.

La mente no local, al dirigir los circuitos neuronales de tu cerebro y tu cuerpo, crea un nuevo cerebro y un nuevo cuerpo; produce células, regenera el ADN, crea un campo de conexión, genera coherencia en tus pensamientos, palabras y acciones, abre nuevas posibilidades en tu campo de acción y cocrea contigo en el ámbito de la realidad material.

La realidad material que creas al ser uno con la mente universal es completamente diferente de la que creas cuando estás desconectado de la mente universal. Generas pensamientos alineado con la mente universal y se convierten en hechos materiales alineados con la mente universal. La materia de tu cuerpo cambia, tu realidad material cambia y, momento a momento, en este estado de alineación, vives una realidad material completamente diferente de la que habrías creado si hubieras permanecido encerrado en la prisión de la mente local y el yo local.

¿Qué podemos crear juntos en este campo unificado? ¡Averigüémoslo!

Pon en práctica estas ideas

Actividades que puedes practicar durante la semana:

- Da un paseo por la naturaleza y practica caminar despacio sintiendo cada pisada.
- Camina o permanece de pie descalzo sobre la arena o la hierba húmeda durante unos minutos al día.
- Durante la práctica de la ecomeditación matinal y nocturna sintoniza tu yo local con la mente no local de forma consciente.
- Un día después de la meditación dibuja tu yo local y la realidad no local en tu diario. No tienes que ser un gran artista, es suficiente con un dibujo sencillo.
- Formula la siguiente pregunta a la mente no local: ¿cuál es tu visión más elevada para mí? Y escribe en tu diario lo que te surja en la mente.

Epílogo

Adónde nos lleva la mente a continuación

Tengo el privilegio de vivir entre creadores formidables. Tú y yo estamos creando el mundo que nos rodea mediante nuestros pensamientos en este mismo momento y en cada instante.

Somos miembros de una comunidad de artistas que pintamos nuestra existencia momento a momento. Las visiones que contemplamos con los ojos de la mente se traducen, pensamiento a pensamiento, en la realidad concreta que nos rodea. Al escoger nuestros pensamientos, estamos eligiendo, de hecho, nuestra realidad material, seamos o no conscientes de ello.

¿Qué clase de mundo crearemos en los siguientes momentos, días, meses, años y décadas?

Estoy convencido de que será un mundo de paz, compasión, belleza, oportunidades y sabiduría. En los siglos pasados hemos practicado la supervivencia, el temor, la ira, la guerra, el resentimiento, la competición, la vergüenza, la culpa, la rivalidad y otras formas de conflictos. Incontables generaciones han experimentado las circunstancias materiales que son consecuencia de este tipo de pensamiento.

Pues bien, ya hemos visto el sufrimiento que produce. Creo que ahora estamos preparados para una nueva experiencia; estamos listos para pintar un mundo nuevo. Al tomar conciencia de nuestra capacidad de elegir ese mundo, comenzamos a seleccionar pensamientos, sentimientos, experiencias y creencias que facilitan esa creación.

Cuando descubrimos que creamos con nuestras mentes, generamos nuestras primeras creaciones intencionadas y, como un bebé que da sus primeros pasos, nos sentimos vacilantes e inseguros.

Pero, si has observado cómo aprende a andar un niño, sabes que ese titubeo se convierte rápidamente en confianza exuberante. Libre para explorar el mundo, la criatura anda a zancadas con entusiasmo y explora lugares en los que nunca había estado. Su círculo de influencia va expandiéndose y se aventura cada vez más a alejarse de su punto de origen. Rápidamente adapta su mente a la nueva realidad y adopta un grado de movilidad y libertad que no conocía antes de dar ese primer paso.

Así somos nosotros en la actualidad. Como especie solamente hemos empezado a tocar la superficie de nuestro poder. Todavía no sabemos bien de lo que somos capaces y apenas hemos dado el primer paso, solo estamos comenzando a darnos cuenta de lo que podríamos conseguir.

Aunque el futuro es incierto y está envuelto en misterio, podemos mirar atrás y ver con claridad lo que ha sucedido en el pasado: dos guerras mundiales en el siglo XX e incluso conflictos más sangrientos en el siglo XIX y en siglos anteriores; ignorancia, pobreza, hambre, injusticia y crueldad en las que ha vivido la humanidad durante milenios. Si bien un milenio de progresos científicos y filosóficos nos ha proporcionado los primeros vislumbres de luz, la existencia humana ha estado guiada por la pura y dura necesidad de supervivencia durante la mayor parte de la historia.

Como especie hemos estado ahí y hemos llevado a cabo todo eso. Ahora es tiempo de seguir avanzando. Cuando no sabíamos que nuestros pensamientos creaban la realidad, dábamos por sentado que todo ese sufrimiento en el que vivíamos era una realidad fija y objetiva.

Pero ahora sabemos más. Hemos empezado a conocer el inmenso potencial de nuestra mente para crear la realidad y comprendemos la influencia que ejercemos en los niveles microscópico y macroscópico de la forma. En el primer nivel sabemos que nuestros pensamientos están moldeando la anatomía y fisiología de nuestras células en todo momento, creando y destruyendo moléculas como si se tratara de una fantasía alquímica.

En el segundo nivel, nuestros pensamientos se combinan con otros pensamientos para crear el panorama histórico. La historia que creamos una vez hemos entendido nuestro poder es muy diferente a la que creamos cuando actuábamos ciegamente bajo la ilusión de que la realidad se componía de sucesos aleatorios que simplemente nos sucedían.

Como creadores conscientes hacemos elecciones diferentes: cuando las necesidades de supervivencia nos empujan a generar pensamientos iracundos y amargos, nacidos de la ilusión de la escasez y la competición, elegimos no alimentarlos. Al no alimentarlos, nos unimos a los millones de personas que toman decisiones similares y nos encontramos atraídos por los campos de realidad de esa nueva comunidad. Al multiplicar la resonancia de esos campos compartidos, cambiamos la dirección de la sociedad.

Cuando escoges no generar pensamientos negativos y los reemplazas por positividad, no estás cambiando tu realidad solamente, sino que estás modificando la realidad de toda la humanidad. Estás aumentando la bondad y la compasión en el mundo, estás reforzando ese nuevo campo de realidad. Eres una de las millones de personas que aportan su energía positiva a esa nueva realidad. Estás ayudando a transformarla en una fuerza irresistible que cambie el rumbo de la historia.

Aunque las fuerzas del sufrimiento —las personas movidas por el instinto de supervivencia desconocedoras del hecho de que están creando ese mundo oscuro al que temen— han controlado el escenario durante milenios, ahora es diferente. Comprendemos nuestro poder y hacemos elecciones diferentes. Usamos nuestro poder para primero dar forma a nuestra realidad personal y luego a nuestra realidad colectiva, la realidad del planeta.

Al haber experimentado el pensamiento basado en el temor y sus consecuencias, creo que en la actualidad nos hemos embarcado en un nuevo experimento. Al igual que un niño pequeño que da sus primeros pasos, estamos iluminando la oscuridad de nuestro viejo pensamiento condicionado. El primer rayo de luz, como ese primer paso, brilla de forma vacilante, pero la luz nos sienta bien. Las moléculas que creamos en nuestro cuerpo cuando iluminamos nuestro pensamiento nos sientan bien. Las circunstancias que creamos en el mundo que nos rodea cuando iluminamos nuestra mente son infinitamente más gozosas. Se genera un círculo virtuoso que refuerza nuestro deseo de más de lo mismo.

Al confiar cada vez más en nuestro nuevo poder para crear un mundo positivo, comenzamos a pensar con audacia e imaginamos cómo sería un mundo sin guerras, hambre o pobreza. Esa visión inmaterial subjetiva es el embrión de una realidad material objetiva.

Este es el trabajo que ahora estamos haciendo juntos. Con los millones de personas en todo el mundo comprometidas con la creación de un futuro positivo para ellas y la humanidad, generamos un campo de amor irresistible que no se opone a nadie y en el que no juzgamos ni condenamos ni nos quejamos: solamente amamos.

A medida que aumenta ese campo de amor, va bañando todo lo que entra en su campo de acción y de este campo de amor compartido nace una realidad material nueva. La realidad material refleja la energía de la realidad vibratoria. En la nueva realidad material, la gente actúa con bondad y compasión de forma instintiva: el respeto y el altruismo se convierten en la nueva norma en las relaciones humanas.

Desde el momento de la concepción, los niños del futuro crecen con estos planteamientos. Bañados en amor desde la concepción en adelante, estos niños no experimentan otra cosa. Se convierten en creadores vibrantes con sus juegos, sus interacciones sociales y expectativas vitales, colmados de la certeza del amor. Al crecer en un mundo de amor, también ellos generan amor en sus trayectorias profesionales y en sus familias. El mundo cambia para reflejar sus expectativas.

No tengo ni idea de lo que crearán nuestros hijos o los hijos de nuestros hijos, pero estoy seguro de que los tipos de creaciones producidas por seres humanos llenos de amor serán fruto de la felicidad. Creo que sus creaciones llevarán a la ciencia, la tecnología, la educación, el arte, la música, la filosofía, la religión, la arquitectura, el entorno, la civilización y la sociedad a lugares que nuestra generación no puede imaginar siquiera.

Ese es el mundo en el que planeo vivir para el resto de mi vida. Ese es el mundo que elijo crear con mis pensamientos desde el momento en que abro los ojos ante el comienzo de un nuevo día. Ese es el mundo que te invito a crear conmigo y con tus pensamientos momento a momento. No existe mejor lugar para vivir.

Gracias por acompañarme en este viaje de exploración. Hemos visto que la proposición de que la mente influye en la realidad material no es una mera especulación metafísica, sino un hecho científico. Hemos descubierto que nuestras mentes crean la realidad y hemos tomado conciencia del potencial que tenemos cada uno de nosotros para crear una realidad benevolente usando el asombroso poder del pensamiento. Estoy deseando cocrear contigo este delicioso mundo de amor y alegría.

REFERENCIAS BIBLIOGRÁFICAS

CAPÍTULO 1

Baker, S. J. (1925). *Child hygiene.* New York: Harper.
Baringa, M. (1998). New leads to brain neuron regeneration. *Science,* 282(5391), 1018-1019. DOI: 10.1126/science.282.5391.1018b.
Bengston, W. F. (2007). «A method used to train skeptical volunteers to heal in an experimental setting». *The Journal of Alternative and Complementary Medicine,* 13(3), 329-332.
Bengston, W. (2010). *The energy cure: Unraveling the mystery of hands-on healing.* Boulder, CO: Sounds True. [Edición en español: Bengston, W. (2014). *La curación energética: el misterio de la sanación con las manos.* Málaga: Sirio].
Bengston, W. F. y Krinsley, D. (2000). «The effect of the "laying on of hands" on transplanted breast cancer in mice». *Journal of Scientific Exploration,* 14(3), 353-364.
Chiesa, A., Calati, R. y Serretti, A. (2011). «Does mindfulness training improve cognitive abilities? A systematic review of neuropsychological findings». *Clinical Psychology Review,* 31(3), 449-464.
Church, D. (Ed.). (2004). *The heart of healing.* Santa Rosa, CA: Elite Books.
Eden, D. y Feinstein, D. (2008). *Energy medicine: Balancing your body's energies for optimal health, joy, and vitality.* New York: Penguin. [Edición en español: Eden, D. y Feinstein, D. (2011). *Medicina energética: manual para conseguir el equilibrio energético del cuerpo para una excelente salud, alegría y vitalidad.* Barcelona: Obelisco].
Frey, A. H. (1993). «Electromagnetic field interactions with biological systems». *FASEB Journal,* 7(2), 272-281.
Goleman, D. y Davidson, R. J. (2017). *Altered traits: Science reveals how meditation changes your mind, brain and body.* New York: Penguin. [Edición en español: Goleman, D. y Davidson, R. J. (2017). *Los beneficios de la medita-*

ción: *la ciencia demuestra cómo la meditación cambia la mente, el cerebro y el cuerpo*. Barcelona: Kairós].

Hameroff, S. y Penrose, R. (1996). «Orchestrated reduction of quantum coherence in brain microtubules: A model for consciousness». *Mathematics and Computers in Simulation*, 40(3-4), 453-480.

Hugo, V. (1877). *The history of a crime*. (T. H. Joyce y A. Locker, Trans.). New York: A. I. Burt.

Kandel, E. R. (1998). «A new intellectual framework for psychiatry». *American Journal of Psychiatry*, 155(4), 457-469.

Kim, S. y Coulombe, P. A. (2010). «Emerging role for the cytoskeleton as an or- ganizer and regulator of translation». *Nature Reviews Molecular Cell Biology*, 11(1), 75-81.

King, C. R. (1993). *Children's health in America: A history*. New York: Bantam.

Lerner, L. J., Bianchi, A. y Dzelzkalns, M. (1966). «Effect of hydroxyurea on growth of a transplantable mouse mammary adenocarcinoma». *Cancer Research*, 26(11), 2297-2300.

Malik, T. (26/03/2006). Fuel leak and fire led to falcon 1 rocket failure, SpaceX says. *Space.com*. Extraído de www.space.com/2200-fuel-leak-fire-led-falcon-1-rocket-failure-spacex.html.

McTaggart, L. (2007). *The intention experiment: Using your thoughts to change your life and the world*. New York: Free Press. [Edición en español: McTaggart, L. (2014). *El experimento de la intención: cómo cambiar tu vida y cambiar el mundo con el poder del pensamiento*. Málaga: Sirio].

Oschman, J. L. (2015). *Energy medicine: The scientific basis*. London: Elsevier Health Sciences. [Edición en español: Oschman, J. L. (2013). *Medicina energética: la base científica*. Argentina: Uriel Satori].

Phillips, G. (2016). Meditation. *Catalyst*. Extraído el 16 de mayo de 2017 de www.abc .net.au/catalyst/stories/4477405.htm.

Radin, D., Schlitz, M. y Baur, C. (2015). «Distant healing intention therapies: An overview of the scientific evidence». *Global Advances in Health and Medicine* 4(Suppl.): 67-71. DOI: 10.7453/ gahmj.2015.012.suppl. Extraído de http://deanradin.com/evidence/RadinDistantHealing2015.pdf.

Schlam, T. R., Wilson, N. L., Shoda, Y., Mischel, W. y Ayduk, O. (2013). «Pre-schoolers' delay of gratification predicts their body mass 30 years later». *The Journal of Pediatrics*, 162(1), 90-93.

Schmidt, S., Schneider, R., Utts, J. y Walach, H. (2004). «Distant intentionality and the feeling of being stared at: Two meta analyses». *British Journal of Psychology*, 95(2), 235-247.

Schweizer, S., Grahn, J., Hampshire, A., Mobbs, D. y Dalgleish, T. (2013). «Training the emotional brain: Improving affective control through emotional working memory training». *Journal of Neuroscience*, 33(12), 5301-5311.

Shealy, N. y Church, D. (2008). *Soul medicine: Awakening your inner blueprint for abundant health and energy*. Santa Rosa, CA: Energy Psychology Press.
Siegel, D. (2017). *Mind: A journey into the heart of being human*. New York: Norton.
Smith, L. (2004). «Journey of a Pomo Indian medicine man». In D. Church (Ed.), *The heart of healing* (pp. 31-41). Santa Rosa, CA: Elite Books.
Stoll, G. y Müller, H. W. (1999). «Nerve injury, axonal degeneration and neural regeneration: Basic insights». *Brain Pathology*, 9(2), 313-325.
Tang, Y. Y., Hölzel, B. K. y Posner, M. I. (2015). «The neuroscience of mindfulness meditation». *Nature Reviews Neuroscience*, 16(4), 213-225.

CAPÍTULO 2

Bengston, W. (2010). *The energy cure: Unraveling the mystery of hands-on healing*. Boulder, CO: Sounds True. [Edición en español: Bengston, W. (2014). *La curación energética: el misterio de la sanación con las manos*. Málaga: Sirio].
Burr, H. S. (1973). *The fields of life: Our links with the universe*. New York: Ballantine.
Burr, H. S. y Mauro, A. (1949). «Electrostatic fields of the sciatic nerve in the frog». *Yale Journal of Biology and Medicine*, 21(6), 455.
Church, D. (2013). *The EFT manual* (3rd ed.). Santa Rosa, CA: Energy Psychology Press.
Clarke, D., Whitney, H., Sutton, G. y Robert, D. (2013). «Detection and learning of floral electric fields by bumblebees». *Science*, 340(6128), 66-69.
Czech-Damal, N. U., Liebschner, A., Miersch, L., Klauer, G., Hanke, F. D., Marshall, C., Dehnhardt, G. y Hanke, W. (2017). «Electroreception in the Guiana dolphin (*sotalia guianensis*)». *Proceedings of the Royal Society, Biological Sciences*, 279(1729), 663-668. DOI: 10.1098/rspb.2011.1127.
Grad, B. (1963). «A telekinetic effect on plant growth». *International Journal of Para- psychology*, 5(2), 117-133.
Grad, B. (1967). «The "laying on of hands": Implications for psychotherapy, gentling, and the placebo effect». *Journal of the American Society for Psychical Research*, 61(4), 286-305.
Kaplan, M. (21/02/2013). Bumblebees sense electric fields in flowers. *Nature News Online*. Extraído de www.nature.com/news/bumblebees-sense-electric-fields-in-flowers-1.12480.
Kronn, Y. (6/04/2006). *Subtle energy and well-being*. Presentación en la Universidad Estatal de California, Chico, CA.
Kröplin, B. y Henschel, R. C. (2017). *Water and its memory: New astonishing results in water research*. Germany: GutesBuch Verlag.

Langman, L. y Burr, H. S. (1947). «Electrometric studies in women with malignancy of cervix uteri». *Obstetrical and Gynecological Survey*, 2(5), 714.
Lu, Z. (1997). «Laser raman observations on tap water, saline, glucose, and medemycine solutions under the influence of external qi». En L. Hui y D. Ming (Eds.), *Scientific qigong exploration* (pp. 325-337). Malvern, PA: Amber Leaf Press.
Radin, D., Hayssen, G., Emoto, M. y Kizu, T. (2006). «Double-blind test of the effects of distant intention on water crystal formation». *Explore: The Journal of Science and Healing*, 2(5), 408-411.
Rao, M. L., Sedlmayr, S. R., Roy, R. y Kanzius, J. (2010). «Polarized microwave and RF radiation effects on the structure and stability of liquid water». *Current Science*, 98(11), 1500-1504.
Schwartz, S. A., De Mattei, R. J., Brame, E. G. y Spottiswoode, S. J. P. (2015). «Infrared spectra alteration in water proximate to the palms of therapeutic practitioners». *Explore: The Journal of Science and Healing*, 11(2), 143-155.
Scofield, A. M. y Hodges, R. D. (1991). «Demonstration of a healing effect in the laboratory using a simple plant model». *Journal of the Society for Psychical Research*, 57(822), 321-343.
Vardalas, J. (08/11/2013). A history of the magnetic compass. Extraído de http://theinstitute.ieee.org/tech-history/technology-history/a-history-of-the-magnetic-compass.
Wheatstone, C. (1833). «On the figures obtained by strewing sand on vibrating surfaces, commonly called acoustic figures». *Philosophical Transactions of the Royal Society of London* 123, 593-633. Extraído de http://archive.org/stream /philtrans07365800/07365800#page/n17/mode/2up.
Yan, X., Lu, F., Jiang, H., Wu, X., Cao, W., Xia, Z., . . . Zhu, R. (2002). «Certain physical manifestation and effects of external qi of Yan Xin life science technology». *Journal of Scientific Exploration*, 16(3), 381-411.

CAPÍTULO 3

ADInstruments. (2010). *Electroencephalography*. Extraído el 21 de mayo de 2017 de web.as.uky.edu/Biology/_./Electroencephalography%20Student%20 Protocol.doc
Barsade, S. G. (2002). «The ripple effect: Emotional contagion and its influence on group behavior». *Administrative Science Quarterly*, 47(4), 644-675.
Bengston, W. (2010). *The energy cure: Unraveling the mystery of hands-on healing*. Boulder, CO: Sounds True. [Edición en español: Bengston, W. (2014). *La curación energética*: el misterio de la sanación con las manos. Málaga: Sirio].
Benor, D. J. (2004). *Consciousness, bioenergy, and healing: Self-healing and energy medicine for the 21st century* (Vol. 2). Bellmar, NJ: Wholistic Healing Publications.

Cade, M. y Coxhead, N. (1979). *The awakened mind: Biofeedback and the develop- ment of higher states of awareness*. New York: Dell.

Castro, M., Burrows, R. y Wooffitt, R. (2014). «The paranormal is (still) normal: The sociological implications of a survey of paranormal experiences in Great Britain». *Sociological Research Online*, 19(3), 16.

Chapman, R. y Sisodia, R. (2015). *Everybody matters: The extraordinary power of caring for your people like family*. New York: Penguin.

Cohen, S. (2017). Science can help you reach enlightenment—but will it mess with your head? New York Post, February 26, 2017, extraído de https://nypost. com/2017/02/26/science-can-help-you-reach-instant-enlightenment-but-will-it- mess-with-your-head/.

Davidson, R. J. y Lutz, A. (2008). Buddha's brain: Neuroplasticity and meditation. IEEE *Signal Processing Magazine*, 25(1), 176.

Dispenza, J. (2017). *Becoming supernatural*. Carlsbad, CA: Hay House. [Edición en español: Dispenza, J. (2018). *Sobrenatural*. Barcelona, Urano].

Fehmi, L. G. y Robbins, J. (2007). *The open-focus brain: Harnessing the power of attention to heal mind and body*. Boston: Trumpeter Books.

Ferguson, N. (2008). *The ascent of money: A financial history of the world*. New York: Penguin. [Edición en español: Ferguson, N. (2009). *El triunfo del dinero: cómo las finanzas mueven el mundo*. Barcelona: Debate].

Fowler, J. H. y Christakis, N. A. (2008). «Dynamic spread of happiness in a large social network: Longitudinal analysis over 20 years in the Framingham Heart Study». *British Medical Journal*, 337, a2338.

Fredrickson, B. (2013). *Love 2.0: Finding happiness and health in moments of connection*. New York: Plume. [Edición en español: Fredrickson, B. (2015). *Amor 2.0*. México: Océano].

Goldhill, O. (19/02/2017). You're a completely different person at 14 and 77, the longest-running personality study ever has found. Quartz Media. Extraído de https://qz.com/914002/youre-a-completely-different-person-at-14-and-77-the-longest-running-personality-study-ever-has-found.

Goleman, D. (09/06/1987). Personality: Major traits found stable through life. *New York Times*. Extraído de www.nytimes.com/1987/06/09/science /personality-major-traits-found-stable-through-life.html.

Greeley, A. M. (1975). *The sociology of the paranormal: A reconnaissance*. Beverly Hills, CA: Sage Publications.

Groesbeck, G., Bach, D., Stapleton, P., Banton, S., Blickheuser, K. y Church, D. (12/10/2016). *The interrelated physiological and psychological effects of Eco-Meditation: A pilot study*. Presentado en el Omega Institute for Holistic Studies, Rhinebeck, NY.

Gruzelier, J. (2009). «A theory of alfa/theta neurofeedback, creative performance enhancement, long distance functional connectivity and psychological integration». *Cognitive Processing*, 10(Suppl. 1), S101-109.

Harris, M. A., Brett, C. E., Johnson, W. y Deary, I. J. (2016). «Personality stability from age 14 to age 77 years». *Psychology and Aging*, 31(8), 862.

Hatfield, E., Cacioppo, J. T. y Rapson, R. L. (1994). *Emotional contagion*. New York: Cambridge University Press.

Hendricks, L., Bengston, W. F. y Gunkelman, J. (2010). «The healing connection: EEG harmonics, entrainment, and Schumann's Resonances». *Journal of Scientific Exploration*, 24(4), 655.

Hoyland, J. S. (1932). *An Indian peasant mystic: Translations from Tukaram*. London: Allenson.

Hughes, J. R. (1964). «Responses from the visual cortex of unanesthetized monkeys». En C. C. Pfeiffer y J. R. Smythies (Eds.), *International review of neurobiology 7* (pp. 99-153). New York: Academic Press.

Kotler, S. y Wheal, J. (2017). *Stealing fire: How silicon valley, the navy SEALs, and maverick scientists are revolutionizing the way we live and work*. New York: HarperCollins.

Johnson, M. L. (2011). Relationship of alfa-theta amplitude crossover during neurofeedback to emergence of spontaneous imagery and biographical memory. Tesis doctoral, Universidad del Norte de Tejas. Extraído de http://citeseerx.ist.psu.edu/viewdoc/download?doi=10.1.1.842.2019&rep=rep1&type=pdf.

Kershaw, C. J. y Wade, J. W. (2012). *Brain change therapy: Clinical interventions for self-transformation*. New York: W. W. Norton.

Kramer, A. D., Guillory, J. E. y Hancock, J. T. (2014). «Experimental evidence of massive-scale emotional contagion through social networks». *Proceedings of the National Academy of Sciences*, 111(24), 8788-8790.

LeDoux, J. (2002). *Synaptic self: How our brains become who we are*. New York: Penguin.

Lehmann, D., Faber, P. L., Tei, S., Pascual-Marqui, R. D., Milz, P. y Kochi, K. (2012). «Reduced functional connectivity between cortical sources in five meditation traditions detected with lagged coherence using EEG tomography». *Neuroimage*, 60(2), 1574-1586.

Leskowitz, E. (2007). «The influence of group heart rhythm on target subject physiology: Case report of a laboratory demonstration, and suggestions for further research». *Subtle Energies and Energy Medicine Journal*, 18(3), 1-12.

Liu, Y., Piazza, E. A., Simony, E., Shewokis, P. A., Onaral, B., Hasson, U. y Ayaz, H. (2017). «Measuring speaker-listener neural coupling with functional near infrared spectroscopy». *Scientific Reports*, 7, 43293.

Llinás, R. R. (2014). «Intrinsic electrical properties of mammalian neurons and CNS function: A historical perspective». *Frontiers in Cellular Neuroscience*, 8, 320.

Millett, D. (2001). «Hans Berger: From psychic energy to the EEG». *Perspectives in Biology and Medicine*, 44(4), 522-542.
Morris, S. M. (2010). «Achieving collective coherence: Group effects on heart rate variability coherence and heart rhythm synchronization». *Alternative Therapies in Health and Medicine*, 16(4), 62-72.
Nunez, P. L. y Srinivasan, R. (2006). *Electric fields of the brain: The neurophysics of EEG*. New York: Oxford University Press.
Osborn, J. y Derbyshire, S. W. (2010). «Pain sensation evoked by observing injury in others». *Pain*, 148(2), 268-274.
Pennington, J. (in press). «The brainwaves of creativity, insight and healing: How to transform your mind and life». *Energy Psychology: Theory, Research, and Treatment*.
Reece, A. G. y Danforth, C. M. (2017). Instagram photos reveal predictive markers of depression. *EPJ Data Science*, 6(1), 15.
Restak, R. M. (2001). *The secret life of the brain*. New York: Joseph Henry Press.
Schaefer, M., Heinze, H. J. y Rotte, M. (2012). «Embodied empathy for tactile events: Interindividual differences and vicarious somatosensory responses during touch observation». *Neuroimage*, 60(2), 952-957.
Shiller, R. J. (2015). *Irrational exuberance* (3rd ed.). Princeton, NJ: Princeton University Press.
Shirer, W. (1941). *Berlin diary: The journal of a foreign correspondent, 1934-1941*. New York: Alfred A. Knopf.
Schwartz, J. M. y Begley, S. (2009). *The mind and the brain*. New York: Springer Science & Business Media.
Schwartz, J. M., Stapp, H. P. y Beauregard, M. (2005). «Quantum physics in neuroscience and psychology: A neurophysical model of mind-brain interaction». *Philosophical Transactions of the Royal Society of London B: Biological Sciences*, 360(1458), 1309-1327.
Smith, H. (2009). *The world's religions* (50th anniv. ed.). San Francisco: HarperOne. [Edición en español: Smith, H. (2000). *Las religiones del mundo*. Barcelona: Kairós].
Thatcher, R. W. (1998). «EEG normative databases and EEG biofeedback». *Journal of Neurotherapy*, 2(4), 8-39.
Tononi, G. y Koch, C. (2015). Consciousness: Here, there and everywhere? *Philosophical Transactions of the Royal Society of London B: Biological Sciences*, 370(1668), 20140167, 1-17.
Wright, R. (2017). *Why Buddhism is true: The science and philosophy of meditation and enlightenment*. New York: Simon and Schuster.
Zahn-Waxler, C., Radke-Yarrow, M., Wagner, E. y Chapman, M. (1992). «Development of concern for others». *Developmental Psychology*, 28(1), 126.

CAPÍTULO 4

Ahmed, Z. y Wieraszko, A. (2008). «The mechanism of magnetic field-induced increase of excitability in hippocampal neurons». *Brain Research*, 1221, 30-40.

Akarsu, E., Korkmaz, H., Balci, S. O., Borazan, E., Korkmaz, S. y Tarakcioglu, M. (2016). «Subcutaneous adipose tissue type II deiodinase gene expression reduced in obese individuals with metabolic syndrome». *Experimental and Clinical Endocrinology and Diabetes*, 124(1), 11-15.

Ardeshirylajimi, A. y Soleimani, M. (2015). «Enhanced growth and osteogenic differentiation of induced pluripotent stem cells by extremely low-frequency electro- magnetic field». *Cellular and Molecular Biology*, 61(1), 36-41.

Azevedo, F. A., Carvalho, L. R., Grinberg, L. T., Farfel, J. M., Ferretti, R. E., Leite, R. E., . . . Herculano-Houzel, S. (2009). «Equal numbers of neuronal and nonneuronal cells make the human brain an isometrically scaled up primate brain». *Journal of Comparative Neurology*, 513(5), 532-541.

Becker, R. O. (1990). «The machine brain and properties of the mind». *Subtle Energies and Energy Medicine Journal Archives*, 1(2).

Bengston, W. (2010). *The energy cure: Unraveling the mystery of hands-on healing*. Boulder, CO: Sounds True. [Edición en español: Bengston, W. (2014). *La curación energética: el misterio de la sanación con las manos*. Málaga: Sirio].

Bianconi, E., Piovesan, A., Facchin, F., Beraudi, A., Casadei, R., Frabetti, F., . . . Perez-Amodio, S. (2013). «An estimation of the number of cells in the human body». *Annals of Human Biology*, 40(6), 463-471.

Boyd, W. (1966). *Spontaneous regression of cancer*. Springfield, Il: Thomas.

Boyers, L. M. (1953). «Letter to the editor». *JAMA*, 152, 986-988.

Cantagrel, V., Lefeber, D. J., Ng, B. G., Guan, Z., Silhavy, J. L., Bielas, S. L., . . . De Brouwer, A. P. (2010). «SRD5A3 is required for the conversion of polyprenol to dolichol, essential for N-linked protein glycosylation». *Cell*, 142(2), 203.

Church, D., Geronilla, L. y Dinter, I. (2009). «Psychological symptom change in veterans after six sessions of Emotional Freedom Techniques (EFT): An observational study». *International Journal of Healing and Caring*, 9(1), 1-14.

Church, D., Hawk, C., Brooks, A., Toukolehto, O., Wren, M., Dinter, I. y Stein, P. (2013). «Psychological trauma symptom improvement in veterans using Emotional Freedom Techniques: A randomized controlled trial». *Journal of Nervous and Mental Disease*, 201(2), 153-160. DOI:10.1097/NMD.0b013e31827f6351.

Church, D., Yang, A., Fannin, J. y Blickheuser, K. (14/10/2016). *The biological dimensions of transcendent states: A randomized controlled trial*. Presented at Omega Institute for Holistic Studies, Rhinebeck, New York. Submitted for publication.

Church, D., Yount, G., Rachlin, K., Fox, L. y Nelms, J. (2016). «Epigenetic effects of PTSD remediation in veterans using clinical Emotional Freedom Techniques: A randomized controlled pilot study». *American Journal of Health Promotion*, 1-11. DOI: 10.1177/0890117116661154.

Cosic, I., Cosic, D. y Lazar, K. (2015). «Is it possible to predict electromagnetic resonances in proteins, DNA and RNA?» *EPJ Nonlinear Biomedical Physics*, 3(1), 5.

De Girolamo, L., Stanco, D., Galliera, E., Viganò, M., Colombini, A., Setti, S., ... Sansone, V. (2013). «Low frequency pulsed electromagnetic field affects prolifera- tion, tissue-specific gene expression, and cytokines release of human tendon cells». *Cell Biochemistry and Biophysics*, 66(3), 697.

Destexhe, A., McCormick, D. A. y Sejnowski, T. J. (1993). «A model for 8–10 Hz spindling in interconnected thalamic relay and reticularis neurons». *Biophysical Journal*, 65(6), 2473-2477.

Deutsch, D., Leiser, Y., Shay, B., Fermon, E., Taylor, A., Rosenfeld, E., ... Mao, Z. (2002). «The human tuftelin gene and the expression of tuftelin in mineralizing and nonmineralizing tissues». *Connective Tissue Research*, 43(2-3), 425-434.

Foletti, A., Ledda, M., D'Emilia, E., Grimaldi, S. y Lisi, A. (2011). «Differentiation of human LAN-5 neuroblastoma cells induced by extremely low frequency electronically transmitted retinoic acid». *Journal of Alternative and Complementary Medicine*, 17(8), 701-704. DOI: 10.1089/acm.2010.0439.

Frenkel, M., Ari, S. L., Engebretson, J., Peterson, N., Maimon, Y., Cohen, L. y Kacen, L. (2011). «Activism among exceptional patients with cancer». *Supportive Care in Cancer*, 19(8), 1125-1132.

Fumoto, M., Sato-Suzuki, I., Seki, Y., Mohri, Y. y Arita, H. (2004). «Appearance of high-frequency alfa band with disappearance of low-frequency alfa band in EEG is produced during voluntary abdominal breathing in an eyes-closed condition». *Neuroscience Research*, 50(3), 307-317.

Fumoto, M., Oshima, T., Kamiya, K., Kikuchi, H., Seki, Y., Nakatani, Y., . . . Arita, H. (2010). «Ventral prefrontal cortex and serotonergic system activation during pedaling exercise induces negative mood improvement and increased alfa band in EEG». *Behavioural Brain Research*, 213(1), 1-9.

Geesink, H. J. y Meijer, D. K. (2016). «Quantum wave information of life re- vealed: An algorithm for electromagnetic frequencies that create stability of biological order, with implications for brain function and consciousness». *NeuroQuantology*, 14(1).

Geronilla, L., Minewiser, L., Mollon, P., McWilliams, M. y Clond, M. (2016). «EFT (Emotional Freedom Techniques) remediates PTSD and psychological symptoms in veterans: A randomized controlled replication trial». *Energy Psy-*

chology: Theory, Research, and Treatment, 8(2), 29-41. DOI: 10.9769/EPJ.2016.8.2.LG.

Gray, C. M. (1997). «Synchronous oscillations in neuronal systems: Mechanisms and functions». *Pattern Formation in the Physical and Biological Sciences*, 5, 93.

Groesbeck, G., Bach, D., Stapleton, P., Banton, S., Blickheuser, K. y Church, D. (2016, October 15). *The interrelated physiological and psychological effects of EcoMeditation: A pilot study*. Presented at Omega Institute for Holistic Studies, Rhinebeck, New York.

Gronfier, C., Luthringer, R., Follenius, M., Schaltenbrand, N., Macher, J. P., Muzet, A. y Brandenberger, G. (1996). «A quantitative evaluation of the relationships between growth hormone secretion and delta wave electroencephalographic activity during normal sleep and after enrichment in delta waves». *Sleep*, 19(10), 817-824.

Hall-Glenn, F. y Lyons, K. M. (2011). «Roles for CCN2 in normal physiological processes». *Cellular and Molecular Life Sciences*, 68(19), 3209-3217.

Hong, Y., Ho, K. S., Eu, K. W. y Cheah, P. Y. (2007). «A susceptibility gene set for early onset colorectal cancer that integrates diverse signaling pathways: Implication for tumorigenesis». *Clinical Cancer Research*, 13(4), 1107-1114.

Iaccarino, H. F., Singer, A. C., Martorell, A. J., Rudenko, A., Gao, F., Gillingham, T. Z., . . . Adaikkan, C. (2016). «Gamma frequency entrainment attenuates amyloid load and modifies microglia». *Nature*, 540(7632), 230-235.

Jacobs, T. L., Epel, E. S., Lin, J., Blackburn, E. H., Wolkowitz, O. M., Bridwell, D. A., . . . King, B. G. (2011). «Intensive meditation training, immune cell telomerase activity, and psychological mediators». *Psychoneuroendocrinology*, 36(5), 664-681.

Kang, J. E., Lim, M. M., Bateman, R. J., Lee, J. J., Smyth, L. P., Cirrito, J. R., . . . Holtzman, D. M. (2009). «Amyloid- dynamics are regulated by orexin and the sleep-wake cycle». *Science*, 326(5955), 1005-1007.

Kelly, R. (2011). *The human hologram: Living your life in harmony with the unified field*. Santa Rosa, CA: Elite Books.

Kim, D. K., Rhee, J. H. y Kang, S. W. (2013). «Reorganization of the brain and heart rhythm during autogenic meditation». *Frontiers in Integrative Neuroscience*, 7, 109. DOI: 10.3389/fnint.2013.00109.

Krikorian, J. G., Portlock, C. S., Cooney, D. P. y Rosenberg, S. A. (1980). «Spontaneous regression of non-Hodgkin's lymphoma: A report of nine cases». *Cancer*, 46(9), 2093-2099.

Laflamme, M. A. y Murry, C. E. (2011). «Heart regeneration». *Nature*, 473(7347), 326-335.

Lee, P. B., Kim, Y. C., Lim, Y. J., Lee, C. J., Choi, S. S., Park, S. H., ... Lee, S. C. (2006). «Efficacy of pulsed electromagnetic therapy for chronic lower back pain: A randomized, double-blind, placebo-controlled study». *Journal of International Med cal Research*, 34(2), 160-167.

Lee, D. J., Schönleben, F., Banuchi, V. E., Qiu, W., Close, L. G., Assaad, A. M. y Su, G. H. (2010). «Multiple tumor-suppressor genes on chromosome 3p contribute to head and neck squamous cell carcinoma tumorigenesis». *Cancer Biology and Therapy*, 10(7), 689-693.

Lim, L. (2014, July 21). «The potential of treating Alzheimer's disease with intranasal light therapy». *Mediclights Research*. Extraído de www.mediclights.com/the-potential-of-treating-alzheimers-disease-with-intranasal-light-therapy.

Lim, L. (2017). *Inventor's notes for Vielight «Neuro Alfa» and «Neuro Gamma.»* Extraído el 4 de septiembre de 2017 de http://vielight.com/wp-content/uploads/2017/02 /Vielight-Inventors-Notes-for-Neuro-Alfa-and-Neuro-Gamma.pdf.

Lin, H., Goodman, R. y Shirley Henderson, A. (1994). «Specific region of the c-myc promoter is responsive to electric and magnetic fields». *Journal of Cellular Bio-chemistry*, 54(3), 281-288.

Lomas, T., Ivtzan, I. y Fu, C. H. (2015). «A systematic review of the neurophysiol- ogy of mindfulness on EEG oscillations». *Neuroscience and Biobehavioral Reviews*, 57, 401-410. DOI: 10.1016/j.neubiorev.2015.09.018.

Maharaj, M. E. (2016). «Differential gene expression after Emotional Freedom Techniques (EFT) treatment: A novel pilot protocol for salivary mRNA assessment». *Energy Psychology: Theory, Research, and Treatment*, 8(1), 17-32. DOI: 10.9769 /EPJ.2016.8.1.MM.

Nadalin, S., Testa, G., Malagó, M., Beste, M., Frilling, A., Schroeder, T., ... Broel- sch, C. E. (2004). «Volumetric and functional recovery of the liver after right hepatectomy for living donation». *Liver Transplantation*, 10(8), 1024-1029.

Omary, M. B., Ku, N. O., Strnad, P. y Hanada, S. (2009). «Toward unraveling the complexity of simple epithelial keratins in human disease». *Journal of Clinical Investigation*, 119(7), 1794-1805. DOI: 10.1172/JCI37762.

O'Regan, B. y Hirshberg, C. (1993). *Spontaneous remission: An annotated bibliography*. Novato, CA: Institute of Noetic Sciences.

Park, E. J., Grabi ska, K. A., Guan, Z. y Sessa, W. C. (2016). NgBR is essential for endothelial cell glycosylation and vascular development. *EMBO Reports*, 17(2), 167-177.

Razavi, S., Salimi, M., Shahbazi-Gahrouei, D., Karbasi, S. y Kermani, S. (2014). «Extremely low-frequency electromagnetic field influences the survival and proliferation effect of human adipose derived stem cells». *Advanced Biomedical Research*, 3, 25-30.

Sakai, A., Suzuki, K., Nakamura, T., Norimura, T. y Tsuchiya, T. (1991). «Effects of pulsing electromagnetic fields on cultured cartilage cells». *International Orthopaedics*, 15(4), 341-346.

Saltmarche, A. E., Naeser, M. A., Ho, K. F., Hamblin, M. R. y Lim, L. (2017). «Significant improvement in cognition in mild to moderately severe dementia cases treated with transcranial plus intranasal photobiomodulation: Case series report». *Photomedicine and Laser Surgery*, 35(8): 432-441.

Salvatore, D., Tu, H., Harney, J. W. y Larsen, P. R. (1996). «Type 2 iodothyronine deiodinase is highly expressed in human thyroid». *Journal of Clinical Investigation*, 98(4), 962.

Sastry, K. S., Karpova, Y., Prokopovich, S., Smith, A. J., Essau, B., Gersappe, A., ... Penn, R. B. (2007). «Epinephrine protects cancer cells from apoptosis via activation of cAMP-dependent protein kinase and BAD phosphorylation». *Journal of Biological Chemistry*, 282(19), 14094-14100.

Sisken, B. F., Midkiff, P., Tweheus, A. y Markov, M. (2007). Influence of static magnetic fields on nerve regeneration in vitro. *Environmentalist*, 27(4), 477-481.

Sood, A. K., Armaiz-Pena, G. N., Halder, J., Nick, A. M., Stone, R. L., Hu, W., ... Han, L. Y. (2010). «Adrenergic modulation of focal adhesion kinase protects human ovarian cancer cells from anoikis». *Journal of Clinical Investigation*, 120(5), 1515.

Sukel, K. (2011, March 15). The synapse—a primer. *Dana Foundation*. Extraído de www.dana.org/News/Details.aspx?id=43512.

Takahashi, K., Kaneko, I., Date, M. y Fukada, E. (1986). «Effect of pulsing electromagnetic fields on DNA synthesis in mammalian cells in culture». *Experientia*, 42(2), 185-186.

Tang, Y. P., Shimizu, E., Dube, G. R., Rampon, C., Kerchner, G. A., Zhuo, M., ... Tsien, J. Z. (1999). «Genetic enhancement of learning and memory in mice». *Nature,* 401(6748), 63-69.

Tekutskaya, E. E. y Barishev, M. G. (2013). «Studying of influence of the low-frequency electromagnetic field on DNA molecules in water solutions». *Odessa Astronomical Publications*, 26(2), 303-304.

Tekutskaya, E. E., Barishev, M. G. y Ilchenko, G. P. (2015). «The effect of a low-frequency electromagnetic field on DNA molecules in aqueous solutions». *Biophysics,* 60(6), 913.

Van Cauter, E., Leproult, R. y Plat, L. (2000). «Age-related changes in slow wave sleep and REM sleep and relationship with growth hormone and cortisol levels in healthy men». *JAMA,* 284(7), 861-868.

Ventegodt, S., Morad, M., Hyam, E. y Merrick, J. (2004). «Clinical holistic medicine: Induction of spontaneous remission of cancer by recovery of the human character and the purpose of life (the life mission)». *Scientific World Journal*, 4, 362-377.

Wahlestedt, M., Erlandsson, E., Kristiansen, T., Lu, R., Brakebusch, C., Weissman, I. L., ... Bryder, D. (2017). «Clonal reversal of ageing-associated stem cell lineage bias via a pluripotent intermediate». *Nature Communications*, 8, 14533.

Walløe, S., Pakkenberg, B. y Fabricius, K. (2014). «Stereological estimation of total cell numbers in the human cerebral and cerebellar cortex». *Frontiers in Human Neuroscience*, 8.

Wei, G., Luo, H., Sun, Y., Li, J., Tian, L., Liu, W., ... Chen, R. (2015). «Transcriptome profiling of esophageal squamous cell carcinoma reveals a long noncoding RNA acting as a tumor suppressor». *Oncotarget*, 6(19), 17065-17080.

Wu, M., Pastor-Pareja, J. C. y Xu, T. (2010). «Interaction between RasV12 and scribbled clones induces tumour growth and invasion». *Nature*, 463(7280), 545-548.

Xiang, G., Yi, Y., Weiwei, H. y Weiming, W. (2016). «RND1 is up-regulated in esophageal squamous cell carcinoma and promotes the growth and migration of cancer cells». *Tumor Biology*, 37(1), 773.

Ying, L., Hong, L., Zhicheng, G., Xiauwei, H. & Guoping, C. (2000). «Effects of pulsed electric fields on DNA synthesis in an osteoblast-like cell line (UMR-106)». *Tsinghua Science and Technology*, 5(4), 439-442.

Yong, E. (07/12/2016). «Beating Alzheimer's with brain waves». *Atlantic*. Extraído de www.theatlantic.com/science/archive/2016/12/beating-alzheimers-with-brain-waves/509846.

Yu, X., Fumoto, M., Nakatani, Y., Sekiyama, T., Kikuchi, H., Seki, Y., ... Arita, H. (2011). «Activation of the anterior prefrontal cortex and serotonergic system is associated with improvements in mood and EEG changes induced by Zen medita- tion practice in novices». *International Journal of Psychophysiology*, 80(2), 103-111.

Zahl, P. H., Mæhlen, J. y Welch, H. G. (2008). «The natural history of invasive breast cancers detected by screening mammography». *Archives of Internal Medicine*, 168(21), 2311-2316.

CAPÍTULO 5

Bach, D., Groesbeck, G., Stapleton, P., Banton, S., Blickheuser, K. y Church, D. (15/10/2016). *Clinical EFT (Emotional Freedom Techniques) improves multiple physiological markers of health*. Presented at Omega Institute for Holistic Studies, Rhinebeck, New York.

Baker, M. (2016). «1,500 scientists lift the lid on reproducibility». *Nature*, 533(7604), 452-454.

Begley, C. G. y Ellis, L. M. (2012). «Drug development: Raise standards for preclinical cancer research». *Nature*, 483(7391), 531-533.

Bem, D. J. (2011). «Feeling the future: Experimental evidence for anomalous retroactive influences on cognition and affect». *Journal of Personality and Social Psychology*, 100(3), 407.

Bem, D., Tressoldi, P., Rabeyron, T. y Duggan, M. (2015). «Feeling the future: A meta-analysis of 90 experiments on the anomalous anticipation of random future events». *F1000Research*, 4, 1188.

Bem, D. J., Utts, J. y Johnson, W. O. (2011). «Must psychologists change the way they analyze their data?» *Journal of Personality and Social Psychology*, 101(4), 716-719.

Bengston, W. (2010). *The energy cure: Unraveling the mystery of hands-on healing*. Boulder, CO: Sounds True. [Edición en español: Bengston, W. (2014). *La curación energética: el misterio de la sanación con las manos*. Málaga: Sirio].

Blake, W. (1968). *The portable Blake*. New York: Viking.

Born, M., (Ed.). (1971). *The Born–Einstein letters: Correspondence between Albert Einstein and Max and Hedwig Born from 1916-1955* (I. Born, Trans.). New York: Macmillan.

Chambless, D. y Hollon, S. D. (1998). «Defining empirically supported therapies». *Journal of Consulting and Clinical Psychology*, 66, 7-18.

Church, D. (2013). «Clinical EFT (Emotional Freedom Techniques) as single session therapy: Cases, research, indications, and cautions». En M. Hoyt y M. Talmon (Eds.), *Capture the moment: Single session therapy and walk-in service*. Bethel, CT: Crown House.

Church, D. y Brooks, A. J. (2010). «The effect of a brief EFT (Emotional Freedom Techniques) self-intervention on anxiety, depression, pain and cravings in health- care workers». *Integrative Medicine: A Clinician's Journal*, 9(5), 40-44.

Church, D., Yount, G. y Brooks, A. J. (2012). «The effect of Emotional Freedom Techniques on stress biochemistry: A randomized controlled trial». *Journal of Nervous and Mental Disease, 200*(10), 891–896. DOI:10.1097/NMD. 0b013e31826b9fc1.

Cooper, H., DeNeve, K. y Charlton, K. (1997). «Finding the missing science: The fate of studies submitted for review by a human subjects committee». *Psychological Methods*, 2(4), 447.

Davidson, R. J. (2003). «Affective neuroscience and psychophysiology: Toward a synthesis». *Psychophysiology*, 40(5), 655-665.

Diener, E. y Chan, M. Y. (2011). «Happy people live longer: Subjective well-being contributes to health and longevity». *Applied Psychology: Health and Well-Being*, 3(1), 1-43.

eLife. (2017). «Reproducibility in cancer biology: The challenges of replication». *eLife*, 6, e23693. DOI: 10.7554/eLife.23693.

Feynman, R. P., Leighton, R. B. y Sands, M. (1965). «The Feynman lectures on physics» (Vol. 1). *American Journal of Physics*, 33(9), 750-752.

Fickler, R., Krenn, M., Lapkiewicz, R., Ramelow, S. y Zeilinger, A. (2013). Real-time imaging of quantum entanglement. *Nature–Scientific Reports*, 3, 2914.

Gane, S., Georganakis, D., Maniati, K., Vamvakias, M., Ragoussis, N., Skoulakis, E. M. y Turin, L. (2013). «Molecular vibration-sensing component in human olfaction». *PLoS one*, 8(1), e55780.

Giltay, E. J., Geleijnse, J. M., Zitman, F. G., Hoekstra, T. y Schouten, E. G. (2004). «Dispositional optimism and all-cause and cardiovascular mortality in a prospective cohort of elderly Dutch men and women». *Archives of General Psychiatry*, 61(11), 1126-1135.

Goswami, A. (2004). *Quantum doctor: A physicist's guide to health and healing*. Hampton Roads, VA: Hampton Roads Publishing. [Edición en español: Goswami, A. (2008). *El médico cuántico: guía de la física cuántica para la salud y la sanación*. Barcelona: Obelisco].

Grinberg-Zylberbaum, J., Delaflor, M., Attie, L. y Goswami, A. (1994). «The Einstein-Podolsky-Rosen paradox in the brain: The transferred potential». *Physics Essays*, 7, 422.

Hammerschlag, R., Marx, B. L. y Aickin, M. (2014). «Nontouch biofield therapy: A systematic review of human randomized controlled trials reporting use of only nonphysical contact treatment». *The Journal of Alternative and Complementary Medicine*, 20(12), 881-892.

Hanson, R. (2013). *Hardwiring happiness: The practical science of reshaping your brain—and your life*. New York: Random House.

Heisenberg, W. (1962). *Physics and philosophy: the revolution in modern science*. New York: Harper & Row.

Hensen, B., Bernien, H., Dréau, A. E., Reiserer, A., Kalb, N., Blok, M. S., . . . Amaya, W. (2015). «Loophole-free Bell inequality violation using electron spins separated by 1.3 kilometres». *Nature*, 526(7575), 682-686.

Hoss, R. (12/06/2016). *Consciousness after the body dies*. Presentación en la International Association for the Study of Dreams, Kerkrade, Netherlands.

Ironson, G., Stuetzle, R., Ironson, D., Balbin, E., Kremer, H., George, A., . . . Fletcher, M. A. (2011). «View of God as benevolent and forgiving or punishing and judgmental predicts HIV disease progression». *Journal of Behavioral Medicine*, 34(6), 414-425.

Joergensen, A., Broedbaek, K., Weimann, A., Semba, R. D., Ferrucci, L., Joergensen, M. B. y Poulsen, H. E. (2011). «Association between urinary excretion of cortisol and markers of oxidatively damaged DNA and RNA in humans». *PLoS ONE,* 6(6), e20795. DOI: 10.1371/journal.pone.0020795

Jung, C. G. (1952). «The structure of the psyche». En *Collected works,* vol. 8: *The structure and dynamics of the psyche.* London: Routledge & Kegan Paul.

Kaiser, J. (18/01/2017). «Rigorous replication effort succeeds for just two of five cancer papers». *Science.* Extraído de www.sciencemag.org/news/2017/01 /rigorous-replication-effort-succeeds-just-two-five-cancer-papers.

Kamp, J. (2016). «It is so not simple: Russian physicist Yury Kronn and the subtle energy that fills 96 percent of our existence but cannot be seen or measured». *Optimist,* Spring, 40-47.

Klinger, E. (1996). «The contents of thoughts: Interference as the downside of adaptive normal mechanisms in thought flow». En I. G. Sarason, G. R. Pierce y B. R. Sarason (Eds.). *Cognitive interference: Theories, methods, and findings* (pp. 3-23). Hillsdale, NJ: Lawrence Erlbaum.

Kronn, Y. y Jones, J. (2011). «Experiments on the effects of subtle energy on the electro-magnetic field: Is subtle energy the 5th force of the universe?» *Energy Tools International.* Extraído el 5 de julio de 2017 de www.saveyourbrain.net/pdf/testreport .pdf.

LeDoux, J. (2003). «The emotional brain, fear, and the amygdala». *Cellular and Molecular Neurobiology,* 23(4), 727-738.

Lee, K. C., Sprague, M. R., Sussman, B. J., Nunn, J., Langford, N. K., Jin, X. M., . . . Jaksch, D. (2011). «Entangling macroscopic diamonds at room temperature». *Science,* 334(6060), 1253-1256.

Leskowitz, R. (2014). «The 2013 World Series: A Trojan horse for consciousness studies». *Explore: The Journal of Science and Healing,* 10(2), 125-127.

Lewis, C. S. (1970). *God in the dock: Essays on theology and ethics.* London: Eerdmans.

McCraty, R., Atkinson, M. y Tomasino, D. (2003). *Modulation of DNA conforma- tion by heart-focused intention.* Boulder Creek, CA: HeartMath Research Center, Institute of HeartMath, Publication No. 03-008.

McCraty R. y Childre, D. (2010). «Coherence: Bridging personal, social, and global health». *Alternative Therapies in Health and Medicine,* 16(4), 10.

McCraty, R. y Deyhle, A. (2016). *The science of interconnectivity.* Boulder Creek, CA: HeartMath Institute.

McMillan, P. J., Wilkinson, C. W., Greenup, L., Raskind, M. A., Peskind, E. R. y Leverenz, J. B. (2004). «Chronic cortisol exposure promotes the development of a GABAergic phenotype in the primate hippocampus». *Journal of Neurochemistry,* 91(4), 843-851.

McTaggart, L. (2007). *The intention experiment: Using your thoughts to change your life and the world*. New York: Free Press. [Edición en español: McTaggart, L. (2014). *El experimento de la intención: cómo cambiar tu vida y cambiar el mundo con el poder del pensamiento*. Málaga: Sirio].

Moga, M. M. y Bengston, W. F. (2010). «Anomalous magnetic field activity during a bioenergy healing experiment». *Journal of Scientific Exploration*, 24(3), 397-410.

Moreva, E., Brida, G., Gramegna, M., Giovannetti, V., Maccone, L. y Genovese, M. (2014). «Time from quantum entanglement: An experimental illustration». *Physical Review A*, 89(5), 052122-052128.

Nakamura, T. (2013, November 14). One man's quest to prove how far laser pointers reach. Extraído de http://kotaku.com/one-mans-quest-to-prove-how-far-laser-pointers-reach-1464275649.

Nelson, R. (2015). «Meaningful correlations in random data». *The Global Consciousness Project*. Extraído el 20 de agosto de 2017 de http://noosphere.princeton.edu/ results.html#alldata.

Nesse, R. M., Curtis, G. C., Thyer, B. A., McCann, D. S., Huber-Smith, M. J. y Knopf, R. F. (1985). «Endocrine and cardiovascular responses during phobic anxiety». *Psychosomatic Medicine*, 47(4), 320-332.

Open Science Collaboration. (2015). Estimating the reproducibility of psychological science. *Science*, 349(6251), aac4716.

Powell, C. S. (16/06/2017). Is the universe conscious? Some of the world's most renowned scientists are questioning whether the cosmos has an inner life similar to our own. National Broadcasting Company (NBC). Extraído de www.nbcnews.com/mach/science/universe-conscious-ncna772956.

Radin, D. I. (2011). «Predicting the unpredictable: 75 years of experimental evidence». *AIP Conference Proceedings*, 1408(1), 204-217.

Radin, D., Michel, L. y Delorme, A. (2016). «Psychophysical modulation of fringe visibility in a distant double-slit optical system». *Physics Essays*, 29(1), 14-22.

Ritchie, S. J., Wiseman, R. y French, C. C. (2012). «Failing the future: Three unsuccessful attempts to replicate Bem's 'Retroactive Facilitation of Recall' Effect». *PLoS ONE*, 7(3), e33423.

Romero, E., Augulis, R., Novoderezhkin, V. I., Ferretti, M., Thieme, J., Zigmantas, D. y Van Grondelle, R. (2014). «Quantum coherence in photosynthesis for efficient solar-energy conversion». *Nature Physics*, 10(9), 676-682.

Rosenthal, R. y Fode, K. (1963). «The effect of experimenter bias on performance of the albino rat». *Behavioral Science*, 8, 183-189.

Rosenthal, R. y Jacobson, L. (1963). «Teachers' expectancies: Determinants of pupils' IQ gains». *Psychological Reports*, 19, 115-118.

Russ, T. C., Stamatakis, E., Hamer, M., Starr, J. M., Kivimäki, M. y Batty, G. D. (2012). «Association between psychological distress and mortality: Individual participant pooled analysis of 10 prospective cohort studies». *British Medical Journal*, 345, e4933.

Sapolsky, R. M., Uno, H., Rebert, C. S. y Finch, C. E. (1990). «Hippocampal dam- age associated with prolonged glucocorticoid exposure in primates». *Journal of Neuroscience*, 10(9), 2897-2902.

Sheldrake, R. (1999). «How widely is blind assessment used in scientific research?» *Alternative Therapies in Health and Medicine*, 5(3), 88.

Sheldrake, R. (2012). *Science set free: 10 paths to new discovery*. New York: Deepak Chopra Books.

Shelus, P. J., Veillet, C., Whipple, A. L., Wiant, J. R., Williams, J. G. y Yoder, C. F. (1994). «Lunar laser ranging: A continuing legacy of the Apollo program». *Science*, 265, 482.

Standish, L. J., Kozak, L., Johnson, L. C. y Richards, T. (2004). «Electroencephalo-graphic evidence of correlated event-related signals between the brains of spatially and sensory isolated human subjects». *Journal of Alternative and Complementary Medicine*, 10(2), 307-314.

Tchijevsky, A. L. (1971). «Physical factors of the historical process». *Cycles*, 22, 11-27.

Thiagarajan, T. C., Lebedev, M. A., Nicolelis, M. A. y Plenz, D. (2010). «Coherence potentials: Loss-less, all-or-none network events in the cortex». *PLoS Biology*, 8(1), e1000278.

Tiller, W. A. (1997). *Science and human transformation: Subtle energies, intentionality and consciousness*. Walnut Creek, CA: Pavior Publishing.

Wagenmakers, E. J., Wetzels, R., Borsboom, D. y Van Der Maas, H. L. (2011). «Why psychologists must change the way they analyze their data: The case of psi: Comment on Bem (2011)». *Journal of Personality and Social Psychology*, 100(3), 426-432.

Ward, M. M., Mefford, I. N., Parker, S. D., Chesney, M. A., Taylor, B. C., Keegan, D. L. y Barchas, J. D. (1983). «Epinephrine and norepinephrine responses in continuously collected human plasma to a series of stressors». *Psychosomatic Medicine*, 45(6), 471-486.

Watt, C. y Nagtegaal, M. (2004). «Reporting of blind methods: An interdisciplinary survey». *Journal of the Society for Psychical Research*, 68, 105-116.

Wolf, F. A. (2001). *Mind into matter: A new alchemy of science and spirit*. Newbury Port, MA: Red Wheel/Weiser.

Yan, X., Lu, F., Jiang, H., Wu, X., Cao, W., Xia, Z., ... Zhu, R. (2002). «Certain physical manifestation and effects of external qi of Yan Xin life science technology». *Journal of Scientific Exploration*, 16(3), 381-411.

Yan, X., Shen, H., Jiang, H., Zhang, C., Hu, D., Wang, J. y Wu, X. (2006). «External Qi of Yan Xin Qigong differentially regulates the Akt and extracellular signal- regulated kinase pathways and is cytotoxic to cancer cells but not to normal cells». *International Journal of Biochemistry and Cell Biology*, 38(12), 2102-2113.

CAPÍTULO 6

Anderson, B. J., Engebretson, M. J., Rounds, S. P., Zanetti, L. J. y Potemra, T. A. (1990). «A statistical study of Pc 3-5 pulsations observed by the AMPTE/ CCE Magnetic Fields Experiment». *Journal of Geophysical Research: Space Physics*, 95(A7), 10495-10523.

Beauregard, M. (2012). *Brain wars: The scientific battle over the existence of the mind and the proof that will change the way we live our lives*. San Francisco: HarperOne.

Bem, D. J. (2011). «Feeling the future: Experimental evidence for anomalous retroactive influences on cognition and affect». *Journal of Personality and Social Psychology*, 100(3), 407.

Bem, D., Tressoldi, P., Rabeyron, T. y Duggan, M. (2015). «Feeling the future: A meta-analysis of 90 experiments on the anomalous anticipation of random future events». *F1000Research*, 4, 1188.

Bengston, W. (2010). *The energy cure: Unraveling the mystery of hands-on healing*. Boulder, CO: Sounds True. [Edición en español: Bengston, W. (2014). *La curación energética: el misterio de la sanación con las manos*. Málaga: Sirio].

Braden, G. (2008). *The spontaneous healing of belief: Shattering the paradigm of false limits*. Carlsbad, CA: Hay House. [Edición en español: Braden, G. (2009). *La curación espontánea de las creencias: cómo liberarse de los falsos límites*. Málaga: Sirio].

Brown, E. N. y Czeisler, C. A. (1992). «The statistical analysis of circadian phase and amplitude in constant-routine core-temperature data». *Journal of Biological Rhythms*, 7(3), 177-202.

Burch, W. (2003). *She who dreams: A journey into healing through dreamwork*. San Rafael, CA: New World Library.

Burk, L. (13/10/2015). Dreams that warn of breast cancer. *Huffington Post blog*. Extraído de www.huffingtonpost.com/larry-burk-md/dreams-that-warn -of-breas_b_8167758.html.

Calaprice, A. (Ed.). (2002). *Dear Professor Einstein: Albert Einstein's letters to and from children*. Amherst, NY: Prometheus.

Calaprice, A. (Ed.). (2011). *The ultimate quotable Einstein*. Princeton, NJ: Princeton University Press.

Cambray, J. (2002). «Synchronicity and emergence». *American Imago*, 59(4), 409-434.

Cambray, J. (2009). *Synchronicity: Nature and psyche in an interconnected universe* (Vol. 15). College Station: Texas A&M University Press.
Cauchon, D. (20/12/2001). «For many on Sept. 11, survival was no accident». *USA Today*. Extraído de http://usatoday30.usatoday.com/news / sept11/2001/12/19/usatcov-wtcsurvival.htm.
Church, D. (2013). *The genie in your genes: Epigenetic medicine and the new biology of intention*. Santa Rosa, CA: Energy Psychology Press. [Edición en español: Church, D. (2008). *El genio de sus genes: la medicina energética y la nueva biología de la intención*. Barcelona: Obelisco].
Clark, N. (2012). *Divine moments*. Fairfield, IA: First World Publishing.
Corning, P. A. (2002). «The re-emergence of "emergence": A venerable concept in search of a theory». *Complexity, 7*(6), 18–30. DOI:10.1002/cplx.10043.
Crick, F. y Clark, J. (1994). «The astonishing hypothesis». *Journal of Consciousness Studies, 1*(1), 10-16.
Dossey, L. (2009). *The science of premonitions: How knowing the future can help us avoid danger, maximize opportunities, and create a better life*. New York: Plume. Dossey. [Edición en español: Dossey, L. (2015). *El poder de las premoniciones: conocer el futuro puede cambiar nuestra vida*. Barcelona: Milenio].
Dossey, L. (2013). *One mind: How our individual mind is part of a greater consciousness and why it matters*. Carlsbad, CA: Hay House.
Dowling, S. (26/05/2017). «The audacious pilot who landed in Red Square». *BBC Future*. Extraído de www.bbc.com/future/story/20170526-the-audacious-pilot-who-landed-in-red-square.
Eliade, M. (1964). *Shamanism: Archaic techniques of ecstasy*. London: Routledge & Kegan Paul. [Edición en español: Eliade, M. (2001). *El chamanismo y las técnicas arcaicas del éxtasis*. Madrid: Fondo de Cultura Económica de España].
Facco, E. y Agrillo, C. (2012). «Near-death experiences between science and prejudice». *Frontiers in Human Neuroscience, 6*, 209.
Ferriss, T. (2017). *Tribe of mentors: Short life advice from the best in the world*. New York: Houghton Mifflin Harcourt.
Geesink, H. J. y Meijer, D. K. (2016). «Quantum wave information of life revealed: An algorithm for electromagnetic frequencies that create stability of biological order, with implications for brain function and consciousness». *NeuroQuantology, 14*(1).
Goethe, J. W. (1887). *The first part of Goethe's Faust* (J. Anster, Trans.). London: George Routledge & Sons.
Gramling, R., Klein, W., Roberts, M., Waring, M. E., Gramling, D. y Eaton, C. B. (2008). «Self-rated cardiovascular risk and 15-year cardiovascular mortality». *Annals of Family Medicine, 6*(4), 302-306.

Greyson, B. (2003). «Incidence and correlates of near-death experiences in a cardiac care unit». *General Hospital Psychiatry,* 25(4), 269-276.

Halberg, F., Cornélissen, G., McCraty, R., Czaplicki, J. y Al-Abdulgader, A. A. (2011). «Time structures (chronomes) of the blood circulation, populations' health, human affairs and space weather». *World Heart Journal,* 3(1), 73.

Halberg, F., Tong, Y. L. y Johnson, E. A. (1967). «Circadian system phase—an aspect of temporal morphology; procedures and illustrative examples». En H. von Mayersbach (Ed.), *The cellular aspects of biorhythms* (pp. 20-48). New York: Springer-Verlag.

HeartMath Institute. (s.f.). Global coherence research: The science of interconnectivity. Extraído el 6 de agosto de 2017 de www.heartmath.org/research/global-coherence.

Ho, M. W. (2008). *The rainbow and the worm: The physics of organisms.* London: World Scientific.

Hogenson, G. B. (2004). «Archetypes: Emergence and the psyche's deep structure». En J. Cambray & L. Carter (Eds.), *Analytical psychology: Contemporary perspectives in Jungian analysis.* London: Routledge.

Hoss, R. J. y Gongloff, R. P. (2017). *Dreams that change our lives.* Asheville, NC: Chiron.

Ironson, G., Stuetzle, R., Ironson, D., Balbin, E., Kremer, H., George, A., ... Fletcher, M. A. (2011). «View of God as benevolent and forgiving or punishing and judgmental predicts HIV disease progression». *Journal of Behavioral Medicine,* 34(6), 414-425.

Jacobs, J. A., Kato, Y., Matsushita, S. y Troitskaya, V. A. (1964). «Classification of geomagnetic micropulsations». *Journal of Geophysical Research,* 69(1), 180-181.

Johnson, S. (2002). *Emergence: The connected lives of ants, brains, cities, and software.* New York: Simon & Schuster. [Edición española: Johnson, S. (2004). *Sistemas emergentes: o que tienen en común ciudades, hormigas, neuronas y software.* Madrid: Turner].

Jung, C. G. (1952). «Synchronicity: An acausal connecting principle». En *Collected works,* vol. 8: *The structure and dynamics of the psyche.* London: Routledge & Kegan Paul.

Jung, C. G. (1975). *Letters,* vol. 2: *1951–1961.* G. Adler & A. Jaffé (Eds.). Princeton, NJ: Princeton University Press.

Kaufman, S. A. (1993). *The origins of order: Self-organization and selection in evolution.* Oxford: Oxford University Press.

Kelly, R. (2011). *The human hologram: Living your life in harmony with the unified field.* Santa Rosa, CA: Elite Books.

McClenon, J. (1993). «Surveys of anomalous experience in Chinese, Japanese, and American samples». *Sociology of Religion,* 54(3), 295-302.

McCraty, R. (2015). «Could the energy of our hearts change the world?» *GOOP*. Extraído de http://goop.com/could-the-energy-of-our-hearts-change-the-world.

McCraty, R. & Deyle, (2016). *The science of interconnectivity*. Boulder Creek, CA: HeartMath Institute.

Nova. (10/07/2007). Emergence. *NOVA*. Extraído de www.pbs.org/wgbh /nova/nature/emergence.html.

Oschman, J. L. (1997). «What is healing energy? Part 3: Silent pulses». *Journal of Bodywork and Movement Therapies*, 1(3), 179-189.

Oschman, J. L. (2015). *Energy medicine: The scientific basis*. London: Elsevier Health Sciences. [Edición en español: Oschman, J. L. (2013). *Medicina energética: la base científica*. Argentina: Uriel Satori].

Park, S. Q., Kahnt, T., Dogan, A., Strang, S., Fehr, E. y Tobler, P. N. (2017). «A neural link between generosity and happiness». *Nature Communications, 8*.

Popper, K. R. y Eccles, J. C. (2012). *The self and its brain*. New York: Springer Science & Business Media.

Ring, K. y Cooper, S. (2008). *Mindsight: Near-death and out-of-body experiences in the blind* (2nd ed.). iUniverse.

Radin, D. I. (2011). «Predicting the unpredictable: 75 years of experimental evidence». En *AIP Conference Proceedings* 1408(1), 204-217.

Rockwood, K. (2017). *Think positive, get lucky*. En Gibbs, N. (Ed.), *The science of emotions* (pp. 62-65). New York: Time.

Selmaoui, B. y Touitou, Y. (2003). «Reproducibility of the circadian rhythms of serum cortisol and melatonin in healthy subjects: A study of three different 24-h cycles over six weeks». *Life Sciences, 73*(26), 3339-3349.

Shermer, M. (01/10/2014). «Anomalous events that can shake one's skepticism to the core». *Scientific American*. Extraído de www.scientificamerican.com /article/anomalous-events-that-can-shake-one-s-skepticism-to-the-core.

Strogatz, S. H. (2012). *Sync: How order emerges from chaos in the universe, nature, and daily life*. London: Hachette.

Tonneau, F. (2004). «Consciousness outside the head». *Behavior and Philosophy*, 32(1), 97-123.

ÍNDICE TEMÁTICO

A
Aaron, Raymond, 4, 354
Abejas (ejemplo de campo electromagnético), 73
Acoplamiento, experimento de (ondas cerebrales), 145
Acoustics (Chladni), 89
Acupuntura
    meridianos, 96-104
    puntos de acupuntura, 96-102
Adrenalina, 173, 188, 223, 224, 226, 244
Aeroespacial de Sttutgart, Instituto (Alemania), 92
Agua
    cambios de forma en respuesta a la vibración, 90, 91, 94
    cimática y, 90, 91
    curarse con, 85, 86
    H_2O, definición, 81, 82
    para la sanación, 82-86
    personalidad y, 92-94
Ahmed, Z., 182, 382
Alfa, ondas cerebrales
    coherencia de, 245, 246
    definición, 113
    efecto de los campos energéticos en las células, 186-188

Alimentación, células del cuerpo humano y, 167
Alineación, como elección, 369
ALS2CL (gen), 207
Alzhéimer, 182, 190, 191, 224
Americio-241, 237-240, 244, 250
Amgen, 262
Amor 2.0 (Fredrickson), 150
Amplitud de ondas cerebrales, 111
Antiinflamatorias, proteínas, 191
Atención, entrenamiento de la, 135
Autorregulación, 39
Autoorganización, 319-321

B
Baker, Josephine, 56-60
Bardo, 331, 335
Barsade, Sigal, 150, 378
Beauregard, Mario, 329, 393
Becker, R. O., 184
Bem, Daryl, 265
Bengston, Bill, 47-54, 68, 84, 132, 174, 239, 279, 375, 377, 410
Berger, Hans, 107
ß-amiloides, 182, 183, 190, 191, 193
Beta, ondas cerebrales
    coherencia de, 245, 246
    definición, 112

efecto de los campos energéticos en las células, 188, 189
representación en el espejo de la mente de, 118, 119
Bhagavad Gita, 214
Bienestar, Programa de (Clínica Cleveland), 214
Biológicos, marcadores, como indicadores de salud, 177-180
Bohr, Niels, 25, 309
British Medical Journal, 220
Brooks, Audrey, 221
Brújula, 71, 72
Buda, 214
Burbujas financieras (ejemplo de contagio emocional), 157-159
Burk, Wanda, 291-293
Burk, Larry, 291, 292
Burr, Harold Saxton, 78-80

C
Cade, Maxwell, 114-117, 123
California Pacific Medical Center, 227
Callahan, Roger, 349
Cambray, Joseph, 298, 299, 321
Cambridge Center for Behavioral Studies, 327
Cáncer
 campos electromágnéticos y, 79, 80, 84-86, 103, 104
 meditación para regular los genes relacionados con el, 205-208
 remisión espontánea del, 85, 86, 172-175, 249, 293-295
 sincronicidad y, 291-295
Canon de medicina interna del Emperador Amarillo, 97, 249
carro de los locos, El (Pot), 158, 159
Cartilaginosas, células, 185
Ceguera, experiencias cercanas a la muerte (ECM) y, 329, 330

Células del cuerpo humano, 163-212
 alimentos y las, 167, 168
 biomarcadores como indicadores de salud, 177-180
 cambios genéticos para la sanación, 204-211
 entorno energético de las, 168, 169
 ondas cerebrales y cambio en las, 180-194
 ondas cerebrales y estado cumbre, 194-199
 práctica de equilibrar las ondas cerebrales y las, 199-204
 regeneración de las, 163-166
 remisión de enfermedad y, 169-175
Células madre, 165, 166, 177, 178, 191, 193, 206, 207, 225, 354
Cerebro [*véase también* Ondas cerebrales, conexiones neuronales], 29-68
 actividad neuronal, 24
 cinta portátil para monitorizar el cerebro, 144
 como «superpoder», 40
 conductores eléctricos y campos electromagnéticos, 41-45
 corteza prefrontal, 113, 120, 136, 233, 234
 crear y flujo de información, 62-67
 crecimiento neuronal y aumento de volumen de, 31-34
 dirigir la conciencia y, 45-52
 hipocampo, 164, 182, 187, 190, 191, 225, 226
 mente como epifenómeno de un cerebro complejo, 30
 niebla cerebral [*véase también* Mente coherente], 232-235
 potencial del, 67, 68
 regulación emocional y, 37-40

ÍNDICE TEMÁTICO

sanación, aprender, 52-56
sensibilidad a campos electromagnéticos [*véase también* Sincronicidad], 307, 308
velocidad de los cambios neuronales, 31, 32
visión tradicional del, 29
CHAC1 (gen), 206
Chambers, Richard, 35
China, Academia de Ciencias, 84, 237
China, medicina, 81
acupuntura, 97-100
qi, 81, 237
Chladni, Ernst, 87-90
Chladni, placa de, 89, 90
Christakis, Nicholas, 150
Cimática, 20, 87-91
Circadiano, ritmo, 307
Chamanes, 185, 331
Christine (cónyuge del autor), 65, 242, 244, 278, 282, 285, 286, 288, 289, 338, 339, 341, 361, 411
Church, Dawson,
acuarelas, 137-143
ecomeditación, 117-122, 192-194, 201-203, 210
EFT estudio de la, 226-230
El genio en sus genes, 21
experimento sobre la mente coherente, 239-242
Mente sobre materia, 16-17, 337-342
Soul Medicine, 53, 54, 140
The EFT Manual, 100
The Heart of Healing, 281
«ciencia de las emociones, La» (*Time*), 342
Ciencia dura frente a blanda, 260-262
Cleveland, clínica, 214
Coherencia [*véase también* Mente coherente]
definición, 230, 231

de estructuras emergentes, 319, 320
Colores, filtros de, y emociones, 154
Conciencia [*véase también* Mente no local]
cambios mediante la meditación, 122, 123
cerebro como transductor, 326-328
diferente del cerebro, 332-334
dirigir, 45-47
en estados alterados, 327-332
intención y, 52-62
ondas delta y mente no local, 130-132
toma del poder por las emociones, 112, 113
Conexiones neuronales
correlato neuronal de la conciencia (NCC), 111
neuronas y microtúbulos, 30, 31
patrones rítmicos de las, 109-110
plasticidad neuronal dirigida por uno mismo, 65-67
plasticidad de las, 32, 33
regeneración neuronal, 164
velocidad del cambio neuronal, 31, 32
Conocimiento, 13-15
Cooper, Sharon, 329
C5orf66-AS1 (gen), 207
Corazón
coherencia cardiaca, 146, 191, 244, 245
electrocardiogramas (ECG), 44
enfermedades cardiacas y sincronicidad, 264
regeneración de células cardiacas, 165, 166
Cortisol, 55, 121, 173, 188, 191, 200, 210, 223-230, 244, 245, 250, 276
«Cuando me pierdo en Ti» (Tukaram), 127

Cuántica, física
  coherencia cardiaca y, 246
  definición, 13
  entrelazamiento y, 254-256
  vínculo afectivo y entrelazamiento, 278-280
  Planck y, 326
Cuánticos, experimentos, a escala espacial (QUESS), 269, 270
Cuerdas, teoría de, 24, 25
Cuerpo (EFC), experiencias fuera del, 328-333
Crear
  flujo de información y, 62-64
  pensamiento para, 26, 27, 371-374
Creencias religiosas y sincronicidad, 297, 298, 332, 333
Crick, Francis, 326
CTGF (factor de crecimiento del tejido conjuntivo), 206, 207

D

Dachelet, Frances, 95-97
Delfín costero (ejemplo de campo electromagnético), 74
Delft, Universidad de Tecnología de, 254
Delorme, Arnaud, 255
Delta, ondas cerebrales,
  definición, 113
  efecto de los campos energéticos en las células, 181-184
  representación en el espejo de la mente de, 113, 118, 119
Dinámico, proceso, 319
Diapasones, 96, 97
DIO2 (gen), 207
Dispenza, Joe, 13-18, 129, 131, 170, 171, 192, 205, 411
Distancia, sanación a, 45, 278
Doble rendija, experimento de la, 252-254

Dooley, Mike, 340
Dossey, Larry, 3, 25, 281
Dreams That Change Our Lives (Hoss, Gongloff), 293
Drexel, Universidad de, 144
Dyer, Wayne, 277

E

Eccles, John, 327
EcoMeditación
  cambio celular con la, 193, 194
  como la «meditación de meditaciones», 210
  conseguir un estado mental coherente con la, 117, 202, 203
EcoMeditation.com, 117
  visión de conjunto, 117
Eden, Donna, 4, 281
Eden Energy Medicine, 53
EFT [*véase* Técnica de liberación emocional]
EFT Manual, The (Church), 100
Eichman, Laura, 193
Einstein, Albert, 25, 105, 106, 117, 183, 268, 290, 297, 309, 326
Einthoven, Willem, 76
Ejercicios del libro, organización de los, 27
Electrocardiogramas (ECG), 77
Electroencefalograma (EEG) [*véase también* Ondas cerebrales]
  desarrollo de, 107, 108
  lazos emocionales y entrelazamiento, 278-280
  patrones de ondas cerebrales detectados por, 109, 110
  primeros registros de, 77, 78
Electromagnéticos, campos, 69-106
  acupuntura y, 97, 98
  agua y [*véase también* Agua], 81, 82, 94

campo electromagnético humano, 309
  como fuerza fundamental de la física, 235, 238, 243-245
  conductores eléctricos, 41, 42
  ejemplo de curación energética, 103, 104
  ejemplos, 69-73
  en la naturaleza, 73, 74
  energía, crea la materia, 80, 81
  imanes y carga eléctrica, 74-76
  intención de sanar, 105, 106
  medir, 76-78
  sensibilidad cerebral a los, 307-309
  vibración (sonido) para la curación, 94, 95
Electrones, experimento de la doble rendija con, 252-254
Emergentes, estructuras, 319-321
Emociones [*véase también* Ondas cerebrales], 107-161
  beneficios de la regulación emocional, 37-40
  cambio de la masa cerebral y, 36
  conciencia para las, 122-132
  contagio emocional y emociones negativas, 151-159
  contagio emocional y felicidad, 148-150
  cortisol alto de forma crónica y, 226, 227
  efecto colectivo de las, 157-161
  entrelazamiento y, 278-280
  patrones de las ondas cerebrales de las, 114-122
  primeros descubrimientos sobre ondas cerebrales y, 107-114
  sanación y, 132-143
  sincronizar, 144-148
  toma del poder de la conciencia, 233
Emosfera, 161, 310, 326

Energía [*véase también* Técnica de liberación emocional / Meditación]
  cambiar la conciencia con la, 134, 135
  células y entorno energético [*véase también* Células del cuerpo humano], 168, 169
  conductores eléctricos, 41, 42
  energía crea la materia [*véase* Electromagnéticos, campos]
  energía sutil, 243-245
  estrés y, 63, 64
  investigación sobre la, 176
energética, La curación (Bengston), 239
Entorno
  coherencia cardiaca y, 146-148
  comprender el efecto colectivo del, 157-161
  contagio emocional y emociones negativas, 153-159
  contagio emocional y felicidad, 148-153
Entrelazamiento, 254-256, 268-270, 278-280
Epinefrina, 173, 223
Esalen, Instituto, 199, 203, 228, 229, 410
Esfera de la mente y el espíritu, 161, 410
Espejo de la mente, 115, 116, 118
Estebany, Oskar, 82, 83, 86
Estrés
  comunicación entre células cancerosas por, 173
  estrés oxidativo y, 86, 179, 205
  hormonas del, 223-230
  ondas beta altas y, 188, 189, 191
  ondas beta y ansiedad, 112, 113
  por malas noticias, 62-64
Expectativa, efecto de la,
  ciencias duras y blandas, 260-262

ejemplos de, 258-260
entrelazamiento y, 268-270
medición objetiva y, 257, 258
reproducción de experimentos y, 262-265
sistema de creencias de los científicos y, 265-268

F
Facebook, 153, 154, 219
FAK (enzima), 173
Farmer, Doyne, 320
Feinstein, David, 4, 53, 340, 409
Felicidad,
 como reacción en cadena, 150, 151
 contagio emocional y, 148-150
Ferguson, Niall, 157
Ferriss, Tim, 347
Fields of Life, The (Burr), 79
Financieras, burbujas (ejemplo de contagio emocional), 157-159
Fisher, Irving, 157
Flujo de mente no local, 363, 364
Framingham, Estudio del Corazón, 148, 149
Frecuencia, ventanas de, 176, 177
Fredrickson, Barbara, 150

G
Galvanómetro, 76, 77, 98, 99, 108
Gamma, ondas cerebrales,
 definición, 111
 efecto de los campos energéticos en las células, 189-191
 sincronicidad y, 307
Garton, Tim, 103, 104
Gebhardt, Chuck, 100
Geesink, H. J., 309
Geggie, Richard, 44
Generadores de números aleatorios (RNG), 273

Genética
 cambio de ADN en estado coherente, 247-250
 estados cerebrales coherentes para la, 203, 204
 expresión génica, 178
 meditación para regular los genes cancerígenos, 205-208
 proteínas antiinflamatorias, 191
 prueba genética personal, 211
 síntesis del ADN, 191
Geomagnéticas, pulsaciones, 303
Geronilla, Linda, 203
Guerra Fría (ejemplo de sincronicidad), 310-314
Giro dentado, 36
Goethe, Johann von, 353, 355
Gongloff, Robert, 293
Goswami, Amit, 256
Grad, Bernard, 82
Graf, Jennifer, 297
Gramling, Robert, 347
Gravedad, 235, 237, 243
Greyson, Bruce, 333

H
H_2O, definición [*véase también* Agua], 81
Halberg, Centro de Cronobiología, 307
Halberg, Franz, 307
Heart of Healing, The (Church), 281
Heiaus (templos hawaianos), 286, 288
Heisenberg, Werner, 309
Henschel, Regine, 93
Hipocampo, 164, 182, 187, 190, 191, 225, 226
Hipócrates, 289
Hitler, Adolf, 155, 156
Holístico, orden, 319
Hormona del crecimiento (GH), 177-179, 182

ÍNDICE TEMÁTICO

Hoss, Lynne, 341
Hoss, Robert, 4, 260, 279, 341, 410
Hugo, Victor, 62
Humano, campo electromagnético (EM), 309
Humano, cuerpo [*véase* Cerebro / Ondas cerebrales / Células del cuerpo humano / Sanación / Corazón]
Huygens, Christiaan, 301

I

Imanes, 74, 75
Inconsciente colectivo, 275, 341, 348-351
Iniciativa de Coherencia Global (GCI), 270
Inmunoglobulina secretora A (SIgA), 200
Instituto Aeroespacial de Stuttgart, 92
Instituto de Ciencias Noéticas, 94, 255, 278, 296, 409
Instituto HeartMath, 146, 247, 303, 409
Instituto Nacional del Corazón, 148
Intención
  aprender a curar con la, 53-56, 105, 106
  cambio de ADN en estado coherente, 247-250
  efecto del observador y la, 251-254
  eliminar enfermedades infecciosas con la, 56-61
  para movimientos sociales, 61, 62
Intención, el experimento de la, (McTaggart), 279
IRM, 24, 34, 52

J

Janzen, Naomi, 222
Javanshir-Wong, Rebeka, 323

Johnson, Stephen, 319
Jones, Joie, 243, 244
Jung, Carl, 275, 289, 290, 298, 299, 319-321, 341, 350, 410

K

Kandel, Eric, 24
Katie, Byron, 133
Kent, Elizabeth, 360
Kent, William, 360
Keynes, John Maynard, 158
Krinsley, Dave, 48
Kronn, Yuri, 243, 244
Kröplin, Bernd Helmut, 92-94
KRT24 (gen), 207

L

LeDoux, Joseph, 233
Lee-Shield, Sonia, 292
Leskowitz, Eric, 5, 81, 145, 146
Liga de las Pequeñas Madres, 56
Light upon Light (Vidich), 349
Linnenkamp, Maaike, 202
Localidad, renunciar a la, 367, 368
Love Is a Secret (Vidich), 349
Lu, Feng, 239

M

Magallanes, Fernando, 69-72
Maharaj, Beth, 204
Malvavisco, prueba del, 39
Mallon, Mary, 58, 59
Marana, Joe, 277
Marco Aurelio, 289
Markoff, Marko, 183
Materia como epifenómeno de la energía [*véase también* Electromagnéticos, campos], 79, 105
Matloff, Gregory, 279
Mayrick, Bennett, 47, 239, 240, 242, 244

McCraty, Rollin, 245, 246, 249, 307, 341, 409
McTaggart, Lynne, 52, 279
Mead, Margaret, 60
Meditación
    cambio de conciencia con la, 122-124
    experiencias místicas y, 125-129
    mindfulness para cambiar el cerebro, 35-37
    ondas delta en, 117-119
    para regular los genes cancerígenos, 205-208
    regiones cerebrales con crecimiento neuronal por la, 37, 38
Meijer, D. K., 309
Mente coherente, 213-284
    coherencia, definición de, 230
    cultivar la, 282, 283
    efecto del observador y, 251-254
    entrelazamiento y, 254-256, 268-270, 278-280
    fuerzas de la física para, 235-237
    hormonas del estrés y, 223-230
    intención activa para la, 245, 246
    luz coherente como ejemplo de, 231, 232
    niebla mental, frente a, 232-235
    para cambiar el ADN, 247-250
    pensamientos negativos y, 213-223
Mente no local, 359-370
    alineamiento y, 369
    conciencia y, 25, 26
    flujo de, 363-365
    ondas cerebrales delta y, 123, 124
    para la sintonización, 366, 367
    pensar más allá de la mente local por la, 359-362
    renunciar a la ilusión de localidad por la, 367-368
    sincronicidad y, 330, 331
Mente y materia [*véase también* Cerebro / Mente coherente / Conciencia / Electromagnéticos, campos / Emociones / Energía / Mente no local / Sincronicidad]
    conexión científica entre pensamientos y cosas, 20, 21
    conexión mente-cuerpo y, 19
    conciencia y mente no local, 25, 26
    llaves en el océano, 21, 22
    materia como epifenómeno de la energía, 79, 105
    para crear, 26, 27, 371-374
Meridianos, 96-101, 104
Microglías, 190, 191
Microtúbulo, 30, 31, 43,
Miositis por cuerpos de inclusión mitocondrial, 170
Místicas experiencias, meditación y, 125-129
Moléculas, atracción magnética de, 75, 76
Monash, Universidad de, 35
Monoclonales, anticuerpos (Rituxan), 104
Movimiento ocular no rápido (NREM), 114
Movimiento ocular rápido (REM), 113
Muerte (ECM), experiencias cercanas a la, 279, 328
Muir, John, 359
Muir Woods, Monumento Nacional de, 359-362
Musk, Elon, 65

N

National Institute for Integrative Healthcare, 54, 411, 412
Naturaleza, campos electromagnéticos en la, 73, 74
Nature (revista), 263, 267
Nature Reviews Neuroscience, 36

ÍNDICE TEMÁTICO

Negativos, pensamientos
    ejemplos, 213, 214, 217, 218, 220, 221
    inquietud como, 218-220
    medir los, 221, 222
    superar, 222, 223
    valor de los, 214-217
Neumann, Erich, 321
Nocebo, efecto, 51
Noosfera, 161
«Nuevas pistas sobre la regeneración neuronal del cerebro» (*Science*), 31
New York Times, 3, 4, 6, 18, 57, 143
Nuclear, débil frente a fuerte, fuerza, 235, 236
Nueva York, Universidad de, 47, 48, 56, 347
Núremberg, los congresos de (ejemplo de contagio emocional), 154-156

O
Objetividad [*véase* Expectativa, efecto de la]
Observador, efecto del, 251-254
Oficina de Higiene Infantil (Nueva York, 1908), 56
Ondas cerebrales [*véase también* Puente alfa]
    acoplamiento, experimento de, 144, 145
    alfa, 113, 114, 116-120, 186-188, 191-193, 246
    beta, 112, 113, 118, 119, 188, 189, 246
    cambiar las, 180-194
    cambio de conciencia en el proceso de la información, 134-145
    cambio de conciencia mediante la meditación, 122-124
    delta, 113-119, 129-131, 180-184, 307
    ecomeditación y, 117-122, 129, 130
    EEG y, 78, 107-110, 278-280
    emociones expresadas mediante [*véase también* Emociones], 123, 124
    encontrar estado cumbre de, 195-199
    equilibrar, 199-204
    gamma, 111, 112, 116, 135, 189-192
    incoherentes frente a coherentes [*véase también* Mente coherente], 233-235
    meditación y experiencias místicas, 125-129
    sincronicidad y, 296, 297, 305, 306
    tipos de, 111, 112
    theta, 113, 114, 118, 119, 123, 127, 131, 132, 184-186
Oschman, James, 41
Otzi (momia), 97, 98
Our National Parks (Muir), 359

P
Payne, Glenda, 169-171
Pensamientos [*véase* Mente y materia]
Percepción de estructuras emergentes, 319-321
Personalidad
    agua y, 92-94
    cambiar los rasgos de la, 143, 144
Phillips, Graham, 35-37, 40
Placebo frente a nocebo, 51
Planck, Max, 326
Pot, Hendrik Gerritsz, 158, 159
Precognición, 265, 266, 296, 297
Prefrontal, corteza, 30, 36, 113, 120, 136, 233, 234
Princeton, Universidad de, 144, 274
Prigogine, Ilya, 319
Psicosfera, 161, 272, 275, 283, 310, 325, 326, 342

Psiconeuroinmunología, 13
Protocolo tabla rasa, 244
Proyecto de Conciencia Global (GCP), 274
Puente alfa,
   cambio de conciencia mediante la meditación, 122, 123, 135, 136
   cambios celulares y, 186-188
   ecomeditación y, 115-122
   espejo de la mente y descubrimiento de,
   ondas cerebrales alfa y, 113, 114, 130
Puente del Milenio (ejemplo de resonancia), 317, 318

Q
Qi, 81, 237-239

R
Radical, novedad, 319
Radicales libres, 177, 179, 186, 206, 225
Radin, Dean, 255, 296, 409
Ramakrishna, 127-129
Ratones
   experimentos de campos elecromagnéticos con, 79
   experimentos de cáncer con, 47-49
Realidad local frente a no local, 136, 280, 334-336
religiones del mundo, Las (Smith), 128
Remisión de enfermedad [*véase también* Células del cuerpo humano], 172-175
Reproducción de experimentos, 204, 262-265
Resonancia
   ejemplo del Puente del Milenio, 317, 318
   en sistemas grandes y pequeños, 300-302
   mente no local y, 366
   resonancias de líneas de campo, 302-304
   resonancia Schumann, 304-307, 409
Ring, Kenneth, 329
Rituxan (anticuerpos monoclonales), 104
RND1 (gen), 208
Robert, Daniel, 73
Rogow, Bryce, 208-210
Rosen, David, 298
Rosenthal, Robert, 258, 259
Roy, Rustum, 83
Rust, Matthias, 311-314

S
Salamandras (ejemplo de campo electromagnético), 79
Salud Pública, Baker y la, 56, 57, 60
Sanación [*véase también* Ondas cerebrales / Células del cuerpo humano]
   aprender, 53-56
   cambio genético por, 204, 205
   enfermedades tratadas mediante, 165
   marcadores biológicos como indicadores de salud, 177-180
   ondas theta y [*véase también* Ondas cerebrales], 132-134
Sanación a distancia, 44, 45, 51, 52
Santa Fe, Instituto, 319, 321
Schumann, resonancia, 304-307, 340, 341, 409
Schumann, Winfried, 304
Science (revista), 31, 73
Seeley, Thomas, 74
Sensoriomotor, ritmo (SMR), 113, 188
Septiembre 11 del 2001, ataques terroristas (ejemplo de sincronicidad), 322-324

Serotonina, 123, 131, 136, 137, 186, 187, 193, 276
Shealy, Norm, 53, 140
Shen Kuo, 71
Shermer, Michael, 297, 298
She Who Dreams (Burch), 292
Shirer, William, 155, 156
Siegel, Bernie, 281
Siegel, Dan, 55
Smith, Huston, 128
Smith, Lorin, 45, 68
Sincronicidad, 285-358
 abrirse a la, 345, 346
 campos de pensamiento e inconsciente colectivo, 348-351
 cerebro como puente entre la realidad local y no local, 335, 336
 cerebro como transductor, 326-328
 con la mente no local, 328, 330, 331, 335, 344, 345
 conciencia en estados alterados, 325, 328, 332, 334
 creencias religiosas y la, 297-299
 de cuerpo y cerebro, 307-309
 de la psicoesfera, 310, 325, 326
 de mente y materia, 293, 295, 300, 309, 310, 338, 357
 diferencia entre la conciencia y el cerebro, 326-328, 333-335
 dominar la, 342, 345-348
 ejemplos de, 285-290, 314, 315, 322-324
 en la naturaleza, 315-317
 estado espiritual elevado y cerebro, 343, 355-357
 estructuras emergentes y sistemas autoorganizados, 319-321
 explicación científica para la, 310
 para atraer la sincronicidad, 355-357
 para la mente no local, 364, 365
 precognición y, 296, 297
 resonancia y la, 300-307
 sucesos anómalos como, 309, 310, 315
 sueños y, 290-295
Synchronicity (Jung), 298
Sistemas de creencias de los científicos, 265, 266
Sistemas emergentes (Johnson), 319
Social, intención y cambio, 61, 62
Sodio, precipitación de cristales de, 259, 260
Sohal, Vikaas, 191
Sonido y vibración
 cambios en la forma del agua y, 90-95
 cimática y, 87-90
 curar enfermedades con, 95-97
 generador de vibraciones, 89, 90
Soper, George, 58
Soul Medicine (Shealy, Church), 53, 140
SpaceX, 66, 67
Stanford, prueba del malvavisco de, 39
Stealing Fire (Kotler & Wheal), 136
Stott, Robin, 313
Strogatz, Steven, 315
Sueños, 290-295
Sutil, energía, 243

T
Tanaka, Eddie, 285
Tapping [*véase* Técnica de liberación emocional (EFT)]
Tchijevsky, Alexander, 271
Técnica de coherencia rápida (Instituto HeartMath), 303
Técnica de liberación emocional (EFT)
 ejemplo, 100-102, 170
 estudios de, 221
 para enfermedades físicas, 102-104

para la regeneración celular, 169-171
reajustar las hormonas relacionadas con el estrés, 105, 203-205, 208, 223, 227-230
superar pensamientos negativos con, 222, 223, 227
Teilhard de Chardin, Pierre, 161
Telomerasa, 179, 180, 182, 183
Telómeros, 178-180, 183, 192, 193
Terapéutico, toque, 83
Termográfico, escáner, 80
Tesla, Nikola, 46
Theta, ondas cerebrales
definición, 113, 184-186
efecto de los campos energéticos en las células, 122-124,
espejo de la mente y, 118
sanación y, 131, 132, 295, 306, 307
sincronicidad y, 356
Thiel, Peter, 66
tibetano de los muertos, El libro, 330
Tierra, cerebro de la, 307, 308
Tifoidea, Mary (Mallon), 59, 60
Tiller, William, 282
Time, 342
Toho, Escuela de Medicina de, 186
Town, Phil, 349
Tracy, Reid, 340, 411
Tsai, Li-Huei, 189, 190
triunfo del dinero, El (Ferguson), 157
TUFT1 (gen), 207
Tukaram (místico indio), 127, 130, 137

Tulipanes, crisis de los (ejemplo de contagio emocional), 158, 159

U
Umipeg, Vicki, 330
Universo de once dimensiones, 24, 25
Universidad de Arizona, 221, 227
Universidad de Zurich, 343
USA Today, 322

V
Vibración [*véase* Sonido y vibración]
Vidich, Andrew, 349
Virgen María y las esferas, la, 293-295

W
Warner, Carol, 293-295
Washington, Escuela de Medicina de la Universidad de, 182, 278
Water and Its Memory (Kröplin & Henschel), 93
Wedman, Kim, 104
Wieraszko, A., 182
Wigner, Eugene, 309
Wise, Anna, 115
Wiseman, Richard, 347
Wolf, Fred Alan, 260

Y
Yan, Xin, 84, 237

Z
zonas mágicas, Tus (Dyer), 277

AGRADECIMIENTOS

Escribir un libro de esta magnitud requiere la participación de mucha gente y estoy profundamente agradecido a todos aquellos que lo han hecho posible. Isaac Newton afirmó que los descubrimientos actuales se producen gracias a las aportaciones anteriores de mentes brillantes y, en efecto, ningún científico trabaja solo: aprovechamos los descubrimientos de otros. Así pues, quisiera expresar mi gratitud a los cientos de investigadores visionarios cuyos trabajos están citados en estas páginas y que me han proporcionado una base sobre la que construir. Siempre que he buscado pruebas, por lo general he logrado encontrarlas, y la amplitud mental e imaginación que he hallado en los trabajos de mis colegas me ha sorprendido enormemente y me ha dado una lección de humildad.

Todos los que trabajamos en el campo de la sanación, y especialmente yo mismo, estamos en deuda con el psicólogo clínico David Feinstein. Su rigor intelectual, su destreza en la redacción de textos académicos y su conciencia ética ha moldeado el trabajo de toda una generación de profesionales de la sanación energética. Me ha aportado impresiones detalladas sobre los primeros capítulos y me ha ayudado a dar forma al presente libro.

Muchos otros profesionales leyeron las secciones relacionadas con sus áreas de especialización y corrigieron diversos errores y equivocaciones. He contado con comentarios pormenorizados sobre los capítulos relativos a las ondas cerebrales del experto en EEG Gary Groesbeck, así como con claras explicaciones sobre los patrones de la mente despierta y la mente evolucionada de su colega Judith Pennington. Igualmente, el psiquiatra Ron Ruden me ha informado acerca de la importancia de las ondas cerebrales delta y las múltiples formas en que podemos aumentarlas.

Rollin McCraty, del Instituto HeartMath, me ha ofrecido explicaciones claras y explícitas sobre la resonancia Schumann y las resonancias de líneas de campo, además de dirigir investigaciones primarias sobre el tema. Dean Radin, del Instituto de Ciencias Noéticas, me ha ayudado a entender la base estadística de la investigación sobre las premoniciones y mantiene el sitio web más actualizado en el que se incluyen publicaciones científicas sobre experiencias humanas extraordinarias. Sus destacados experimentos han proporcionado una sólida base científica para este trabajo.

Mi buen amigo Bob Hoss es un brillante erudito con una mente que no conoce las limitaciones. Es un experto en la neurociencia del sueño y en cómo el cerebro se vale del simbolismo en la resolución de problemas. Él ha proporcionado los pilares para los pasajes sobre Carl Jung, el inconsciente colectivo, el cerebro emocional y los fenómenos cuánticos.

Quisiera expresar mi gratitud a Lissa Rankin por las fascinantes conversaciones que me condujeron a una comprensión más clara de cómo la mente transforma la materia, así como a Bill Bengston por su sugestivo trabajo empleando la energía para la curación del cáncer y por ayudarme a comprender las dimensiones humanas y animales de esta investigación.

Quisiera dar las gracias a todos los institutos y congresos que han patrocinado mis talleres presenciales, como Esalen, Kripalu, Omega y el New York Open Center. En estos modernos lugares de encuentro de la mente y el espíritu he conocido a varios profesores fascinantes cuya visión ha enriquecido mi comprensión.

He tenido el privilegio de haber interactuado con muchas otras personas afines que son miembros del Transformational Leadership Council. Gracias a Jack Canfield, por haber fundado y promovido este destacado grupo de visionarios. Muchas de las personas que han promocionado este libro son miembros de este grupo.

También me siento agradecido a los escépticos. Existen numerosos detractores que afirman que los seres humanos son seres materiales en lugar de energéticos. Sus ataques al campo de la sanación energética, especialmente en las entradas de la Wikipedia, a la que controlan, y su rechazo a la ciencia descrita en esta obra resultan de gran utilidad: muchos de estos experimentos han sido diseñados para rebatir sus argumentos. Así pues, el aluvión incesante de opiniones escépticas es responsable de forma indirecta de los miles de estudios sobre la sanación energética publicados en revistas arbitradas.

En especial, quisiera transmitir mi agradecimiento a mi amigo, Reido Tracy, presidente de Hay House. El presente libro nació a raíz de una conversación que mantuve con él, y fue él quien me sugirió el título. Ha sido una gozada trabajar con todo el equipo editorial, incluyendo la editora Paty Gift, la directora editorial, Anne Barthel, y la directora comercial, Richelle Fredson, tanto en el ámbito personal como en el profesional.

Mantengo una relación profesional increíble con mi amiga y editora Stephanie Marohn desde hace más de una década y le agradezco mucho su mirada aguda y su cálido apoyo. La experiencia de Karin Kinsey ha hecho posible las ilustraciones y la composición; Karin me ha apoyado con entusiasmo durante todo el proceso de creación. Igualmente me siento agradecido por la inspirada guía editorial de la directora de Hay House, Anne Barthel, y el ojo de águila de la correctora, Rachel Shields.

No tengo palabras para expresar lo mucho que aporta a mi vida el don especial de Heather Montgomery, directora general de mi organización Energy Psychology Group. Heather dirige una organización compleja con sabiduría y sentido del humor; su equipo —que ha sido cuidadosamente seleccionado y entre cuyos integrantes se encuentran Seth Buffum, Marion Allen, Kendra Heath, Jackie Viramontez y Mack Diesel— mantiene altos estándares profesionales y hacen que el trabajo sea divertido incluso bajo presión. ¡En la oficina hay mucha más risa que llanto!

También quisiera dar las gracias a los voluntarios y miembros de la junta directiva del National Institute for Integrative Healthcare, la organización sin ánimo de lucro que he creado. Hemos dirigido o ayudado a catalizar más de 100 estudios científicos y hemos tratado a más de 20 000 veteranos aquejados de trastorno por estrés postraumático (TEPT). Contribuir a la sociedad constituye una piedra angular de mi vida y me siento inspirado por los cientos de voluntarios del NIIH que hacen lo mismo.

Muchos de mis compañeros empresarios transformacionales han apoyado el lanzamiento de este libro y quisiera expresar mi gratitud a Nick Ortner, Mastin Kipp, Lissa Rankin, Joe Dispenza, Natalie Ledwell, Joe Mercola, Dave Asprey y muchos otros que lo compartieron con sus comunidades.

Cuando, en octubre de 2017, un devastador incendio destruyó mi casa y mi despacho, un comprometido grupo de gente acudió en nuestra ayuda. Me pasé viajando la mayor parte del mes, mientras mi mujer, Christine, dirigía los próximos pasos de la familia. Sus hijas, Julia y Jessie, y mis hijos, Rexana y Lionel, junto con Tyler, el marido de Julia, formaron un comité improvisado que se hizo cargo de cientos de detalles, desde encontrarnos un refugio de emergencia a elaborar listas de los artículos destruidos. Si bien este gran trastorno podría haber interrumpido la creación del libro, no ocurrió así, gracias a sus esfuerzos.

He sido bendecido con una familia extensa. Decenas de miles de personas visitan mi sitio web EFT Universe cada mes y miles se entrenan con nosotros cada año. La profunda intimidad emocional y el afecto compartido que experimentamos tanto en persona como en las redes sociales hace imposible que podamos sentirnos solos alguna vez. Nos sentimos parte de un movimiento global inmenso.

Mi mujer, Christine, hace magia con su preciosa energía. Al estar cerca de ella me siento envuelto por un cálido y suave manto de amor. Me proporciona un contexto energético lleno de buena voluntad y felicidad. Fue ella quien me animó a trabajar con Reid Tracy y Hay House, y quien cada día crea el maravilloso ambiente hogareño y la ecología energética en los que se escribió este libro.

SOBRE EL AUTOR

Dawson Church es un autor galardonado cuyo libro superventas *El genio en sus genes* (www.YourGeniusGene.com) ha sido acogido por la crítica como un gran avance en nuestra comprensión de la conexión existente entre las emociones y la genética. Es fundador del National Institute for Integrative Healthcare (www.NIIH.org), una organización que tiene el propósito de estudiar e implementar prometedoras técnicas médicas y psicológicas fundamentadas en datos científicos. Church fue el primer estudiante que consiguió graduarse en la Universidad de Baylor, caracterizada por sus rigurosos programas académicos, en 1979. Obtuvo un doctorado por la Universidad de Holos bajo la dirección del neurocirujano Norman Shealy, fundador de la American Holistic Medical Association. Después de una breve trayectoria en el mundo editorial como director editorial y luego presidente de Aslan Publishing (www.aslanpublishing.com), Church obtuvo un doctorado en Medicina Natural así como un certificado en psicología energética (CEHP certification# 2016). Sus estudios pioneros han sido publicados en prestigiosas revistas científicas. Es director de *Energy Psychology: Theory, Research, and Treatment*, una revista profesional arbitrada (www.EnergyPsychologyJournal.org), así como bloguero en el *Huffington Post*. Comparte la forma de aplicar los avances de la psicología energética en los campos de la salud y el rendimiento deportivo a través de EFT Universe (www.EFTUniverse.com). EFT Universe fue la primera organización con cursos acreditados por CME (educación médica continuada) para todas las profesiones principales, incluyendo médicos (AMA), psicólogos (APA) y enfermeras (ANCC). Ha formado a miles de médicos en técnicas de psicología energética y ofrece el principal programa de certificación en este campo (EnergyPsychologyCertification.com).

CRÉDITOS DE LAS IMÁGENES

CAPÍTULO 1
Pág. 4. Shoobydooby/CC-by-2.0
Pág. 5. Mountain Home Air Force Base
Pág. 11. Michael Beer / Dreamstime.com
Pág. 12. Courtesy of HeartMath® Institute
Pág. 25. Wellcome Images/CC-by-4.0, images@wellcome.ac.uk
Pág. 27. Library of Congress Prints and Photographs Division Washington, D.C; LC-DIG-ppmsca-12512/Benjamin M. Dale, 1951

CAPÍTULO 2
Pág. 37. top. Rama// Cc-by-sa-2.0-fr
Pág. 40. Richard Wheeler/CC-By-SA-3.0
Pág. 43. Thermal Vision Research / Wellcome Images / CC by 4.0, images@wellcome.ac.uk
Pág. 48. Steven Duong / Flickr /
Pág. 53 y 54. Courtesy of Prof. Dr. Bernd Helmut Kröplin, www.worldinadrop.com
Pág. 55. © Office Masaru Emoto, LLC.
Pág. 58. South Tyrol Museum of Archaeology
Pág. 49. bottom. iStock.com/olyniteowl

CAPÍTULO 3
Pág. 69. Douglas Myers/CC-By-SA-3.0
Pág. 105. Bundesarchiv, Bild 102-04062A/CC-By-SA-3.0

CAPÍTULO 4
Pág. 125. US Department of Energy Human Genome Program
Pág. 133. © 2011 Michael Bonert / / CC SA 3.0 U

CAPÍTULO 5
Pág. 167. © NASA
Pág. 178 y 179. Courtesy of HeartMath® Institute
Pág. 185. Jordgette / CC BY-SA 3.0
Pág. 187. Mark Garlick/Science Photo Library / Alamy Stock Photo
Pág. 188. McMillan / Nature / Fickler et al., 2013 / CC 3.0 U
Pág. 192. Eric Fisk / CC-By-SA- 3.0 U

CAPÍTULO 6
Pág. 224. Naturefriends/CC-By-SA-4.0
Pág. 229. © NASA
Pág. 231. iStock.com/Agsandrew
Pág.236. RonnyNB / CC-By-SA-3.0 U
Pág. 246. iStock.com/MariaArefyeva
Pág. 255. iStock.com/Agsandrew
Pág. 247. iStock.com/ValeryBrozhinsky
Pág. 259. Getty Images
Pág. 266. iStock.com/Niyazz

Arkano Books

THETA HEALING®
Una poderosa técnica de sanación energética
Vianna Stibal

Ahora tú también tienes la posibilidad de poner tu mente en un estado Theta (de 4 a 7 ciclos por segundo) para conectar con la energía creativa que mueve todas las cosas.

DESTINO DE LAS ALMAS
Un eterno crecimiento espiritual
Dr. Michael Newton

Destino de las Almas nos presenta los resultados impactantes de las investigaciones realizadas por el reconocido psicólogo e hipnoterapeuta Dr. Michael Newton, quien a través de su innovador método de hipnoterapia presenta el estudio de 55 casos de personas que recuerdan en detalle sus vidas anteriores.

PUENTE ENTRE DOS MUNDOS
Aprende a comunicarte con tus seres queridos del más allá
John Holland

Puente entre dos mundos describe el plano espiritual con extrema lucidez y claridad. A lo largo de sus páginas, Holland proporciona valiosa información acerca de los reinos del Espíritu y explica que actuar como médium no consiste únicamente en conectar con el mundo espiritual, sino que ante todo supone tender un puente entre las almas y sanar a los demás.